本书系国家社会科学基金青年项目"民法典实施中绿色条款的法律适用研究"(项目编号:21CFX046)的阶段性成果

环境司法文库　　　　　　　　王树义　王旭光　主编

国家2011计划司法文明协同创新中心
最高人民法院环境资源司法理论研究基地（武汉大学）

环境公益诉权理论及其实践展开

The Theory and Practice of the Right of Action in Environmental Public Interest Litigation

李华琪　著

中国社会科学出版社

图书在版编目(CIP)数据

环境公益诉权理论及其实践展开 / 李华琪著 . —北京：中国社会科学出版社，2022.6

（环境司法文库）

ISBN 978-7-5227-0203-2

Ⅰ.①环⋯　Ⅱ.①李⋯　Ⅲ.①环境保护法—行政诉讼—研究—中国　Ⅳ.①D925.304

中国版本图书馆 CIP 数据核字（2022）第 079075 号

出 版 人	赵剑英
责任编辑	梁剑琴
责任校对	季　静
责任印制	郝美娜

出　　版	中国社会科学出版社
社　　址	北京鼓楼西大街甲 158 号
邮　　编	100720
网　　址	http://www.csspw.cn
发 行 部	010-84083685
门 市 部	010-84029450
经　　销	新华书店及其他书店

印　　刷	北京君升印刷有限公司
装　　订	廊坊市广阳区广增装订厂
版　　次	2022 年 6 月第 1 版
印　　次	2022 年 6 月第 1 次印刷

开　　本	710×1000　1/16
印　　张	12.25
插　　页	2
字　　数	207 千字
定　　价	78.00 元

凡购买中国社会科学出版社图书，如有质量问题请与本社营销中心联系调换
电话：010-84083683
版权所有　侵权必究

总　序

司法是适用或执行法律的活动，随法律的产生而产生，亦随法律的变化而变化，呈动态的过程。

我国的环境司法是二十世纪七十年代末八十年代初，随着我国环境立法的产生而出现的一种司法现象，至今只有短短三十余年的历史。历史虽短，但发展很快，新问题也很多，例如环境司法专门化、环境公益诉讼、环境权利的可诉性、环境案件的受案范围、审理程序、"三审合一"、跨区域管辖、气候变化诉讼、证据规则、生态性司法、环境法律责任的实现方式、环境诉讼中的科学证据、专家证人等。这些问题几乎都是近十年来逐渐出现的，并且还在不断产生，亟待环境法学理论界和环境法律实务界的关注和深入研究。

国家 2011 计划司法文明协同创新中心是 2013 年经教育部和财政部批准设立的一个学术研究协同创新平台，中国政法大学为协同创新中心的牵头高校，武汉大学、吉林大学和浙江大学为主要协同高校。其他协同单位还有最高人民法院、最高人民检察院、中国法学会、中华全国律师协会等。协同创新中心担负五大任务，即探索科学的司法理论，研究构建先进的司法制度，促进司法的规范运作，培养卓越的司法人才，培育理性的司法文化。协同创新中心的活动宗旨和历史使命是，促进我国司法的文明化进程，加强我国司法文明的软实力，助力法治中国建设，提升我国司法文明在当代世界文明体系中的认同度和话语权。环境司法和环境司法文明是我国司法和司法文明的一个重要组成部分，尤其在用严密的环境法治和最严格的环境法律制度推进和保障生态文明建设的今天，显得更为重要。因此，环境司法的理论、实践和文明发展，无疑是司法文明协同创新中心关注的重点。

最高人民法院环境资源司法理论研究基地（武汉大学）是最高人民法院在武汉大学设立的一个专门从事环境资源司法理论研究的机构，研究范围包括中外环境司法理念、理论、环境司法制度、环境司法运行、环境司法改革以及环境司法文化等。

国家 2011 司法文明协同创新中心和最高人民法院环境资源司法理论研究基地（武汉大学）共同推出的《环境司法文库》，旨在建立一个专门的学术平台，鼓励和促进环境司法问题研究。《环境司法文库》向国内外所有专家、学者和司法实务工作者开放，每年推出数本有新意、有理论深度、有学术分量的专著、译著和编著。恳请各位专家、学者、司法实务工作者不吝赐稿。让我们共同努力，为我国环境司法的健康发展，为环境司法文明建设作出力所能及的贡献。

国家 2011 计划司法文明协同创新中心联席主任
最高人民法院环境资源司法理论研究基地（武汉大学）主任

王树义

2016 年 6 月 16 日

内容摘要

公益诉讼本源于诉讼程序之技术逻辑的概念术语，已经被世俗化地抽象为一个符号，用以指称一种社会性的话语沟通机制，给予缺乏权利保护手段的人以引起关注和发出声音的机会。当前，我国主要通过对传统诉讼制度理念和程序规则体系进行技术性调整以实现环境公益价值目标，但这种技术性调整方式易使环境公益诉讼制度构建始终停留在泛化的理解层面。结合法律规范来看，我国环境公益诉讼的立法规定仅单纯地解决了诉讼主体资格问题，然而，诉讼制度所包含的范畴远非如此，还涉及诉讼目的、诉讼请求范围、案件审理范围、证明程序规则等各种问题。

诉权乃诉讼法学领域的基础理论之一，因为诉权设置决定了诉讼主体是否享有诉权、实体权益是否能够获得救济、司法资源是否得到优化配置等方面。基于此，本书提出，环境公益诉讼制度应首要解决环境公益诉权问题，通过环境公益诉权的理论与实践分析以厘清环境公益诉讼制度的发展方向，并对我国环境公益诉权的配置原则、配置思路、配置方案、保障机制等方面进行研究。

围绕上述问题，本书首先需要对三大问题进行回应："环境公益诉权之起源与界定""环境公益诉权之权源""环境公益诉权之配置"。

关于环境公益诉权之起源与界定，本书从环境的"公共性"特征入手，分析现代环境治理失灵的原因和解决方案，即环境公益诉讼制度作为一项维护环境公益的制度设计被纳入考量范畴。该制度缘起于罗马法中的民众诉讼，经由美国首次确立，在环境治理中发挥执行法律、政策形成以及促进对话等重要功能，而这些独特功能使得环境公益诉讼成为政府环境治理失灵的解决之道。基于环境公益损害行为的类型化，环境公益诉权的概念与要件得以明确。

关于环境公益诉权之权源，现有理论无法为其提供足够的理论支撑。正本方能清源，环境公益诉权之权源仍要回到诉权理论中去探寻。一方面，诉权是当事人发动诉讼的基本权能，具有人权属性；另一方面，环境权是新时代背景下对既有人权提出的新要求，尤其对传统诉权提出了新的挑战，据此，环境权乃环境公益诉权之权源。

关于环境公益诉权之配置，从权利配置观而言，环境公益诉权应当确立以正义为核心的权利配置观，在具体配置过程中充分平衡权利与善的关系，同时兼顾效率、平等等各种要素；从整体配置层面，环境公益诉权应明确包含基本含义、基本原则、运行模式在内的配置框架；从配置维度与限度看，环境公益诉权应当明确与其他诉权、司法权之间的关系，同时，把握环境公益诉权的限制性因素。

法律移植是法律发展的重要路径。为此，吸收当前环境公益诉讼发展较为成熟的国家，如美国、印度及德国的先进经验，探析这些国家环境公益诉权之构造，挖掘其诉权配置的理论基础即为必要。在此基础上，如何调适环境公益诉权成为构建和完善我国环境公益诉讼制度的切入点及本书的落脚点，即我国环境公益诉权应当朝着正当化、实质化及协同化方向发展。根据我国环境公益诉讼制度的生成背景、立法现状及构成要素，本书提出环境公益诉权的完善思路，包含对环境民事公益诉权的限缩与对环境行政公益诉权的调适。同时，环境公益诉权的实现依赖于保障机制的建立与完善，从而确保环境公益诉权之行使符合正义目标。

关键词：环境公益诉权　诉权权源　诉权配置　诉权保障

目 录

引言 ……………………………………………………………… (1)
  一 选题背景 ………………………………………………… (1)
  二 选题意义 ………………………………………………… (4)
  三 研究现状与小结 ………………………………………… (7)
  四 研究思路和方法 ………………………………………… (13)

第一章 环境公益诉权之起源 ……………………………………… (16)
  第一节 环境公共性原理与"公地悲剧"理论 …………… (16)
    一 环境的"公共性" ……………………………………… (16)
    二 环境的"公地悲剧"理论及启示 …………………… (18)
  第二节 国家环境保护义务的主要承担主体是政府 ……… (20)
    一 国家义务源于国家与公民之间的"社会契约" …… (20)
    二 国家履行环境保护义务的正当性 …………………… (22)
    三 政府环境责任有效供给理论 ………………………… (24)
  第三节 环境公益诉权与政府环境治理 …………………… (25)
    一 政府环境治理失灵的表征 …………………………… (26)
    二 政府环境治理失灵的原因 …………………………… (27)
    三 环境公益诉权行使：政府环境治理失灵的解决之道 …… (29)
  本章小结 ……………………………………………………… (32)

第二章 环境公益诉权之基本界定 ………………………………… (34)
  第一节 环境公益诉权的确立与功能 ……………………… (34)
    一 环境公益诉权的确立 ………………………………… (34)
    二 环境公益诉权的功能 ………………………………… (38)
  第二节 环境公益损害行为的类型化 ……………………… (42)
    一 环境公害：对环境公益的直接损害 ………………… (42)
    二 环境侵害：对环境公益的间接损害 ………………… (43)

三　环境公害与环境侵害之比较 …………………………… (45)
　第三节　环境公益诉权的概念与要件 ……………………………… (45)
　　一　对诉权的理解 …………………………………………… (45)
　　二　环境公益诉权之概念 …………………………………… (47)
　　三　环境公益诉权之要件 …………………………………… (48)
　本章小结 ……………………………………………………………… (52)

第三章　环境公益诉权之权源 ………………………………………… (53)
　第一节　现行环境公益诉权理论 …………………………………… (53)
　　一　现行环境公益诉权理论各说 …………………………… (54)
　　二　对现行环境公益诉权理论的评介 ……………………… (57)
　第二节　诉权与人权理论 …………………………………………… (58)
　　一　人权理论 ………………………………………………… (59)
　　二　人权理论对诉权的解释力 ……………………………… (60)
　　三　诉权的人权属性 ………………………………………… (62)
　第三节　环境公益诉权权源——环境权 …………………………… (63)
　　一　环境权与人权的关系 …………………………………… (63)
　　二　环境权可诉性之证成 …………………………………… (67)
　本章小结 ……………………………………………………………… (70)

第四章　环境公益诉权之配置 ………………………………………… (72)
　第一节　环境公益诉权的配置观 …………………………………… (72)
　　一　诉权配置观概览 ………………………………………… (73)
　　二　环境公益诉权配置观 …………………………………… (78)
　第二节　环境公益诉权的配置框架 ………………………………… (79)
　　一　环境公益诉权配置的基本含义 ………………………… (79)
　　二　环境公益诉权配置的基本原则 ………………………… (81)
　　三　环境公益诉权的运行模式 ……………………………… (84)
　第三节　环境公益诉权的配置维度与限制 ………………………… (87)
　　一　环境公益诉权与其他诉权的关系 ……………………… (87)
　　二　环境公益诉权与司法权的关系 ………………………… (90)
　　三　环境公益诉权的限制 …………………………………… (93)
　本章小结 ……………………………………………………………… (94)

第五章　域外环境公益诉权的配置考察 (96)
第一节　美国环境公益诉权的配置考察 (96)
一　美国环境公益诉权的配置 (97)
二　美国环境公益诉权的理论分析 (105)
第二节　印度环境公益诉权的配置考察 (108)
一　印度环境公益诉权分析 (108)
二　印度环境公益诉权之保障 (115)
三　印度环境公益诉权的理论分析 (119)
第三节　德国环境公益诉权的配置考察 (122)
一　德国环境公益诉权分析 (122)
二　德国环境公益诉权的理论分析 (127)
本章小结 (130)

第六章　我国环境公益诉权的展开 (131)
第一节　我国环境公益诉权的发展方向 (131)
一　环境公益诉权的正当化 (132)
二　环境公益诉权的实质化 (136)
三　环境公益诉权的协同化 (139)
第二节　我国环境公益诉权的发展与构成 (142)
一　我国环境公益诉权的生成背景 (142)
二　我国环境公益诉权的构成要素 (144)
第三节　我国环境公益诉权的调适 (148)
一　环境民事公益诉权之调适 (148)
二　环境行政公益诉权之调适 (151)
第四节　我国环境公益诉权之保障 (155)
一　起诉权保障 (155)
二　获得公正裁判权保障 (158)
本章小结 (166)

结语 (167)
主要参考文献 (170)
后记 (186)

引　言

一　选题背景

（一）逻辑起点：环境公益诉讼法规范体系的片面化

早在 2005 年 12 月 3 日，国务院发布《关于落实科学发展观加强环境保护的决定》，其中第 27 条确定了环境公益诉讼制度，但那时的环境公益诉讼并无明确法律依据，主要是以地方开展为主，公权力主体提起或支持的环境民事公益诉讼占主要部分，社会组织提起的环境行政公益诉讼案件较少。2018 年 3 月 11 日，第十三届全国人民代表大会第一次会议通过了《宪法修正案》，其修改内容主要包括：（1）在《宪法》序言中增加了"新发展理念、生态文明、和谐美丽"的内容（《宪法修正案》第 32 条）；（2）对《宪法》第 89 条国务院职权的第六项增加了"生态文明建设"的内容（《宪法修正案》第 46 条）。基于此种宪法文本变动，生态文明建设的规范供给力度大大加强，我国的环境法治也迈向了宪法化的新阶段。[①] 尽管如此，我国《宪法》并未直接涵盖"环境公益诉权"内容的条文，并不能成为环境公益诉讼的宪法依据。

就诉讼立法而言，2012 年修订的《民事诉讼法》第 55 条明确建立了环境民事公益诉讼制度，且 2014 年修订的《环境保护法》授权行政机关或社会组织提起环境民事公益诉讼制度。2017 年 6 月 27 日，我国《行政诉讼法》新增条款规定了检察机关提起环境行政公益诉讼制度。至此，我国形成了公权力主体与社会主体相结合的环境行政公益诉讼和环境民事公益诉讼"二元"式制度。除此之外，与环境公益诉权相关的规定参见于司法解释，但由于司法解释的制定主体并不相同，致使司法解释中对环境公益诉权的具体适用条件也未达成统一。例如，2015 年最高人民法院

[①] 张翔：《环境宪法的新发展及其规范阐释》，《法学家》2018 年第 3 期。

《关于审理环境民事公益诉讼案件适用法律若干问题的解释》中确定的"损害社会公共利益重大风险的污染环境、破坏生态的行为",2021年再一次修订对诉讼范围予以强调,但2018年通过、2020年再次修订的最高人民法院、最高人民检察院《关于检察公益诉讼案件适用法律若干问题的解释》并未涵盖到这一范围。

除此之外,我国并没有其他法规专门对环境公益诉讼进行规定或解释。通过现有法律规定来看,我国形成了公权力主体与社会主体相结合的环境行政公益诉讼和环境民事公益诉讼"二元"式制度,这似乎透露着一种逻辑思路:环境公益诉讼制度的重点在于确定原告诉讼主体资格即可,至于其他方面内容可以通过实践进一步探索后再确定。

(二)实践状况:环境公益诉讼实施的不确定性

尽管我国从诉讼法层面确定了环境公益诉讼制度,但实践中的环境公益诉讼制度面临着极大的不确定性,在司法实践中呈现出冲突局面。

首先,环境公益诉讼的主体问题。依据现行法律规定,检察机关和社会组织是我国当前环境公益诉讼的两个重要起诉主体,但从司法实践来看,检察机关与社会组织均面临着法律适用问题。就检察机关而言,我国现行法律虽然明确规定其作为公益代表人能够提起诉讼,但在司法适用及其案件审判实践中,检察机关作为公益代表人原告身份与公诉人之间的角色定位并不十分明确,导致不同地区的法院在审理案件时的诉讼审判标准不一。就社会组织而言,我国《环境保护法》及相关司法解释虽明确规定环保组织具有提起环境公益诉讼的主体资格,但实践中真正提起环境公益诉讼的社会组织并不多见,主要集中于中华环保联合会、自然之友等几家规模较大的环保组织,大多数社会组织参与环境公益维护的意愿和动力严重不足,真正积极行使环境公益诉权的社团组织很少,致使我国环境公益诉讼呈现出"国家化"趋势。

其次,环境公益诉讼的受案范围问题。众多学者均认为环境公益诉讼旨在保护环境公益,只是对环境公益的范围界定并不清晰,这就导致现有环境公益诉讼在类型化的基础上对环境公益的保障并不能完全覆盖。在环境民事公益诉讼中,有社会组织针对"损害社会公共利益重大风险的污染环境、破坏生态行为"提起诉讼,但不同法院对此持不同态度,如2017年中石油云南炼油案未获法院受理,但也有2020年绿孔雀栖息地保护案获得法院支持判决。在环境行政公益诉讼中,对于违法行政和不作为的认定范围不一,如不回复检察建议是否应当视为不积极履行职责的情形,又如是否应当对行政主体规划与审批行为提起诉讼等,致使出现不同的案件审理情形。

最后,环境公益诉讼的实施效果问题。基于传统诉讼理论展开的环境修复工作脱离生态环境本身的特性,其修复存在着较多难题。因为环境一旦遭到污染或破坏,损失将难以计算或修复金额巨大,例如,泰州案中关于恢复环境的费用就达上亿元,且修复方案也面临着执行难的问题,即谁来执行环境修复措施,如何具体执行环境修复措施,谁来监督环境修复措施等。可以说,环境修复是一项十分庞杂的专业工程,其具体实施能否顺利完成关系到环境的修复状况,法院判决的执行情况以及公众对判决的期待。当诉讼请求指向具体行政行为,法院在对该具体行政行为作出裁决时,势必牵涉行政相对人的其他利益,而这种利益之间如何平衡,并得以完全执行也是当前所面临的问题。虽然国家提倡生态文明建设,但并非意味着忽视经济利益等其他利益的考量。因此,我国环境公益诉讼相关配套制度仍不完善,实施效果有待加强。

(三)路径选择:基于环境公益诉权理论和实践的思考

环境公益诉讼的设立与行使尚未形成体系化,一味地依靠立法回应来解决制度问题并非长久之计。那么,究竟什么才是环境公益诉讼发展瓶颈的症结呢?

环境公益诉讼作为一项新型诉讼类型,其本源于诉讼程序之技术逻辑的概念术语,已经被世俗化地抽象为一个符号,用以指称一种社会性的话语沟通机制,给予缺乏权利保护手段的人以引起关注和发出声音的机会。当前,我国主要是通过对传统诉讼制度理念和程序规则体系进行技术性调整以实现公益目标,但这种技术性调整方式易使得我国在环境公益诉讼制度构建问题上对相应规则等都仅停留在泛化的理解层面。结合法律规范来看,我国环境公益诉讼的立法规定仅单纯地解决了诉讼主体资格问题,事实上,诉讼制度所包含的范畴远非如此,还涉及诉讼目的、诉讼请求范围、案件审理范围、证明程序规则等各种问题。若仅从诉讼主体的选择与确立分析环境公益诉讼制度,无法真正有效解决诉讼运行问题,因为它并非环境公益诉讼的根本性问题。

为解决环境公益诉讼实施效果不佳的问题,需要结合我国诉讼制度背景,回归诉讼制度的基础去寻求解决之道。因此,环境公益诉权的理论分析对于指导环境公益诉讼立法和司法尤为关键，通过把握住环境公益诉讼的设立目的、制度本身的性质等核心要素，厘清环境公益诉权的来源，明确环境公益诉权的配置要求，探寻我国环境公益诉权的发展方向，从而支撑起环境公益诉讼制度逻辑，否则环境公益诉讼制度始终通过法律规范进行细节性修补难以发挥其制度功能，即使制定出来的专门诉讼程序也将难以适应现代风险社会之要求。

环境公益诉权的配置不仅要考虑到我国诉讼结构，也要考虑到环境问题的特殊性，从而厘清环境公益诉权的正当逻辑，包括环境公益诉权的配置观、配置框架与维度等方面。通过对环境公益诉权配置理论的分析，结合我国环境公益诉权配置具体情形，确定我国环境公益诉权的发展方向，从而构建起我国环境公益诉权，确保环境公益诉讼制度充分发挥其公益维护功效。

二 选题意义

近年来，我国已有大量关于环境公益诉讼的研究，从诉讼理论基础到诉讼制度构建，再到立法问题研究，可以说，环境公益诉讼并非新话题。然而，我国环境公益诉讼在环境问题形势严峻的背景下快速成型，现有研究紧随立法步伐，重点关注环境公益诉讼制度的完善，却忽视了环境公益诉讼的诉权理论探讨。2018年3月2日，最高人民法院、最高人民检察院公布的《关于检察公益诉讼案件适用法律若干问题的解释》首次提出"公益诉权"的概念，但并未对这一概念的基本内涵进行明确界定。即便如此，环境公益诉权仍然未成为重点论题受到关注，而诉权理论的缺位容易导致一系列理论与实践的困境，其不仅仅关系到诉讼主体资格问题，还牵涉受案范围、诉的利益等多种维度。

理论研究旨在进一步完善立法与指导司法服务，重点围绕着环境公益诉权的性质、来源、内容、构成等问题展开研究。一方面，从研究方向上摆脱对现有制度碎片化修补的发展路径；另一方面，为完善我国环境公益诉讼制度体系提供有益指导。

（一）理论价值

1. 有助于丰富环境公益诉权的理论体系

对环境公益诉权而言，其最大难点在于诉权主体与诉讼利益之间不具备传统诉讼法意义上的利害关系，这使得环境公益诉权始终无法从现有法律理论中寻求合理解释。这意味着环境公益诉权的理论研究需要从环境公益维护着手，一方面，环境公益是环境公益诉讼产生和发展的动力，是环境公益诉讼顺利发展的指南，是处理环境公益诉讼中各种利益关系的关键。① 把握环境公共利益这一特殊内核，方能准确理解环境公益诉权之本质。另一方面，环境公益维护属于国家环境保护义务范畴，正如日本学者宫本宪一所言，"环境是人类生存、生活的基本条件，是人类的共同财产……环境是公共物品"②。随着人们对国家公力救济的期待，环境公益诉讼成为环境公益维护的途径，这种途径区别于私人主体之间的纠纷解决方式，也区别于请求国家保护个体利益之途径，而是牵扯到行政机关、司法机关与社会公众的互动博弈。在过去，这种公益性诉讼几乎不太可能实现，但是随着人们对环境保护的迫切需求和国家权力结构的变化，其逐步获得了生命力。因而，环境公益诉权理论研究的重点在于从环境公共利益入手。

2. 有助于构建环境公益诉讼的理论基础

学界对环境公益诉权的研究总是会出现或多或少的误区，致使环境公益诉讼的构建受到影响。从诉权的发展来看，诉权是先于实体权利而存在的概念，随着请求权与诉权的分离促成了以权利为中心的实体法体系形成。③ 经过抽象诉权说、具体诉权说、司法请求权说、本案请求权说、公正裁判说等理论发展后，诉权成为连接实体法与程序法的重要概念。这一观点同样影响到环境公益诉权的理解，即诉权理论必须与实体权利联系起来才能行使，在现有理论无法解决的情形下，我国学者主要借鉴他国理论学说以论证环境公益诉权，甚至会根据主体身份不同进行不同理论学说的阐释。因此，为构建环境公益诉讼的理论基础，本书试图探寻环境公益诉权之权源，从而为环境公益诉权的生成提供正当性支撑。只有摆脱对环境公益诉权的认知误区，才能够对环境公益诉权的结构展开分析，继而研究环境公益诉权的配置问题。

---

① 蔡守秋：《环境公益是环境公益诉讼发展的核心》，《环境法评论》2018年第1期。
② [日] 宫本宪一：《环境经济学》，朴玉译，生活·读书·新知三联书店2004年版，第60页。
③ [德] 米夏埃尔·马廷内克：《伯恩哈德·温德沙伊德（1817—1892）——一位伟大的德国法学家的生平与作品》，田士永译，载郑永流主编《法哲学与法社会学论丛》（六），中国政法大学出版社2003年版，第458页。

3. 有助于摆脱对现有制度碎片化修补的发展路径

我国已然确立了环境公益诉讼制度，现有研究均是在立法框架下展开的制度完善，实践中对主体、受案范围、诉的利益等都存在极大的争议和讨论。显然，我国环境公益诉讼的实践走在了理论前端，不利于诉讼的长远实施取得良好效果。从整体来看，环境公益诉权作为环境公益诉讼的核心要素，其理论研究能够为完善现有规范体系和制度实施条件提供有益指导，应当成为环境公益诉讼制度构建与完善过程中首要解决的问题。本书对国内外环境公益诉权配置理论与实践进行探讨，从而提出我国环境公益诉权的发展方向，包括环境公益诉权的配置、实施与保障等。

(二) 实践意义

1. 有助于完善我国环境公益诉讼规范体系

目前，我国环境公益诉讼的规定主要见于《民事诉讼法》和《行政诉讼法》，涉及诉讼主体和诉讼领域的规定较为宽泛，这需要立法者对此进行完善和调整。传统诉权通过各种条件的设置与限定以协助当事人基于特定利益受损之事实，请求司法机关予以裁判。当环境公益受损时，同样需要通过相应的诉权条件设置以救济环境利益，不同之处在于，环境公益诉讼并非是私主体之间的权利争议，还涉及司法权与行政权的关系，需要从法律层面加以确定并完善。而环境公益诉权的理论探讨能够帮助我国在构建环境公益诉讼制度时提供有益的指导，从而为立法者提供规范完善思路。

2. 有助于法院对环境公益诉权行使条件的审查

环境公益的特殊性决定了环境公益诉权行使存在着一定的障碍，尤其是在立法规范不明确的情形下，环境公益受损的情形难以认定。在国家权力体系中，法院通常以中立性身份介入法律争议，以事实为依据，以法律为准绳是法院行使审判权的核心要义。而环境公益的模糊性必然会给法院审查环境公益诉权行使条件带来一定的困难。司法实践中，法院以主体不适格、不属于法益保护范畴等驳回案件的情形不在少数，归根结底还是环境公益诉权行使条件的模糊产生的审查不确定性。环境公益诉权的配置是环境公益诉讼研究的重要一环，涉及诉权主体、内容和受案范围等问题。而分析这些问题有助于我国形成对环境公益诉权行使条件的正确认识，从而缓解法院对环境公益诉权行使条件审查之困难。

三 研究现状与小结

(一) 国内研究综述

我国于20世纪90年代末开始了对公益诉讼的研究，韩志红[①]最初以重庆綦江"彩虹桥"倒塌案为切入点，提出了公益诉讼的概念，随着司法功能的转变，环境公共利益的司法救济研究也逐步兴起。截至2021年10月1日，在中国知网"中国期刊全文数据库"中，以"环境公益诉权"为检索条件，共检索到35篇学术期刊，14篇学位论文，4篇会议论文；在中国国家数字图书馆网站上，共检索到著作1部。国内整体专门研究环境公益诉权的论文并不多，而绝大多数相关研究更多关注某一主体的诉权问题探讨，或是以原告资格或受案范围作为研究视角。目前，国内专门对环境公益诉权展开专门研究的是谢伟教授2016年出版的专著——《环境公益诉权研究》。

1. 关于环境公益诉权的主体研究

环境公益诉讼制度构建之初，争议最大的就是原告资格问题。有学者主张，公民应成为环境公益诉讼原告主体，如张明华基于环境公共利益属性，公民应当具备诉讼主体资格。[②] 还有刘汉天和刘俊提出公民起诉资格的缺失，使得环境公益诉讼未能充分发挥应有的公共利益救济、行政行为监督、公众参与和社会行为引导功能。为弥补这一结构性缺陷，应当建立公民环境公益诉讼制度，形成结构合理、层次丰富、富有效率的环境公益诉讼原告体系。具体路径是先赋予公民环境行政公益诉讼原告主体资格，逐渐过渡到赋予公民环境民事公益诉讼原告主体资格。[③]

社会组织最初被委以环境公益维护之重任，吴卫星通过对国外环境公益诉讼原告资格问题的考察，提出我国环境公益诉讼的相关立法应当以环境行政公益诉讼为核心，将原告资格范围限定为环境非政府组织。[④] 吴宇以德国环境团体诉讼为切入点，强调环保团体的参与促成了德国环境团体诉讼的形成，我国应当借鉴并力求形成以检察院和环保团体组成的二元主

---

① 韩志红：《公益诉讼制度：公民参加国家事务管理的新途径——从重庆綦江"彩虹桥"倒塌案说开去》，《中国律师》1999年第11期。
② 张明华：《环境公益诉讼制度刍议》，《法学论坛》2002年第6期。
③ 刘汉天、刘俊：《公民环境公益诉讼主体资格的法理基础及路径选择》，《江海学刊》2018年第3期。
④ 吴卫星：《环境公益诉讼原告资格比较研究与借鉴：以美国、印度和欧盟为例》，《江苏行政学院学报》2011年第3期。

体结构，共同实现保护环境公益之目的。同时，检察机关因其主体属性原因开始受到关注。[①] 王秀哲认为，从检察机关代表国家提起公诉的角度可以引申出检察机关是公共利益的代表，其公诉权的行使体现了司法程序中的权力制约、公共利益保护与个体权利的平衡，检察机关的这种特殊公共利益代表人身份随着社会的多元化发展，权利诉权的增加，已经拓展为更广泛的对一般公共利益的代表。[②] 宁利昂从检察权的属性和内涵（公诉权、法律监督权和职务犯罪侦查权等）入手，提出在不同类型的公益诉讼中检察机关运用不同性质的权力内容发挥不同的作用。[③] 颜运秋认为，检察机关自始即为国家利益和社会公共利益的代表，肩负监督国家法律统一正确实施的职责。检察机关提起公益诉讼符合检察制度的需求。[④] 2017年，《民事诉讼法》《行政诉讼法》通过修订增加了检察公益诉讼条款，司法实践中逐步呈现出公益诉讼"国家化"趋势，检察机关的公益诉权成为热点问题。如蔡虹提出检察机关的公益诉权应当区别于其法律监督权、私益诉权及其他主体的公益诉权，应当有着不同顺位的实施履行。[⑤] 鉴于环境公益诉讼的两分法，韩波专门分析民事公益诉讼里的检察公益诉权的本质问题，认为其是法律监督权衍生出来的具有权利属性的诉权。[⑥] 刘艺则剖析了行政公益诉讼中检察机关的公益诉权的理论构建。[⑦]

除此之外，行政机关的环境公益诉权同样引起探讨，杨朝霞以环境权理论为基础，提出环保机关依法履行了环境监管职责，仍不能有效保护环境的，可作为原告，提起旨在维护公共性环境公益的环境民事公益诉讼。[⑧]

2. 关于环境公益诉权之内容研究

国内学者在探讨环境公益诉权指向的具体内容时，则通常会存在两种路径：一种是结合具体主体类型探讨权利义务关系。郭雪慧分析社会组织

[①] 吴宇：《德国环境团体诉讼的嬗变及对我国的启示》，《现代法学》2017年第2期。
[②] 王秀哲：《检察机关的公诉权与公益诉权》，《法学论坛》2008年第5期。
[③] 宁利昂：《提起公益诉讼的主体——本土可行性分析》，《政治与法律》2012年第4期。
[④] 颜运秋、余彦：《公益诉讼司法解释的建议及理由——对我国〈民事诉讼法〉第55条的理解》，《法学杂志》2013年第7期。
[⑤] 蔡虹：《检察机关的公益诉权及其行使》，《山东社会科学》2019年第7期。
[⑥] 韩波：《论民事检察公益诉权的本质》，《国家检察官学院学报》2020年第2期。
[⑦] 刘艺：《检察公益诉讼的诉权迷思与理论重构》，《当代法学》2020年第1期。
[⑧] 杨朝霞：《论环保机关提起环境民事公益诉讼的正当性——以环境权理论为基础的证立》，《中国环境法治》2011年第1期。

在提起环境民事公益诉讼的实践遇冷原因，提出构建相应的激励机制以保障社会组织的环境公益诉权。① 肖峰认为行政机关提起环境公益诉讼应当成为一种创新路径，能够更大范围保护环境公共利益，并将其环境公益诉权区别于环境民事诉权规则。② 随着立法和司法的实践开展，检察机关的环境公益诉权引发关注。刘建新结合检察机关的身份讨论检察环境公益诉讼的职能定位，即恪守检察机关的"法律监督者"的宪法定位，强调以督促行政执法、优先诉前保护为主的程序路径。③ 秦天宝认为检察机关应当恰当处理其与社会组织的关系，明确其支持起诉的功能定位。④

另一种是基于环境公共利益的特性展开权利义务关系分析。刘清生从环境问题的整体性为逻辑基点分析环境公益诉讼的非传统性，并提出系统性制度建构路径。⑤ 因为环境公共利益的特殊性，举证责任分配问题成为亟须解决的重点问题。郭颂彬等学者提出环境民事公益诉讼证明责任分配应当以证明责任减轻为应然路径，从而结合不同主体提起的不同类型环境民事公益诉讼进行规则确立。⑥ 为确保环境公益诉权的有效行使，王秀卫提出我国环境民事公益诉讼不应再适用举证责任倒置规则，需要专门立法明确相应的举证责任问题。⑦

3. 关于环境公益诉权之受案范围研究

对环境公益诉讼受案范围的讨论主要从环境行政公益诉讼和环境民事公益诉讼入手。就环境行政公益诉讼可诉范围而言，在诉讼法确定之前，刘超结合案例实证分析提出受案范围的界定应当采取兼顾行为标准和利益

---

① 郭雪慧：《社会组织提起环境民事公益诉讼研究——以激励机制为视角》，《浙江大学学报》（人文社会科学版）2019 年第 3 期。
② 肖峰：《论我国行政机关环境公益诉权配置的困境与优化》，《中国行政管理》2021 年第 3 期。
③ 刘建新：《论检察环境公益诉讼的职能定位及程序优化》，《中国地质大学学报》（社会科学版）2021 年第 4 期。
④ 秦天宝：《论环境民事公益诉讼中的支持起诉》，《行政法学研究》2020 年第 6 期。
⑤ 刘清生：《论环境公益诉讼的非传统性》，《法律科学》（西北政法大学学报）2019 年第 1 期。
⑥ 郭颂彬、刘显鹏：《证明责任减轻：环境民事公益诉讼证明责任分配之应然路径》，《学习与实践》2017 年第 8 期。
⑦ 王秀卫：《我国环境民事公益诉讼举证责任分配的反思与重构》，《法学评论》2019 年第 2 期。

标准的选择。① 随着《行政诉讼法》的公益诉讼条款确立，秦鹏、何建祥将环境行政公益诉讼的受案范围划为被诉主体类型、被诉违法行为类型和诉讼拟救济利益类型三个核心要素，从而明确每个要素的具体内容。②

就环境民事公益诉讼的可诉范围而言，乔刚、赵洋提出应在界定环境民事公益诉讼诉因行为范围基础上，以存在环境公共利益受到损害或严重威胁的事实和维护环境公益特定诉讼目的为判定标准，在排除刑事犯罪行为和为保护国家安全、公众安全等所采取必要措施的可诉范围的例外情形下，最终以明确的可诉范围来界定环境民事公益诉讼的受案范围。③ 结合我国对环境民事公益诉讼的预防性功能定位，李爱年等学者提出检察机关提起的环境民事公益诉讼应当通过合理设置诉讼请求的方式以充分发挥环境公益诉讼的预防性功能。④

其中，最脱离不开的就是对环境公共利益的探讨，即如何识别环境公共利益至关重要。朱谦对环境公共利益的法律属性进行分析，认为其呈现出主体抽象、利益普惠、内容不确定及易受侵害等特性。⑤ 王小钢分析环境公益诉讼的利益除了具有均享性和普惠性外，环境公共利益还具有共同善和自然人独立享受的特征，其是一种与人身利益和财产利益相并列的人之利益。环境公益诉讼保障的是以环境公共利益为保护目的的环境权利。⑥

4. 小结

《民事诉讼法》与《行政诉讼法》确立了法定社会组织和检察机关提起环境公益诉讼制度，表明我国环境公益诉讼制度已经初步建立。但制度建立并不等于研究就应当止步于此，应当看到当前我国采取的宽泛规定并不能满足司法实践的需求，而学界对环境公益诉权的系统化研究并不多，

---

① 刘超：《环境行政公益诉讼受案范围之实践考察与体系展开》，《政法论丛》2017年第4期。
② 秦鹏、何建祥：《检察环境行政公益诉讼受案范围的实证分析》，《浙江工商大学学报》2018年第4期。
③ 乔刚、赵洋：《我国环境民事公益诉讼的可诉范围研究》，《河南财经政法大学学报》2018年第2期。
④ 李爱年、张小丽、张小宝：《检察机关提起环境民事公益诉讼之诉讼请求研究》，《湖南大学学报》（社会科学版）2021年第5期。
⑤ 朱谦：《环境公共利益的法律属性》，《学习与探索》2016年第2期。
⑥ 王小钢：《论环境公益诉讼的利益和权利基础》，《浙江大学学报》（人文社会科学版）2011年第3期。王小钢：《以环境公共利益为保护目标的环境权利理论——从"环境损害"到"对环境本身的损害"》，《法制与社会发展》2011年第2期。

主要表现为：第一，国内有关环境公益诉权的探讨多集中在原告资格方面，对环境公益诉权的内容、范围等则关注不多。整体而言，学者对环境公益诉权的研究呈碎片化形态，尤其是在立法确立了原告主体资格之后，研究内容逐步集中到检察机关提起的环境公益诉讼制度上，主要探讨检察权与行政权、司法权的关系问题。第二，从研究方法来看，我国对环境公益诉权的研究通常是侧重于对某一类诉讼展开分析，即环境民事公益诉讼和环境行政公益诉讼。在对两种不同类型的环境公益诉权分析时，通常会借鉴对应的传统诉权理论，忽视了环境公益诉讼的特殊性，从而引发许多争议。

(二) 域外研究综述

1. 域外研究情况

对环境公益诉讼的概念，不同国家的学者看法基本保持一致。在公益诉讼中，公众的集体权利遭到了侵犯，而公众成员个人并没有遭受直接具体的损害，这类诉讼称为公益诉讼，当公益诉讼中全部或部分涉及环境问题时，这样的公益诉讼就叫环境公益诉讼。[1] David Nicholson 提到，环境公益诉讼是指由那些代表环境利益的相关当事人，如环保组织，所提起的诉讼，即旨在救济环境损害的诉讼。[2]

具体关于环境公益诉权的研究，不同国家因其环境公益诉讼制度的模式不同而侧重点不同。例如，美国对环境公益诉权的研究侧重于对公民的主体资格进行探讨，由此发展出"私人实施理论[3]、私人检察总长理论[4]、诉讼信托理论[5]"等相关理论。印度对环境公益诉权的研究集中在国家绿色法庭的权力范畴上，如 Gitanjali Nain Gill 对印度国家绿色法庭作出实证调查，其中国家绿色法庭所享有的权力使得其在环境公益诉讼案件中的作用十分突出。具体来看，印度国家绿色法庭并不局限于通常的补救办法。

---

[1] Jona Razzaque, *Public Interest Environmental Litigation in India, Pakistan and Bangladesh*, Alphen: Kluwer Law International, 2004, p.47.

[2] David Nicholson, "Environmental Litigation in Indonesia", *Asia Pacific Journal of Environmental Law*, Vol.6, No.1, 2001.

[3] Edward Brunet, "Debunking Wholesale Private Enforcement of Environmental Rights", *Harvard Journal of Law & Public Policy*, Vol.15, No.2, 1992.

[4] James R. May, "Now More Than Ever: Environmental Citizen Suit Trends", *Environmental Law Reporter News & Analysis*, Vol.33, No.9, 2003.

[5] Kenton M. Bednarz. "Should the Public Trust Doctrine Interplay with the Bottling of Michigan Groundwater? Now is the Appropriate Time for the Michigan Supreme Court to Decide", *Wayne Law Review*, Vol.53, No.2, 2007.

它们表现出愿意尝试需要持续监督的补救策略，这些策略似乎明显改变了司法和行政之间的界限。除了任命社会法律委员会在诉讼过程中收集事实外，他们还将设立机构以监督命令或补救措施的执行情况。法院对公益诉讼事项的最终裁定，亦是详尽、具体。①

除此之外，众多学者也纷纷比较不同国家间的环境公益诉讼发展轨迹。如 Oloka-Onyango Joe 在分析东非的公益诉讼发展状况时，选取美国、印度和南非的公益诉讼进行比较。因为这三个国家的公益诉讼发展尤为迅速，且呈现出独特的程序形式。② Hari Bansh Tripathi 在比较美国和英国的公益诉讼发展，检视公益诉讼在尼泊尔、印度、巴基斯坦和孟加拉国的基本原理和比较做法。③ Po Jen Yap 和 Holning Lau 通过对中国、印度、马来西亚、新加坡、韩国的公益诉讼进行研究，并分析各国家公益诉讼发展影响因素，继而作出未来诉讼发展的评判。④ Parvez Hassan 和 Azim Azfar 试图通过强调南亚地区的环境公益诉讼来推动环境权利的实现，包括印度、巴基斯坦等国家。⑤

Goldston James 研究公益诉讼在中欧和东欧的发展，声称公益诉讼是后共产主义现象，是一个更广泛的根本性变革过程，它有效巩固了中欧和东欧社会的法治。而基于该背景所发展的公益诉讼旨在保证法院裁决，以澄清、扩大或强制执行除案件当事人以外的个人权利。⑥

2. 小结

从域外的相关研究来看，环境公益诉讼因国家法系不同呈现出不同模式，环境公益诉权并非一个既定概念，整体研究较为零散且不足。事实上，域外学界更多的是关注环境公益诉讼产生的原因和背景，从而寻求这种诉讼类型的正当性支撑，这也是早些年域外研究的热点。随着各国诉讼

---

① Gitanjali Nain Gill, *Environmental Justice in India: The National Green Tribunal*, London: Routledge, 2017.

② Oloka-Onyango Joe, "Human Rights and Public Interest Litigation in East Africa: A Bird's Eye View", *George Washington International Law Review*, Vol 47, No. 4, 2015.

③ Hari Bansh Tripathi, "Public Interest Litigation in Comparative Perspective", *NJA Law Journal*, Vol. 1, 2007.

④ Po Jen Yap and Holning Lau, *Public Interest Litigation in Asia*, London: Routledge, 2010.

⑤ Parvez Hassan and Azim Azfar, "Securing Environmental Rights Through Public Interest Litigation in South Asia", *Virginia Environmental Law Journal*, Vol. 22, No. 3, 2004.

⑥ Goldston James, "Public Interest Litigation in Central and Eastern Europe: Roots, Prospects, and Challenges", *Human Rights Quarterly*, Vol. 28, No. 2, 2006.

制度的确立，原告资格成为各国探讨最多的问题，即解决这种不同于传统私益诉讼的诉讼程序规则，而诉权内容、受案范围等问题则处于无人问津的状态，这也可能跟一国国内的司法制度相关。以美国公民诉讼为例，司法判例可以反映美国环境公益诉讼的一个发展趋势，在司法实践中受案范围等问题一直在探索中。不仅如此，多数国家在研究原告资格问题之后便无意再继续探讨环境公益诉权的其他问题，这就使得现有文献对环境公益诉权的研究尚未形成体系化。

四 研究思路和方法

（一）研究思路

第一章为"环境公益诉权之起源"。以环境的公共性原理作为切入点，厘清环境公益诉权产生的缘由。从西方政治学理论的发展来看，政府才是公益的主要维护主体，只是环境保护领域同样不可避免地出现了政府失灵现象，需要新的调整机制对其负面影响进行调整。环境公益诉讼作为一种新型诉讼出现且得到众多国家的青睐，成为政府失灵现象的可能解决路径。

第二章为"环境公益诉权之基本界定"。环境公益诉权的概念众说纷纭，若要清晰界定环境公益诉权，应首先回顾环境公益诉权的发展概况，梳理其在解决环境问题方面所发挥的实际功效。结合环境公益损害行为的类型化，明确环境公益诉权直指环境公益的直接损害，以确立环境公益诉权的概念与构成要件。

第三章为"环境公益诉权之权源"。环境公益诉权的权源问题尚未得到解决，学界对于其权源探析有公共信托理论、私人检察总长理论、私人实施法律理论等。但从人权角度出发，诉权本身具有一定的人权属性，而环境权与人权之间存在着交叉联系，理应成为环境公益诉权的权源。只是环境权可诉性一直存在着证明难题，因此，通过对环境权可诉性的论证进一步证明了环境权作为环境公益诉权之权源的正当性。

第四章为"环境公益诉权之配置"。环境公益诉权之权源的厘清是为更好地实施环境公益诉权，而环境公益诉权配置应当从马克思主义的配置观中寻求正当性评判标准。在具体配置过程中，需要结合国家权力结构去挖掘环境公益诉权配置的特殊含义，并明确环境公益诉权配置应当遵循的基本原则，包括权力制约原则、比例原则及程序保障原则。在此基础上，结合诉权一般运行模式和环境公益之特殊性以确立环境公益诉权的运行模式，从而确保环境公益诉权配置与正义价值的契合。同时，厘清环境公益诉权与其他诉权、司法权之关系，明确环境公益诉权配置的限制条件。

第五章为"域外环境公益诉权的配置考察"。对域外环境公益诉权配置的理论分析，具体涉及原告资格、纠纷可诉性及诉的利益。他国环境公益诉权的配置从立法和实践角度为前述章节分析提供了一定的佐证，无论是美国强调的"公法诉讼"理论还是印度的"环境正义"目标，抑或德国"客观法律秩序"之维持，各国都是通过对传统诉讼制度的不断修正，试图让不同主体通过环境公益诉权的行使参与到保护环境过程，其目标都在于构建一个能够维护环境公益的诉讼制度，从而加强对行为违法性之监督。

第六章为"我国环境公益诉权的展开"。基于前述章节对环境公益诉权的理论分析，我国环境公益诉权的展开应当明确正当化、实质化和协同化的发展方向。在当前我国已经对环境公益诉权进行了条款设置的基础上，剖析我国环境公益诉权的生成背景和构成要素，从而提出具体调适环境公益诉权的建议。最后，通过相应环境公益诉权的保障机制构建，以确保环境公益诉权的顺利实施。

（二）研究方法

第一，规范分析法。通过规范分析能够有助于了解一国在某项制度设计方面的具体情况，从而能够迅速发现和挖掘相关制度设计逻辑。通过查阅国内外有关环境公益诉权的法律、法规、司法解释等，分析国内外对环境公益诉权的配置情形，反思我国对环境公益诉权配置方面存在的不足和误区，从而寻求相应的化解之道。

第二，理论分析法。法律实践离不开基础理论的支撑与指引，而理论的探讨终将回归到实践之中。法学本身即为实现社会公平、正义的学科，任何一种法学理论都包含着其创设者的法学思想和价值取向。[①] 环境公益诉权的构建与发展需要从环境公益诉权的形成、权源和配置作出理论上的探讨和分析，通过厘清环境公益诉权的理论问题，从而为我国环境公益诉权的进一步完善提供理论指引。

第三，比较分析法。即通过比较和分析异同点的方式，对典型国家中

---

① 张文显：《法哲学范畴研究》，中国政法大学出版社2001年版，第20页。

的环境公益诉权的形成背景、发展状况、立法与司法实践变化进行分析，并提炼出国家配置环境公益诉权的整体框架，清晰呈现出典型国家中环境公益诉权配置的理论逻辑，以此为环境公益诉权配置总结出一种具备中国特色的发展路径。

第四，案例分析法。案例分析法是对具有代表性的案例深入讨论，从而获得一种总体认识的方法。各国环境公益诉讼的司法实践开展已久，结合国内外的相关案例进行分析，并进一步进行问题检视和思考，有助于将环境公益诉权的理论与实践相结合，深入剖析不同国家间的环境公益诉权框架。

第一章 环境公益诉权之起源

自人类社会形成以来，就一直不断探寻如何有效保障权利，包括权利的设定、权利的实现及权利的救济。其中，诉权作为人类法律文明的重要组成部分逐步形成和演化，并延伸到环境保护领域。环境公益诉权在传统诉权无法对环境公益予以救济时产生，形成了一个围绕"环境公益"展开的多层次、多元化、多面性的概念。

之所以要抓住环境公益这个核心，原因在于环境的公共性。环境公共性原理解释了为何要采取环境保护行动，而"公地悲剧"理论启示我们要如何采取环境保护行动。当前，国家是维护环境公益的首要主体，政府则是其意志执行主体，承担着相应的环境保护责任。政府自身的不理性决定了其必然存在治理失灵的现象，因而，通过行使环境公益诉权维护环境公益以弥补治理失灵成为一条有效途径。

第一节 环境公共性原理与"公地悲剧"理论

俗话说，"靠山吃山，靠水吃水"。这句话充分体现了人类与大自然的关系极为密切。当前，阳光、空气、水等公共资源是全人类生存和发展的必需品，属于全体人类。不仅如此，人类生活依赖于自然而享有更高层次的精神生活。可见，环境作为公共物品或是准公共物品而存在，具有公共性。同时，因环境的公共性特征，环境在使用过程中极易产生"公地悲剧"之现象。

一 环境的"公共性"

环境的公共性早在罗马法中便有体现。罗马法以物是否为私人所有进行区分，将物分为可有物和不可有物。前者便形成私人所有的财产，供个人所有、使用、转让，后者则不得为私人所有、使用、转让，称为非财产物，分为神法物和人法物。神法物包括神用物、安魂物和神护物。人法物则包括共用物、公有物和市有物。① 而与环境公共性相关的物主要是人法物。所谓共用物，是指供人类共同享有的物，这类物不得为人或国所独占，如海洋、日光、空气等。正如罗马法学家埃流斯·马尔西安提到的："根据自然法，空气、流水、大海及海滨是一切人共有的物。"② 所谓公有物是指供全体罗马市民享用的物，其所有权一般属国家所有。罗马法中，国家享有所有权的物具体分为：一是国家私有财产，人民不得直接使用的物，二是公有物，如河川、公路、公共戏院等，如优士丁尼的《法学阶梯》提到，一切河流和港口都是公有物，而这奠定了后世公产制度的雏形。③ 所谓市有物则将物的范围限定为市所有，如斗兽场、剧场等，仅为本市的人享用。依据罗马法可知，人们可以自由利用环境物品，"任何人、哪怕是皇帝，拥有空气或其他具有社会重要性的环境物品都被认为是违背自然法的"④。

"公共"是相对于"私人"的概念，其呈现的是公共的边际范围，而环境公共性主要体现在两个方面：自然公共性与社会公共性。环境的自然公共性是指环境为人类生存和发展提供基础的物质，从自然意义上来说，构成了人类整体活动的公共场所，此时的环境作为一个整体而存在，因而，环境的变化可能会产生一个政治问题，这是环境的自然公共性的第一个表达层面。第二个表达层面是环境作为自然资源的公共性。生态环境是由环境要素和环境功能构成的，前者如人类为了生存，必须享有一定成分的空气，在同一空间生存的生物都在共同利用空气，因此，空气不能为特定人所独占。后者则表现为通常意义上的环境容量或环境承载力。环境的社会公共性主要是从经济学角度分析。依据经济学理论，物品依据是否具有排他性和消费竞争性而分为私人物品、公共物品、公共资源和自然垄断物品。所谓私人物品是既具有排他性也具有竞争性的物；公共物品是两者均不兼有的物；公共资源则仅具有竞争性，而不具有排他性；自然垄断物

---

① 周枏：《罗马法原论》（上），商务出版社2014年版，第316—320页。
② [意]桑德罗·斯奇巴尼选编：《民法大全选译·物与物权》，范怀俊译，中国政法大学出版社1993年版，第8页。
③ 徐国栋：《优士丁尼〈法学阶梯〉评注》，北京大学出版社2011年版，第167页。
④ [美]丹尼尔·H.科尔：《污染与财产权——环境保护的所有权制度比较研究》，严厚福、王社坤译，北京大学出版社2009年版，第2页。

品仅有排他性,而无竞争性。① 其中,对公共物品和公共资源的界分方面存在一定的模糊性,甚至可能重叠。例如,有学者将清洁的空气、水、公共道路、野生动物等列为公共资源,② 但也有学者将这些共有的环境资源定义为公共物品。③ 可见,不论环境划归到公共物品还是公共资源,环境作为人类生存、生活的基本条件,其"公共性"不言而喻。换句话说,不同种类的环境资源都不具有排他性,是人们共同享有、使用的物品,仅是在消费过程中有着竞争性的差异。可以说,环境具有公共性。

二 环境的"公地悲剧"理论及启示

公地悲剧逐步成为人们讨论人类社会中人口增长与自然资源的有限性之间矛盾的一项理论。因为环境具有公共性,每个人的理性集合在一起产生了集体不理性的结果。结合"公地悲剧"理论,有必要找到一个能够承担公共职能的主体,以保证公共领域的利益最大化。

(一) 环境的"公地悲剧"理论

亚里士多德曾指出:"凡是属于最多数人的公共事物常常是最少受到人照顾的事物,人们关怀着自己的所有,而忽视公共的事物;对于公共的一切,他至多留心到其中对他个人多少有些相关的事物。"④ 在欧洲十五六世纪,大量的农村土地归村社公有或教会所有,对于很多土地贵族虽然拥有最终所有权,但使用上与公地不存在区别,即农民也可以共同使用。⑤ 这种无偿开放土地的制度直接导致农民出于私利无节制地增加牛羊的数量,公地因无法承载饲养而成为不毛之地,农民的牛羊因无草可食最终饿死。于是,随着资本主义时代的到来,英国贵族开始通过围栏将公共用地圈起来,将共用的土地占为己有,驱逐农民离开土地,不得再放牧,即历史上的"圈地运动"。之后,人们发现最初共用转为私有的草地,拥

---

① [美]曼昆:《经济学基础》(第5版),梁小民、梁砾译,北京大学出版社2010年版,第179—180页。
② [美]曼昆:《经济学基础》(第5版),梁小民、梁砾译,北京大学出版社2010年版,第180页。
③ [美]汤姆·蒂坦伯格、林恩·刘易斯:《环境与自然资源经济学》(第8版),王晓霞等译,中国人民大学出版社2011年版,第70页。
④ [古希腊]亚里士多德:《政治学》,吴寿彭译,商务印书馆1965年版,第48页。
⑤ 盖志毅:《英国圈地运动对我国草原生态系统可持续发展的启示》,《内蒙古社会科学》(汉文版) 2006年第6期。

有者管理土地的效率更高，草地环境逐步好转，英国国民整体收益提高。基于此，美国学者哈丁便对此总结为"公地的悲剧"，其所隐含的结论是个人的理性策略将导致集体的非理性结果。

继公地的悲剧提出之后，经济学家们又提出了"囚徒困境博弈论"和"集体行动的逻辑"。前者是拟定两个囚徒在面临"揭发和沉默"之选择所带来的不利后果，在不知道对方选择情形下，作出认为对自己最有利的选择，但事实上，最终会出现因无法信任对方而产生互相揭发的结果。这直接反映出"公地悲剧"的演变逻辑，因为每一个理性人都会试图去尽可能扩大自己的利益，施外部性于他人，无限制地扩大社会成本，公地的悲剧迟早会产生。后者认为，前提是具有共同利益的个人会自愿为促进他们共同的利益采取行动，群体则会为维护集团利益而采取行动，即只要在该群体中的个人是理性和自利的，他们都会选择为共同利益目标的实现而行动，但美国经济学家奥尔森则认为，若是集体物品得以生产，每个人都能当然地享用这一物品，那么个人便不会再有动力去为这个集体物品采取行动。因为当理性人不被排除在分享他人行动产生的利益范围之外，那么理性人基于成本最小化选择便不会再采取任何行动，而是作为一个"搭便车"者，若所有人都基于同样心理进行搭便车，这必然导致最终结局是"全输"，而非共赢。

随着公地的悲剧逐步为经济学家们所认识，"公地悲剧"也成为环境和资源退化的一个代名词，即任何不具有排他性的环境和资源利用，必将产生环境和资源的退化。具体来说，环境具有公共性，在作为社会系统的资源加以运用过程中，每一个人均有权使用，且无权排除他人使用，往往对环境造成破坏的经济活动呈现出小而分散的特征，对环境的影响也是微不足道的，但正是这些微不足道的行为日积月累起来产生巨大的损害，例如，水污染、大气污染等。再加上搭便车的心理，人们不会通过高效利用资源来提高收益，而是将过度使用环境的成本转移到他人身上。即环境和资源作为"公地"是"人人所有，而人人又没有，谁都应负责任，但谁都不负责任"，导致出现环境污染和破坏严重的"悲剧"。

(二) "公地悲剧"对环境保护的启示

公地悲剧的发生，必将带来公共利益与个人利益的共损结果，而生态环境也将受到极大的破坏。那么，对于环境这一公共性的物应当如何避免"公地悲剧"的产生呢？答案便是从公地悲剧产生原因入手。

在经济活动中几乎每个人都是以理性经济人的形式存在，那么，生态环境的保护便不能只等待愿意奉献自己的理性经济人行动，而是要主动寻找能够维护公共利益的主体。从公地悲剧产生的原因中发现，道德义务的非强制性和公共权力的缺位是亟待解决的，前者道德义务的非强制性决定了国家没有办法通过法律赋予人们强制性的环境保护义务，对于日常生活中环境保护之需求仅能从道德上进行呼吁和鼓励，换言之，不可能要求社会中的部分私主体必须投入足够的时间、精力和财力以维护环境公益。后者公共权力的缺位问题，就目前来看，有能力维护环境公共利益最恰当的公主体便是国家。一方面，国家基于社会公益而产生；另一方面，国家又具有凝聚力量的公权力，在应然层面上能够有效避免公地悲剧的产生。实践中，公共权力的缺位却成为环境保护的难题。

第二节　国家环境保护义务的主要承担主体是政府

在环境法治国家，环境公益与社会、经济、文化等领域的公共利益一样，具有同等重要的地位，基于"社会契约"产生的国家在维护和促进环境公益方面有着不可推卸的义务。政府作为公民与主权者之间的中间体，负责执行因"契约"产生的意志，而政府环境责任有效供给理论有效地解释了政府在环境保护中承担的主要责任。

一　国家义务源于国家与公民之间的"社会契约"

对于国家的存在，社会契约论一直在各学说中占据主流地位。社会契约论最早可追溯到古希腊哲学家伊壁鸠鲁，伊壁鸠鲁借用"原子"理论的张力，以形而上学的方法宣布了人的自由的本质、国家起源的契约性质，即个体的人与政治生活协调和统一的基点是：国家由个体的契约产生，国家来源于社会契约。[①] 可以说，该观点关于通过订立契约的方式形成国家的思想奠定了社会契约论的基础，解释了国家起源问题。

美国法理学家博登海默从古典自然法哲学角度，将社会契约论分为三个阶段：第一阶段以格劳秀斯、霍布斯、斯宾诺莎、普芬道夫为代表；第

---

① ［美］艾伦·格沃斯等：《伦理学要义》，戴杨毅等译，中国社会科学出版社1988年版，第90页。

二阶段以孟德斯鸠、洛克为代表；第三阶段以卢梭为代表。① 而此后康德通过阐述了"社会契约论"的道德含义和价值思想，推进了社会契约论的进一步发展。

第一阶段以英国政治学家、哲学家霍布斯为代表人物。霍布斯构造"利维坦"的国家观，以人性论为基础，认为国家成立以前人类生活在一种自然状态，为摆脱自然状态，通过自然法来提供一种准则，人们彼此约定放弃自己的全部权利并将它交给一个人或一些人组成的会议，使它担当起他们的人格，从而形成国家，霍布斯赋予国家以警察的职能，没有积极的功能，即维持秩序、维持和平与秩序是利维坦得以建立的理由和存在根据。②

第二阶段的洛克被誉为自由主义的鼻祖，他试图构建有效措施防止政府违反自然法则，反对独裁专制，以确保公众的自由实现。为此，人们必须通过订立契约的方式，同其他人协议联合成为一个共同体，以谋求他们彼此间舒适、安全和和平的生活，以便安稳地享受他们的财产并且有更大的保障来防止共同体以外的任何人的侵犯。③ 洛克将国家权力分为立法权、行政权、对外权，继而孟德斯鸠在此基础上提出了三权分立思想，真正完善了三权制衡的要求，使国家权力构成理论得到了进一步完善。

第三阶段即卢梭的思想，也是至今较为学界所认可的思想。卢梭认为人们通过契约建立了市民社会，又通过某种创造性行为建立了政府意义上的国家。公意不仅是集体的意志，更是国家建立的理性根基，他反对国家的家长式理论，反对建立在暴力之上的理论，因为它们都不能为政治义务提供理性的基础。他所承认的国家唯一的理性基础是合理的意志。为了强调公意，卢梭还进一步对"公意"与"众意"进行区别，认为公意着眼于公共的利益，而众意则只着眼于私人的利益，众意只是个别意志的总和。由于公意代表着人民的共同利益，是政府的首要基础，公意之形成需人民能自由表达自己的意志，而政府则是人民意志的执行者，因此，卢梭提出了"公共经济学的第一条法则是使政府的施政要符合法律"④。

---

① ［美］博登海默：《法理学——法律哲学与法律方法》，邓正来译，中国政法大学出版社2017年版，第47—48页。
② 高建主编：《西方政治思想史》（第三卷），天津人民出版社2005年版，第221页。
③ ［英］洛克：《政府论》（下篇），叶启芳、瞿菊农译，商务印书馆1964年版，第59页。
④ ［法］卢梭：《政治经济学》，李平沤译，商务印书馆2013年版，第14页。

而康德作为社会契约理论的发展者，他认为，人具有两种天性："合群性"和"己性"。① 康德认为人的己性实则是恶，人们往往会为了"己性"而斗争，从而失去自由。人的合群性则是人的理性体现，从而引导着人们依据需要订立社会契约，依据契约原则建立国家。康德受到卢梭思想的影响，认为国家立法权只能属于人民的联合意志。因此，真正的自由必须建立世界的共和国联邦，发展出一种普遍的世界公民状态。② 除了立法权，康德还认为国家行政权属于统治者或摄政者，监督权即司法权应独立由法官来行使。国家的唯一职能便是制定和执行法律，国家不得也不必干涉公民的活动，不得也不必以家长式的方式关注他们的利益和个人幸福，国家应当使自己的活动限于保护公民权利的范围之内，国家要保护每个人的自由、权利、独立，保护每个人免受他人侵害。③

可以说，从伊壁鸠鲁最初提出国家的形成思想，到霍布斯、洛克对国家权力的探索，再由卢梭将社会契约论推向了新的高度，不论哪个阶段，社会契约论始终坚持着三点：其一，契约自由决定了国家只能听从公意，以维护社会公共利益为基础；其二，国家为实现公意才拥有了公共权力，即国家并非是主权者，但其却是公意的保证者，有责任通过各种权力行使促成公共利益的实现；其三，不仅是国家，公民在达成契约的同时，就有服从公共权力管理的义务、监督和制约公共权力的责任。社会契约理论沿着"自然状态、自然权利、人民主权、政治治权"的推理路线，来洞悉国家（政府权力）的逻辑起源，成为国家存在的理论来源。

二 国家履行环境保护义务的正当性

20 世纪 30 年代，以牺牲环境为代价追求经济发展的发展模式导致一系列环境公害事件频频发生，生态环境质量急剧下降，公民的健康权和环境权遭到严重侵害。到 20 世纪末 21 世纪初，环境污染和生态破坏问题不断涌现，能源枯竭、水资源污染、森林资源匮乏等环境问题直接影响着人类生存和发展，继而才使得人们关注环境公益的问题，强调国家的环境保护义务。

---

① ［德］康德：《法的形而上学》，沈叔平译，商务印书馆 1991 年版，第 7 页。
② ［德］康德：《历史理性批判》，何兆武译，商务印书馆 1991 年版，第 187 页。
③ 何勤华：《西方法学史》，中国政法大学出版社 1996 年版，第 203 页。

国家环境保护义务是国家义务在环境法领域的拓展和延伸，是指国家为保障公民环境权的实现、维护和促进环境公益所需承担的职责。具体来说，首先，环境的公共性决定了国家是主要提供者。基于环境的公共性，每个公民均享有满足其生存和发展所需最低限度的环境品质的权利，但人人享有却极易产生"公地悲剧"，因而需要一个集合公共意志的主体进行管理，即国家。在环境保护领域，国家除了负有保障公民环境权实现的义务之外，还负有维护和促进环境公益的义务，即单纯的消极尊重和积极保护已无法满足人类对环境品质的需求，更需要国家积极履行促进义务为社会公众提供基本的环境公共产品和服务。因而，对公民环境权利的救济实质应为"义务的监督履行"而非"利益的直接救济"[1]，相比较而言，履行明确具体的国家环境保护义务比保障抽象性的公民环境权更具有可操作性。其次，国家环境保护权力源于公民环境权的让渡。社会契约论为国家义务奠定了基础和逻辑起点，可以说，契约被认为是成立国家的基础，换言之，正是人作为一个社会主体对环境所固有的参与权力和维护义务的让渡，才有了国家义务和政府职责，国家享有的公权力取决于国家义务，而国家义务实质和根源都属于人民的权力并来源于人民。因而，国家的环境公权力由国家环境保护义务所决定，国家环境保护义务来源于公民环境权的让渡，"它的产生反映着公众希望借助国家环境公权力的公共性和义务型为环境公共利益服务的良好愿望"[2]。最后，国家与公民在环境公益维护上具有共同目标——保障人性尊严。从理念和价值来说，福利和尊严是公民环境权配置的正当性基础。因为环境保护涉及公民的生命、健康和生活尊严，是人享受一切人权的前提。1972年《人类环境宣言》指出："人类有权在一个能够过尊严和福利的生活环境中享有自由、平等和充足的生活条件的基本权利，并负有保护和改善这一代和将来世世代代的环境的庄严责任。"之后，这一关涉公民"尊严和福利"的环境权在许多国家的宪法中均得到了承认，如瑞典、希腊、韩国等。而对当前环境权还尚不被认可的国家来说，通过国家环境保护义务来促进公民环境权的实现是可行的，具体来说，客观上存在的公共利益要转化为法律权利，在于法律可以通过设定相应的义务来保障这种利益的享有和不受侵犯。源于公民环境权

---

[1] 王蓉：《环境法总论——社会法与公法共治》，法律出版社2010年版，第119页。
[2] 陈真亮：《环境保护的国家义务研究》，法律出版社2015年版，第69—70页。

的国家环境公权力则必须尊重和保护人性尊严,保障公民的环境权不受侵犯。

国家环境保护义务与公民环境权的要求相对应,国家是公民环境权保障的首要主体,而国家享有的环境公权力来源于公民环境权的让渡,其最终目的是为维护环境公益,保障人性尊严。正如时任国务院副总理李克强在2011年12月20日第七次全国环境保护大会上指出:"基本的环境质量是一种公共产品,是政府必须确保的公共服务。"

三 政府环境责任有效供给理论

政府环境责任有效供给是指政府切实地担负起防治环境污染、保护环境资源、改善环境状况的责任,其中有效供给的主体是政府,对象是公众。

其一,政府履行环境管理权力的来源。国家义务的实现依赖于国家权力的运行,国家权力的实现途径有立法、行政和司法三种途径,其中,行政是占据核心位置。行政权力的合法运用主体称为政府。所谓政府,是在臣民与主权者之间所建立的一个中间体,以便两者得以互相适合,它负责执行法律并维护社会以及政治的自由。[①] 英国政论家约翰·弥尔顿对政府权力进行界定:"国王和管理者的权力不是什么别的东西,它不过是派生出来的,是获得的,是人民为了所有人共同的善而委托于他们的,而从根本上说这种权力仍然保留在人民手里,没有什么力量能把它从人民手中夺走而不损害他们的天赋权利的。"[②] 可以说,政府是国家为实现表达公共利益的法律,设置的以国家强制力为后盾的,具有政治统治和社会管理的双重职能的组织。环境作为典型的公共物品,具有普遍性和非排他性,包含极大的经济和生态价值,其本身更是具有不可分性、生态脆弱性和稀缺性等特征,因而,对环境的控制和利用,政府应承担不可推卸的责任。

其二,政府环境责任有效供给的内容。目前,关于环境善治的理论在

---

① [法]卢梭:《社会契约论》,何兆武译,商务印书馆2016年版,第72页。
② John Milton, *The Tenure of Kings and Magistrates, Areopagitica, Prose Works*, New York: The Macmillan Company, 1927, pp. 331-334. 转引自唐士其《西方政治思想史》,北京大学出版社2002年版,第224页。

国际社会得到了普遍认可。①善治理论的发展在强调治理主体的多元化同时，也把握住政府在公共事务治理中的主导地位和重要作用。这给政府环境责任有效供给提供了一种指导：首先，政府是维护环境公益的首要主体，应承担环境治理总体责任。"善治"是使公共利益最大化的社会管理过程，而政府基于主导地位，所以政府行为就具有直接的方向性与示范作用。这就要求政府始终坚守环境公益的目标使命，坚持依法行政，用法律规范政府和官员的行政行为，进一步强化责任、法治等现代政府理念。其次，政府应承担治理模式的选择与协调责任，实现多元分工合作。善治的本质在于政府与公民对公共生活的合作协调。社会治理主体多元，新的政府治理结构应当是多中心的、自主的、分工合作互为补充的。在善治理论的指导下，政府应及时回应公众对环境的需求，及时践行政府维护环境公益的承诺，保障人们生活的环境，同时，要扩大公民参与环境保护的范围，加大公民社会监督的力度。再次，政府应承担对各环境治理主体的监管责任，及时对损害环境公益的行为予以处罚或制裁。环境涉及公共利益，但同时也涉及私人利益，因而，政府要对各主体进行监管，确保维护环境公益的目标实现。最后，政府应承担协调多元治理主体纠纷的责任。经济发展与生态环境利益之间的矛盾越来越激烈，难以避免会出现各类纠纷和冲突，同时，相比其他治理主体而言，政府本身既具备政治职能，也具备经济职能，在矛盾冲突解决方面具有更强的可执行性和公信力，因此，政府要在两者之间寻求平衡，尽可能以最方便快捷、低廉高效的方式解决问题，避免环境多元治理的纠纷，导致环境治理的失灵。

第三节 环境公益诉权与政府环境治理

环境公益受损害现象已十分普遍且严重，而造成这一结果的原因在于作为环境公益维护主体的政府环境治理失灵，具体表现为：政府执行效率

---

① 1987年4月世界环境与发展委员会正式出版了《我们共同的未来》，环境善治（Good Environmental Governance）广为知晓。1992年里约热内卢地球峰会通过了《21世纪议程》正式采纳环境善治理念。2002年，南非约翰内斯堡可持续发展世界首脑峰会通过的《可持续发展世界首脑会议实施计划》强调促进形成公私合作伙伴关系，推进环境善治进程。2003年联合国开发计划署、联合国环境规划署、世界银行和世界资源研究所等机构正式确定了环境治理与环境善治的理念。

过低、政府环境决策失误、政府寻租或腐败现象严重。究其原因，在于政府自身的有限性，即易受到多重利益的干扰、权力行使过程的偏差以及政府权力行使的高昂成本。故人们需要转变方向，寻求公共利益的司法保护。

一 政府环境治理失灵的表征

环境的外部性、公共性以及产权模糊性等特征，使得环境治理成为政府的主要职能之一，并且各国通过立法赋予有关行政机关对违法的污染和破坏环境的行为予以干预的权力，不可否认的是行政机关的干预在很大程度上满足了环境利益维护之需要。然而，实践表明政府也存在环境治理失灵的情形。

首先，政府执行效率过低。具体体现在三个方面，其一，行政机关所采取的行政手段一般为事后的救济手段，很难对一些可能会产生环境污染或破坏的行为予以事前预防，因而，行政手段的有效性受到限制。其二，行政机关不可避免会出现执法惰性，甚至因可能与企业之间存在千丝万缕的利益关联，而帮助企业逃避处罚，即便启动了行政执法程序，但行政手段在维护环境公益方面具有限性而导致环境损害修复不能或者赔偿不得。其三，行政机关因其人力与财力原因，很难对所有环境违法行为进行及时恰当的规制，尤其是在市场主体多元化、市场利益格局复杂化的今天，行政机关的执法效率往往力不从心。

其次，政府环境决策失误。政府在环境决策方面存在一定局限性：其一，基于不完全信息基础进行决策，均容易导致政府对资源使用者产生不切实际的约束和激励，还会使得生态环境问题被暂时掩盖而被延迟或积累，而待环境问题严重后再纳入政府日程中显得过于滞后。其二，政府环境决策在实施过程中易扭曲。环境问题的解决很大程度上会惠及大多数人，但也可能会损害个人的利益，在具体决策实施过程中，政府的目标考核、执行部门和个人对环境问题的认知以及利益分歧都可能会削减环境决策的效力，理论上可行的方式，实际上却出现难以开展的局面。其三，环境决策中公众参与的缺乏。环境决策基本上是企业和环境管理者之间的利益调整过程，而往往环境利益的直接受影响者——公众，却被排除在外，当利益相关者的意见被排除在外后，整个决策过程便受到决策者的偏好与利益影响，不自觉作出与环境公益不符的政策。

最后，政府寻租或腐败现象。寻租和腐败是政府失灵的另一大表征。依据布坎南所定义的："寻租是投票人，特别是利益集团，通过各种合法或非法的努力，促使政府帮助建立其垄断地位，以获得高额的垄断利润。"政府一旦对环境利益相关问题进行干预，就有机会通过改变相关生产要素的产权关系，将土地或其他公共资源提供给相关利益人，从而在这部分过程中获取利益。尤其是政府对公共利益占有垄断地位时，不同部门也会对此产生各种争权夺利的情形，这便成了任何国家中政府都难以完全避免的一个问题。

如今，各国都存在着不同程度的政府失灵现象，但环境公益的维护很大程度上依赖于政府，因而有必要探究政府在环境公益维护方面失灵的原因，以便对症下药，从而加强环境治理保护，促进人与自然相和谐。

二 政府环境治理失灵的原因

西方国家的行政权经历了"夜警国家""福利国家""风险社会"的不同阶段。[①]"夜警国家"指在该模式下，西方国家信奉"小政府、大市场"的古典自由主义经济学思想，行政权呈现出形式性、有限性和被动性特征。这一阶段的行政权，严格遵循立法机关的公意，执行立法机关的命令，并且干预范围十分狭小。"福利国家"指行政权开始扩张，突破有限和被动的形态，逐渐掌握和行使准立法权和准司法权，监管范围不断拓展，出现了行使实质性行政权力的公共权力组织，并开始积极主动干预市场和社会。"风险社会"则对行政权提出了新的挑战，要求行政机关的职能不再仅限于推动和促进经济增长，还要兼顾对社会风险的控制、社会稳定的维护、非经济性社会公共利益以及弱势群体权益的保护。可以说，行政机关的权力范围不断扩大是当前行政权发展的主要趋势。而政府在维护环境公益、治理环境方面"失灵"，究其原因，主要是因为政府并非全能，其理性具有有限性。

第一，政府自身利益与自由裁量权的滥用。从理论上来讲，政府通过对公共物品的管理而维护公共利益，应排除一切其他私人利益，但这仅是假设所呈现出的是一种非常理想的状态。随着经济全球化的迅猛发展，政

[①] 王明远：《论我国环境公益诉讼的发展方向：基于行政权与司法权关系理论的分析》，《中国法学》2016年第1期。

府部门在行使权力过程中越来越多掺杂部门利益。政府是由各部门、机构所组成的联合体,各部门、机构都有一定的权力及利益,环境保护显然并非是他们关心的唯一对象。掌握环境监管行政权力的国家机关一方面承担执行环境法的公共职能,同时也作为独立的利益主体而存在,环境法的执行过程就常常表现为执法机关的利益衡量过程。另外,因环境问题的复杂性、不确定性、多样性,行政机关单纯依靠法律规范已无法适应当前社会发展的需要,且往往法律规范越是规定得详细严格,与具体行政事务冲突的可能性也就越大,这种冲突使得实质合理性被形式合理性所消磨,这便要求行政执法有更多的灵活性和模糊性,即裁量权的行使。法定的环境义务主体总是在寻求一切途径免于承担义务和责任,而执法机构最有可能采取的方式不一定是依法行事,而是见机行事。[①] 所谓的执法就很容易演变成为权力的交易,最终与公共利益目标背道而驰。而一国的相关法律也可能就成为没有任何约束力的"软法"。

第二,政府行政权力行使方式与环境公益保护需求之间的矛盾。政府是一个巨大的组织,其中包含的各种组织或团体并不必然为了公共利益而行动,他们所理性追求的是其自身利益,并力图使其最大化。而政府在决策中忽视决策对环境的影响,其背后往往都是对各种经济、政治利益的考量,美国著名经济学家奥尔森所演绎的"集体行动的逻辑"就是这样一个例证。同时,在实现环境公益方面,因涉及主体广泛,则需要一种公众参与表达机制,以保证利益主体的充分代表性。但行政权力的行使往往追求积极、迅速,很容易就忽视社会公众的参与,尤其是对弱势群体需求的回应,而政府的每一项决策往往都影响巨大,对广大范围内的环境能够产生直接重大的影响,很容易引发公众环境保护需求与行政权力之间的冲突。通过这种行政权力行使方式所作出的决策,往往是放任对环境公益的侵害,从而致使政府对环境公益保护不周。

第三,政府行使行政权力的成本与环境公益保护的获益的不均衡。对于政府而言,制度的监督和实施是一个成本高昂的过程。制定有效监督机制本身需要大量成本,而政府对部门工作人员的监督更是一个高成本消耗,需要大量的人力、物力、财力等资源的投入,且在实际操作层面,政

[①] 徐祥民、胡中华、梅宏等:《环境公益诉讼研究——以制度建设为中心》,中国法制出版社2009年版,第37页。

府并不可能对每一个成员直接进行管理，而通常采取分级管理或者授权管理。这种监督方式不仅成本消耗高，且基于上下级关系，往往出现互相包容的现象，"这便造成了政府行为的程式性、机械性、网络性特点，使组织成本提高，灵活性降低"①。而环境问题本身的复杂性、多样性等特点，更使得政府在处理环境问题方面反应迟缓，成本高昂。这种政府支出成本与公益维护收入的不均衡，表明"仅仅依靠政府环保部门、依靠行政手段'单打独斗'，难以达到保护环境、改善环境的目的"②。

换句话说，行政失灵产生的环境公益维护不力之原因，根本在于政府本身所具有的有限性，仅通过对政府本身的制度不断完善仍然无法避免"失灵"现象的产生，尤其是行政权在世界多数国家仍处于主导的背景下，有必要考量挖掘新的途径以有效防止政府失灵。

三 环境公益诉权行使：政府环境治理失灵的解决之道

环境公益诉讼作为一项新型诉讼类型，在环境治理过程中有其突出的功能和作用，因而，面对政府环境治理失灵的困境，环境公益诉权之行使是一条可能的解决之道。具体来说，环境公益诉权行使的本质决定了其与政府环境治理的最终目标相一致，环境公益诉权之行使有助于多元环境共治的实现，环境公益诉权的实施效果有助于通过司法途径督促政府积极履行环境保护责任。

（一）环境公益诉权行使与政府环境治理目的的一致性

德国法学家耶林曾说："目的是全部法律的创造者，每条法律规则的产生都源于一种目的。"③ 就诉讼制度而言，诉讼目的既包括实体性和程序性的目的，但对诉讼目的进行具体分析时，不同诉讼制度之间呈现出较大的差异。传统诉讼中，刑事诉讼的目的是为打击犯罪，维护统治阶级的统治利益和统治秩序，行政诉讼的目的是维护行政相对人的合法权益，促进行政机关依法行政，民事诉讼的目的是为民间争议纠纷提供一种解决程

---

① 吕忠梅等：《超越与保守——可持续发展视野下的环境法创新》，法律出版社2003年版，第218页。
② 《着力解决危害群众健康和影响可持续发展的突出问题——2007年环保工作展望之一》，《中国环境报》2007年1月24日。
③ ［美］博登海默：《法理学——法律哲学与法律方法》，邓正来译，中国政法大学出版社1999年版，第109页。

序，但总体而言，传统诉讼立足于私益基础，旨在保障个人权益。

公益诉讼不同于传统诉讼之目的，其根本目的是保护公共利益，而环境领域的公益诉讼具体来说，可以分为三个目的：（1）作为一项环境纠纷的诉讼机制，环境公益诉权的目的在于解决涉及环境问题的各类纠纷，为环境公益保护提供司法救济，有效地制止损害环境的行为；（2）作为一项监督和制约行政权力的诉讼机制，环境公益诉权目的在于监督和制约环境行政权，督促环境保护政府部门执行其法定职责义务，加强环境管理；（3）作为一项环境法上的诉讼机制，环境公益诉权行使的根本目的在于维护环境公益。实际上，环境公益诉权的目的是一种一元目的（维护环境公益）主导下的多元目的观。这些目的并非是松散罗列，而是相互区别，又相互联系的关系，具体体现为三个不同目的之间具有层次性。解决环境纠纷是环境公益诉讼最直接的目的，监督环境行政是体现环境公益诉讼本质特征的目的，是第二位阶的目的，而保护环境公益（其中最核心的是公众环境权益）则是环境公益诉讼的根本目的，是环境公益诉讼的最高位阶目的。总体来说，三个目的是层层递进的，同时，下一位阶的目的也是促成上一位阶目的得以实现的手段。之所以对环境公益诉讼的目的进行罗列，是注意到三个不同目的之间存在着一定程度的分离，防止环境公益诉讼的本质特性被"维护环境公益"这一目的简化和吸收，从而影响到目的的实现。

政府基于"公意"而产生，其目的同样在实现"公意"，"环境保护在政府"已成为社会共识，这在许多国家的环境立法中同样得以体现。从政府环境治理的角度而言，环境公益诉权行使与政府环境治理的目的相契合。同时，传统诉讼旨在维护国家和个人利益，其利益主体、范围往往十分明确具体，对于复杂多变的环境法律关系往往力不从心。环境公益诉讼的功能分析表明，其作为一项新型诉讼，区别于传统诉讼类型能够弥补现行环境公益维护之不足。

（二）环境公益诉权是多元主体参与环境治理的新形式

善治理论基于政府治理失灵而提出，旨在实现多元环境共治局面，以寻求政府与市场的平衡，而善治的基本要素之一便是法治，特别是通过司法独立来实现。环境公益诉讼便是善治理论在环境司法领域的具体体现。环境公益诉讼的"善治"主要从两个方面体现：

一方面，环境公益诉权是公众参与环境治理领域的法律实践。公众作为社会公益的所有者,理应参与到有关公共事务的各项决定或决策中,由此,从维护公共利益的角度出发,政府与社会组织和公民个人应当就公共利益展开对话和协商,从而确定如何维护特定社会情境下的公共利益。但因公众人数众多且不确定,难以从真正意义上实现参与,环境公益诉讼便通过突破传统私人权利模式的两极对抗结构,作出影响社会公众的判决,确认、发展并重塑社会公共价值。可以说,环境公益诉讼是一项由公众行使公共利益的代表机制,能够有效缓解社会对政府失灵的失望,并有助于实现政策合法化,从而以群体之力处理环境公共利益问题,对环境公益问题形成真正解决问题的话语机制。

另一方面,环境公益诉权是司法权与行政权合作共治的形式。司法程序能够为受环境公益损害的主体提供一个公平、正义的救济途径,保障其参与环境公共治理的实体性权利和程序性权利。因为司法权同行政权、立法权和社会自治权力一样,共同构成国家治理体系的重要组成部分,而与行政管理和政治治理相比,司法治理能够凭借其专业技术性减少和弱化政治冲突,通过其中立性和程序性作出的裁判结果也更易获得公众认可,在改革进程中诉诸司法判决更有助于减少社会和政治改革的阻力和对抗。[①] 当前,全球行政权扩张是主要趋势,司法权也应当根据行政权的变化进行相应的调整,司法机关应"恰如其分"地参与社会治理过程,承担与其职责相适应的社会治理责任。换言之,"司法的干预永远是最后的干预,它的价值不在于干预得更多,而在于干预得'恰如其分',即在其他纠纷解决机制失灵或失灵的条件下提供恰如其分的救济"[②]。

基于此,环境公益诉权行使是多元主体参与环境治理新的诉讼形式,而这也恰好符合善治理论对现代法治政府提出的各项要求,换句话说,环境公共事务的复杂性既需要行政权,也需要司法权,更离不开公众自治权力的参与,它们共同构成我国环境治理的新局面。

(三)环境公益诉权是监督环境行政权的有效途径

囿于政府公共事务管理的主观和客观因素,从某种程度上来说,政府失灵是我国环境问题频发的主要原因。只有规范和控制好政府影响环境的

---

① 高鸿钧:《美国法全球化:典型例证与法理反思》,《中国法学》2011年第1期。
② 江国华:《通过审判的社会治理——法院性质再审视》,《中州学刊》2012年第1期。

行为,才能有效遏制我国环境污染和生态破坏恶化的趋势。[①]

现有对行政行为的监督主要有国家权力机关的监督、行政机关的监督、司法机关的监督以及各民主党派和社会群众的监督。在现有体制下,对行政行为的监督主要是权力机关、行政机关和司法机关的监督,即权力机关的事后监督、行政机关的内部监督和司法机关的诉讼监督。但依据各个国家的立法体系和制度设置之情形,这类传统的监督手段因客观现实原因,在监督效果方面大打折扣。如宪法授予权力机关对行政行为的监督,却因缺乏配套规范的程序规则而无法得以实现;行政机关内部监督可能存在有失公允;受一国行政诉讼制度的价值定位影响,并不具有维护公共利益的价值取向。环境公益诉讼主要通过监督行政权的行使来实现维护环境公益之目标,恰好是监督环境行政权的有效途径。例如,1978年美国最高法院审理的田纳西河水库案[②],因美国联邦议会批准水库项目的建设会影响当地蜗牛鱼(蜗牛镖鲈)的生存,田纳西州环保组织和地方公民依据1973年《濒临灭绝物种保护法》针对田纳西流域管理局提起诉讼,要求法院判令其停止施工修建水库。经过三审,原告最终胜诉,水库也得以被叫停修建。由此可见,环境公益诉讼不仅为公众参与提供了平台,更是为直接监督行政权行使提供了有效途径,成为应对当前政府环境治理失灵的一种可行之路。

本章小结

环境属于典型的公共产品,具有共有性、不可分割性、无排他性等特点,因此极易产生"公地悲剧"。也正因为环境的公共性,"公地悲剧"使人们注意到环境保护的公权力缺位和激励机制匮乏,导致出现"搭便车"现象,人们在利用资源过程中试图将这种成本转移到他人身上。环境的公共性要求国家必须承担环境保护义务,具体则由政府承担环境责任。然而,环境问题的复杂、广泛与政府自身的有限性导致政府环境治理出现失灵,而传统诉讼制度也无法从根本上实现保护环境公益之目的。环境公益诉

[①] 蔡守秋:《从环境权到国家环境保护义务和环境公益诉讼》,《现代法学》2013年第6期。

[②] Tennessee Valley Authority v. Hill et al., 437 U.S. 153 (1978).

之行使能够通过执行法律、监督与制约行政权力，从而维护环境公益，是当前一国应对政府环境治理失灵困境的一条可行解决途径。因此，环境公益诉讼作为维护环境公益的一项具有明显"公共性"的司法途径尤为重要。在环境公益诉讼中，环境公益诉权是其核心，只有明确环境公益诉权概念、内容、性质等，才能为环境公益诉讼提供正当性支撑。

第二章　环境公益诉权之基本界定

诉权通常是指民事诉权，随着环境公益诉讼在世界范围内的兴起，诉权逐步延伸到环境法领域，成为国家保障环境公共利益的一种新型诉权，对环境公益诉权的相关问题探讨也逐步引起学界关注。客观条件的变化促使环境公益诉权成为一种有效环境治理方式，然而，环境公益诉权的内在变迁轨迹、基本概念始终没有明确界定，致使环境公益诉权行使存在理论争议性和实践不确定性。

之所以出现这样的矛盾，是诉权理论在历史演进中历经了内涵上的变化与扩张，环境公益诉权在传统诉权无法对环境公益予以救济时产生，是一个复杂多样的概念，始终无法提炼出其独特的法律要义。作为环境公益诉讼制度的首要问题，应首先厘清环境公益诉权的变迁轨迹和功能拓展，在此基础上，明确环境公益诉权所指向的行为类型，从而深入认识到环境公益诉权的概念和构成，将其与环境公益诉讼的目的、范围和类型等问题紧密联系起来。

第一节　环境公益诉权的确立与功能

环境公益诉权最早可追溯至古罗马时代，而环境公益诉讼最初是在美国塞拉俱乐部诉内政部部长莫顿案中得以体现的，该案件旨在对政府环境行政权力进行司法审查，自此，环境公益诉权得以确立和发展。综合来看，各国环境公益诉讼在修改传统诉讼观念和诉讼机能的同时，铸就了新的诉讼机能，即执行法律功能、政策形成功能及促进对话功能。

一　环境公益诉权的确立

环境公益诉权最早可追溯至古罗马时代的三种公益诉讼形式，主要是民众诉权、民众令状和人民控告，其旨在通过民众启动诉讼程序来弥补政府机构维护公益之不足。当时的公益诉讼中已涉及对环境公益的维护,但并非主要目的,正式确立环境公益诉权是在1982年的美国塞拉俱乐部诉内政部部长莫顿案中,该案关于原告主体资格引发极大争议,也是第一次向传统诉讼规则提出挑战的案件,让人们意识到环境公益的维护需要传统诉讼规则的改变或是新型诉讼的出现。

(一)环境公益诉权的雏形——罗马法中的民众诉权、民众令状和人民控告

古罗马时代已有环境公益诉讼的雏形,并且该时期对环境问题也有所关注。罗马法时期的公益诉权表现为三种形式:民众诉权、民众令状、人民控告。其中民众诉权属于私法范畴、民众令状属于行政法范畴、人民控告属于刑事诉讼法范畴。

在罗马共和时期,因没有现代科层制意义上的官僚系统,国家与人民的界限不分,所以出现了这几类诉权形式,通过这种程序开展促使民众能够做一些官僚所不知道或来不及做的公益性事项,弥补当下机构维护公益之不足。意大利学者法达对民众诉权定义如下:"民众诉权是每个公民尽管带来公共利益,但为了他自己的好处并作为他自己的诉讼提起的诉讼。"① 在民众诉讼中,原告可取得罚金作为对维护公益行为的奖励,但提起的损害仅限于人身损害,如侵犯坟墓之诉、倒泼与投掷之诉、放置物或悬挂物之诉、追究破坏告示牌者之诉等。如今许多研究把现代公益诉讼的源头仅限于民众诉讼,这是不全面的。民众令状作为"长官在紧急情况下根据一方当事人的请求发布的做或不做某事的命令,其目的是保护公共利益和公共秩序"②。这直接涉及对公用物的保护程序,例如公共地方、公路、公共河流及其河岸及公共下水道。③ 尽管有学者认为,当时的私法程序诉讼的首要旨趣并非保护环境而是保护个人利益,④ 但不可否认的是,通过这种依据长官所发布的命令,其适用范围涵盖了固体废物、液体废物,甚至是气体废物,关注到这些污染物可能给公用物造成的影响。而人民控告接近于刑事犯罪的诉讼程序,意大利罗马法学家朱塞佩·格罗索

---

① 徐国栋:《罗马公法要论》,北京大学出版社2014年版,第374页。
② 徐国栋:《罗马公法要论》,北京大学出版社2014年版,第380页。
③ 参见徐国栋《罗马公法要论》,北京大学出版社2014年版,第380页。
④ [意]约勒·法略莉:《古罗马的环境保护》,李飞译,《厦门大学学报》(哲学社会科学版)2012年第4期。

提到："新的刑事诉讼程序得以确立的决定性一步是公诉制度的出现。根据这种制度，任何市民均可提出控告。在控告中，提出控告的公民是共同体公共利益的代表。在公诉中，任何市民均可担任控告者。"[1] 这是对当时的严重犯罪的行为采取的主要诉讼程序。另外，检举制度则是人民控告的一种变体，从属于非常设诉讼程序，但它并非是以公共利益为目的，而是为了获得奖赏或报复被检举者，因而不在公益诉讼范畴之列。

可以看到，除了检举制度，民众诉权、民众令状、人民控告的发动者是公众，这反映出当时的诉讼法很大程度地依赖于私人的积极性以实现公共利益的目的，通过个人的行动增进集体利益，与现代的诉讼法"各人自扫门前雪"的观念恰好相反。这三种形式所组成的公益诉讼制度可以说是古罗马帝国民主制的一个有机组成部分，当国家机关或公职人员因各种原因未对违法行为采取行动时，民众不论是基于奖励抑或是个人利益的出发点，都积极行使诉权，加上法官职能的不断转变，在一定程度上将公共权力的行使纳入了司法审查的范围，有效地防止了权力的滥用。由此，古罗马时期的公益诉讼可以概括如下：（1）公益诉讼的原告尽管受到地域划分限制，但可以是利害关系人，抑或是无利害关系人，若数人愿意起诉，则由长官选择适任者。其中公益诉讼的原告可以基于特定诉讼类型获得奖励，而非赔偿。（2）公益诉讼起诉的目的并非个人利益，而是为维护社会公共利益或者国家利益。（3）公益诉讼的范围并非单纯规制侵权行为，还包括犯罪行为或其他违法行为。（4）公益诉讼的作用是对行政机关的一种补充。

（二）环境公益诉权之确认——美国塞拉俱乐部诉内政部部长莫顿案

尽管在古罗马时期就有公益诉讼程序，但环境公益诉权是在美国塞拉俱乐部诉内政部部长莫顿案[2]中得到确立的。

原告塞拉俱乐部是一家于1892年由著名环保人士约翰·缪尔创立的环保组织，致力于保护美国的荒野、野生生物以及自然美景。被告莫顿是美国内政部部长。而美国内政部是美国联邦政府重要部门之一，担负着保护、开发美国联邦政府所有土地上国土资源的职责，是美国联邦政府有关

---

[1] ［意］彼德·彭梵得：《罗马法教科书》，黄风译，中国政法大学出版社1992年版，第270页。

[2] Sierra Club v. Morton, 405 U. S. 727 (1972).

公共土地和其他矿产、石油等资源的主要管理部门。1965年美国林业局发布了关于加利福尼亚州图莱里县的矿金峡谷国家禁猎区招股说明书，邀请私人开发者来投标，建设和运营一个滑雪胜地和避暑场所。迪士尼公司中标获得了该山谷为期三年的调查勘探权，为建设该度假胜地做前期准备。1969年1月，美国林业局批准了迪士尼公司最终的计划。为了能够进入景区，加利福尼亚州打算修建长约20英里的公路。这条路的一部分将横穿国家红杉公园，同时需要有高压线为景区提供电力。内政部负责保护和维护国家公园，修建公路和高压线都需要内政部的批准。塞拉俱乐部认为对该地区的开发违反了联邦法律。1965年，其曾申请对该提案举行公众听证会但未获得成功，而后通过与林业局和内政部沟通，表达了对迪士尼公司整个项目的反对。1969年6月，塞拉俱乐部依据《行政程序法》第10条的规定，以对"保护和合理维护国家公园、禁猎区以及国家森林"有特殊利益的团体的名义，在加利福尼亚北部地区的美国地区法院以内政部部长莫顿为被告提起了诉讼。具体请求如下：（1）请求法院作出宣告式判决，确认拟议的开发计划在很多方面都违反了管理保护国家公园、森林和禁猎区的联邦法律和规章。（2）申请地区法院发布禁令，禁止联邦官员批准与矿金工程有关的项目或者给它们发放许可证。

　　本案最大的争议焦点在于原告的诉讼资格，联邦最高法院的七位法官意见不一，最终法院以4：3的投票结果维持了上诉法院的判决，裁定塞拉俱乐部缺乏支持其行为的诉讼资格，维持原判。持反对意见的四位法官认为"事实上的损害"并不仅仅要求存在一个可辨认的损害，它还要求申请进行司法审查的当事人本身就属于受到损害的人中的一员。因为对矿金峡谷环境的改变并不会对每一个公民造成无差别的影响，因此，塞拉俱乐部所声称的损害只可能是当地被利用矿金峡谷和美洲杉国家公园的人，以及那些认为高速公路和滑雪场会减损该地区的美学和休闲价值的人所受到的。而塞拉俱乐部并未主张它或它的成员的任何活动或娱乐会受到迪士尼公司开发项目的影响，如果把《行政程序法》解释成允许法院根据组织或个人的请求进行司法审查，而这些组织或个人只不过是想通过司法程序为他们自己的价值偏好辩护，那么宪法中有关"诉讼资格"原则的规定就可能被逐渐削弱。而另外三位以道格拉斯为首的法官们认为当代公众对保护自然生态平衡的关注应当趋向于授予环境对象以诉讼资格，让它们可以为自己的生存而提起诉讼。在诉讼中，无生命的物有时也可以成为当事人。环境问题上的诉讼资格应当由自然物自身来享有，这样就可以确保它代表的所有形式的生命都可以站在法庭上。所以，虽然那些生态系统中不善于表达的成员无法自己表达意见，但是那些熟知它们的价值和奇迹的人可以为整个生态社区代言。

尽管原告塞拉俱乐部以败诉告终，但该案却将环境资源的生态价值、美学价值以及娱乐价值等确认为一种法益，表明其应当受到法律的保护。美国联邦最高法院在意见中对"损害事实"的范围进行了新的解释，经济利益的损害不再是损害的唯一内容，环境资源的美学、娱乐消遣等环境精神方面的非经济价值的威胁与损害同样属于"实际损害"，同时也反映出公众对政府权力行使方面进行监督，以力求实现公共利益保护的目的。此后，关于环境公益诉讼的案件在濒危灭绝物种领域[1]也相继开展开来，并进一步推动了美国"公民诉讼"条款的法律确立。

二 环境公益诉权的功能

"功能这一概念主要包括两层意思，即部分对于整体的维持所发挥的作用及其活动效果，以及为此所必须满足的必要条件。"[2] 随着社会结构的变化，传统的诉讼机能已无法适应新型纠纷的出现，社会法学理论开始强调重视法律原理、规则、概念以外的政策以及其他社会因素，批判机械适用法律概念和规则的传统诉讼观念。"现代型诉讼的出现，在修改传统诉讼观念和诉讼机能的同时，铸就了新的诉讼机能，包括促进对话机能和政策形成机能。"[3] 即环境公益诉讼作为新型诉讼之一，通过环境公益诉权行使，能够有效执行法律、推动政策形成及促进对话。

(一) 执行法律功能

环境法治之所以能在欧美迅速发展，一个很重要的原因在于：公益诉讼推动法律规则的完善并适应了国际环境保护的需要。[4] 前述论及政府由于自身的有限性，导致其在环境保护中的"失灵"，环境公益诉讼作为一项新型诉讼制度可以有效弥补环境行政机关执法不力的缺陷。

---

[1] Lujan v. Defenders of Wildlifes, 504 U.S. 555 (1992).
[2] 季卫东：《法律程序的意义——对中国法制建设的另一种思考》，中国法制出版社2004年版，第59页。
[3] 刘荣军：《程序保障的理论视角》，法律出版社1999年版，第49页。
[4] 陈虹：《环境公益诉讼功能研究》，《法商研究》2009年第1期。

美国公民诉讼就是典型例证,美国学者迈克尔·格雷沃就曾指出,美国引入环境公益诉讼的目的之一,即在于克服环境执法不力的弊端。[1] 因为所有的行政行为不论是抽象行政行为抑或具体行政行为,均是公民诉讼的诉讼对象,尤其是对联邦环保局行政行为的监督。一方面,社会组织或个人可以作为诉讼主体,这类主体与行政机关不同,他们并不追求除保护环境以外的其他目的,而是纯粹以环境保护为目标。而诉讼主体资格范围的扩大使得环境行政机关执行环境法律、法规或履行法定职责时受到更大范围的监督,促使环境行政机关理性决策、依法行政。另外,因原告资格的扩大,试图收买或阻止原告提起诉讼的可能性大大降低,或者成本增加。另一方面,相比较而言,将有限的精力、成本放在促使政府完善或执行法律方面上远比取缔单个污染源上更有意义。通过环境公益诉讼程序的审查,能够纠正或变更政府行政行为,避免对环境公益的扩大化损害,有效预防和制止损害环境公益之行为。有研究论及:"公民诉讼的确发挥了重要作用。公民诉讼确保了无数的行政机关和数以千计的污染企业能够遵守法律,减少了数以亿吨的污染物,保护了大量的濒危物种和生态栖息地。公民诉讼节省了大量的行政资源和纳税人的税款。"[2]

各国的环境公益诉讼表现形式因其本国司法体制的不同而呈现出不同形式,但总体而言,环境公益诉讼作为政府实施环境法律的补充方式,具有对环境公益损害等各类纠纷的制裁和抑制功能,为一国环境法律的执行提供了一个有效的实现途径。除此之外,通过当事人对环境公益的主张,尤其是原告主体人数较多时,一旦诉的利益得到承认,意味着环境公益诉讼过程的开展将促成新的实体权利或法的内容的生成,"环境权"即是当前全球环境法治背景下基于环境利益保护的诉求所形成的一类权利。换句话说,环境公益诉讼本身就是实施环境法律的主要方式之一,而且在实施环境法律过程中也会对其作出一定的解释,甚至有可能创设出新的权利或义务。

(二) 政策形成功能

在现代社会中,社会关系与社会价值都在不断变化,环境问题更是影

---

[1] Michael S. Greve, "The Private Enforcement of Environmental Law", *Tulane Law Review*, Vol. 65, No. 2, 1990.

[2] James R. May, "Now More than Ever: Trends in Environmental Citizen Suit at 30", *Widener Law Review*, Vol. 10, No. 1, 2003.

响广泛且复杂，许多已经或正在得到承认的环境利益因法律规范和法律技术在司法裁判中得不到反映和实现。这就引发了对裁判功能的扩大化需求，即人们不仅期望通过裁判定纷止争，还能够使其发挥出一定的政策形成机能。

所谓环境公益诉讼的环境政策形成功能，是指"通过诉讼解决具体环境公益损害纠纷的同时，还隐含着对各种与环境公益有关的社会关系的间接调整"①。具体来说，环境公益诉讼的政策形成功能主要体现在以下两个方面：（1）诉讼裁判的指导力。因环境公益诉讼中所涉及的法律关系具有公共性，涉及的利益是整体性和普遍性的，通过法院作出的判决不仅直接约束着诉讼当事人，也对社会公众同样能产生拘束力和引导力，尤其是行政机关、利益集团等，以作为指导同类环境事件的基本准则。（2）诉讼确立的社会价值。关注事后救济的传统诉讼机制很容易忽视通过诉讼确认环境公益的社会价值之存在，而环境公益诉讼已不只是处理该纠纷本身，对纠纷涉及的环境社会问题也将划入诉讼结果的影响范围，即在环境公益诉讼中必然对环境公益维护及价值判断逐步达成共识，进而引导其他法官在司法裁量权范围内更加重视对环境公益的维护。同时基于大量环境公益诉讼案例可形成专门司法解释，对有关法律制度予以细化和深化，从而在一定程度上促成环境保护相关的制度变迁。

究其原因，"与行政程序不同的是，现代法律程序以其程序结构的职业化、程序过程的公开化、以证据为基础进行自由对话以及程序参与者的积极性四个特征保证了选择的理性化"②。基于此，有不少学者提出应该将环境决策从行政机关转移到法院的审查范畴，因为专业法院更适合分析涉及价值判断的环境问题，继而对各种价值予以平衡裁判，而这恰好是多元化发展背景下理性政策形成的必要条件。③ 环境公益诉讼将复杂的环境问题纳入司法程序中，法官则基于诉讼当事人的利益诉求，以及如何救济和维护环境公益进行考量，最终通过融入价值追求的裁判，为环境问题的应对和处理提供一定的指南和方向，进而推动公民环境观念的更新和倒逼国家环境政策的调整。

---

① 傅剑清：《论环境公益损害救济——从"公地悲剧"到"公地救济"》，中国社会科学出版社2017年版，第120—121页。
② 陈亮：《环境公益诉讼研究》，法律出版社2015年版，第29页。
③ 吴真：《英美环境决策司法审查制度评析》，《社会科学战线》2015年第3期。

（三）促进对话功能

在过去，社会公众往往对于环境污染或破坏的问题采取自力救济的方式，即民众通过静坐、抗议、堵厂等体制外渠道来表达他们对环境问题的关切，以此作为环境污染和生态破坏的救济方式。这间接反映出法定救济渠道过窄的事实，有学者指出："环境问题虽然涉及高度的科技背景，但因涉及太多利益冲突，与决策上的风险，往往是个政治选择的问题，有必要纳入整个民众参与体系与程序。"① 公众参与可以与环境立法权力、环境行政权力以及环境司法权力相结合，即在制定、实施环境法律过程中，充分吸收公众意见，但囿于前述政府理性的有限性，公众参与环境治理的程度并不高，而环境公益诉讼恰好为环保团体和公民个人参与环境管理提供了"体制内"的渠道，以一种具体而富有活力的方式将民众自力救济方式转化为具体的利益诉求，以避免社会大众的普遍不满、激化社会矛盾。

具体来说，公民诉讼主体资格是社会公众在环境管理中用以保障环境公益的一项制度性工具，即通过赋予社会公众诉讼主体资格，使得以保护环境为目标的共同体成员能够充分发挥其作用。环境问题是一个广泛的、公共的社会问题，此时的诉讼当事人并非位于传统诉讼中当事人对立关系中，当事人除了寻求对已发生的环境事件采取措施，还力图寻求更高层次的合作与妥协，试图通过禁令或裁判等多种方式手段来影响或改变环境决策，达到整体环境利益维护的目的。由此，公众参与环境公益诉讼的方式将民众对环境的关注从自力救济导向法定程序的参与，共同为推进环境公益保护而努力。可以说，环境公益诉讼是公众参与环境管理的一种重要方式，特别是当政府机关不履行环境立法规定的职责或从事违法行政行为时提起的行政诉讼，往往比批评、建议、申诉、抗议、游行、示威更加有力。②

基于公众参与已是当前我国环境治理发展趋势所需，通过环境公益诉讼提出环境保护目标，甚至是确认环境公益上所负载的社会价值十分重要，其不仅有利于减少环保自力救济事件的发生，还能够扩大法院裁判的

---

① 叶俊荣：《宪法位阶的环境权：从拥有环境到参与环境决策》，载叶俊荣《环境政策与法律》，元照出版有限公司2002年版，第32页。

② 蔡守秋主编：《环境资源法学教程》，武汉大学出版社2000年版，第426页。

影响力。而这类公众参与方式恰好符合民主理念的要求,能够让行政权行使充分反映和体现人民的意志,提高社会公众对环境决策的满意度。因此,在当前我国生态文明建设这一宏大背景之下,环境公益诉讼的公众参与功能之意义十分重大。

第二节　环境公益损害行为的类型化

环境公益通常是指公众基于自然环境或对自然环境享有的利益,属于公共利益的一种。因此,对环境公益损害的情形可以归为两类:一是以环境为媒介所产生的对公众财产、健康等利益的损害。这类称为环境公害,是对环境公益的直接侵害。二是对作为环境公共利益之客体的环境的损害。这类称为环境侵害是对环境公益的间接侵犯。

一　环境公害:对环境公益的直接损害

环境公益损害与环境公害密切相关。"公害"一词最早起源于英格兰普通法,主要是指"对一种公众共有权利的不合理干扰",包含了"对公共健康、公共安全、公共和平、公共舒适或公共便利的重大干扰"。[1] 而后,美国也进一步将公害理论拓展,并制定涉及公害的相关法律。在日本,《河川法》第一次采用"公害",相对于"公益"而言,来描述河流侵蚀、妨碍航运等对公众所造成的危害。之后日本在《公害对策基本法》中规定环境公害:"本法所称'公害',是指由于事业活动或人类其他活动所造成的相当范围的大气污染、水质污染、土壤污染、噪声、振动、地面下沉和恶臭气味,以致危害人体健康和生活环境的状况。"随着环境保护的发展,环境公害的内涵不断扩大,如妨碍日照、妨碍通风、光害、电磁辐射、放射性危害等在20世纪70—80年代逐步列为其因子。1993年实施的《环境基本法》再一次重申了公害的定义,并采取与《公害对策基本法》相同的表述。有学者认为中国环境立法中"环境污染和其他公害"的概念"只是欧美国家环境立法中的'环境污染'概念和日本环境

---

[1] 肯尼斯·S. 亚伯拉罕、阿尔伯特·C. 泰特:《侵权法重述:纲要》,许传玺等译,法律出版社2006年版,第257页。

立法中的'公害'概念的复合词，而其本质含义可以作'环境污染'解释"①。在我国，"公害"一词最早出现于1978年的《宪法》，之后"公害"一词频繁出现于我国的法律文件，如《环境保护法》《电力法》《煤炭法》《城市规划法》均采用了"防治污染和其他公害"的表达。结合《环境保护法》第24条中所描述的"在生产建设或者其他活动中产生的废气、废水、废渣、粉尘、恶臭气体、放射性物质以及噪声、振动、电磁波辐射等对环境的污染和危害"来看，似以列举的方式解释"环境污染和其他公害"。从字面上看，这种表述形式的主要内涵是指"环境污染"，而其他公害则是对环境污染的补充。②

可以说，环境公害就是"以由于日常的人为活动带来的环境污染以及破坏为媒介而发生的人和物的损害"③。其特征主要由：首先，环境公害的受害主体具有公共性，明显区别于私害。其次，公害必须是人为活动所造成的，非人为活动所导致的自然灾害，即使对一般大众造成巨大损害，仍不能称之为公害。④再次，行为本身的价值性。因公害产生的缘由因人为活动而起，这类活动常是社会经济发展所必需之行为，不能据此认定其是一种无价值的事实或行为。最后，侵害客体的集合性。公害所造成的后果往往是公众的生命、身体、健康、财产等权益受损，因而这类权益在形式上具有集合性，并非个人权利。

二 环境侵害：对环境公益的间接损害

关于环境侵害和环境侵权，我国学者争论颇为激烈。因环境公益的存在，关注私人主体的传统侵权法无法直接承担起环境保护的功能。因而，众多学者提出"环境侵害"之概念，只是在对环境侵害的认识上还存在不一致之处。如陈泉生教授与李艳芳教授均认为环境侵害概念可以表述为：因人为活动导致损害一定区域内不特定多数人环境权益的事实，⑤其表述与环境公害相似。而徐祥民教授等认为，环境侵害的大致范围是人类

---

① 金瑞林主编：《环境与资源保护法学》，北京大学出版社2006年版，第211页。
② 胡德胜主编：《环境与资源保护法学》，郑州大学出版社2010年版，第144页。
③ [日]原田尚彦：《环境法》，于敏译，法律出版社1999年版，第4页。
④ 邱聪智：《公害法原理》，辅仁大学法学丛书编辑委员会1984年版，第10页。
⑤ 陈泉生：《环境侵害概念初探》，《科技与法律》1994年第3期；李艳芳：《环境侵害的民事救济》，《中国人民大学学报》1994年第6期。

的环境行为所造成的对环境的消极影响和由受影响的环境引起的包括人的利益损害在内的各种损害。其中，环境侵权仅是环境侵害的一个部分，仅关涉人的利益的部分。[①] 环境侵害之所以存在争议，主要焦点有二：其一，环境侵害究竟是否包含环境侵权。若环境侵害既包括环境损害，也包括环境侵权，那么将存在同时由公私法予以调整的情形，产生法律适用问题，并不可行。因此，环境侵害并不能包含由私法所调整环境侵权产生的法律关系。其二，环境侵害是否是仅对环境产生的损害。有学者指出，环境侵害是以承认环境损害的存在为前提的。[②] 而环境损害是反映环境受损的一种客观状态，指产生的对环境的实质性而非形式性损害，即环境的改变、恶化、整体或部分地毁坏以及以某种方式测算的危害。但有学者质疑，损害是对损失的主观评价，这就要求一个有意识的主体存在。然而，环境并不能定义它自己，环境是由我们人类来定义的。[③] 这是一个生态中心主义与人类中心主义的伦理观冲突的体现，但若一味否认环境本身的价值以及对环境的损害，实则忽略了人类社会与自然环境之间的相互联系，是现代环境问题的罪魁祸首，因而，环境损害的否定并不能成立，否则环境公益将失去其核心支撑。

据此，环境侵害是指对环境本身所产生的损害，是环境生态价值的反映。其特征主要有：首先，环境侵害的主体除了一般民事主体，还有可能是行政机关等其他公权力机构，任何一种行为都可能对环境产生巨大影响。其次，环境侵害的客体是环境本身。随着人们对环境的认识，环境损害不再局限于关注环境经济价值的环境侵权，还涵盖了对环境本身生态价值的赔偿。再次，环境侵害的内容更广泛。一般的环境侵权以事后救济为主，但是环境本身的复杂性使得环境侵害本身具有不确定性，这就要求除了事后救济以外，还需对风险进一步预防。最后，环境侵害后果并非人身、财产利益损害。环境侵害是促使自然环境的各要素产生质或量的突变，对整个生态环境系统有着巨大影响。

[①] 徐祥民、邓一峰：《环境侵权与环境侵害——兼论环境法的使命》，《法学论坛》2006年第3期。

[②] 陈亮：《环境公益诉讼研究》，法律出版社2015年版，第92页。

[③] David N. Cassuto, "The Law of Words: Standing, Environment, and Other Contested Terms", *Harvard Environmental Law Review*, Vol. 28, No. 1, 2004.

三 环境公害与环境侵害之比较

环境公益损害行为分为环境公害与环境侵害，其原因在于这两类行为均是以环境为媒介所产生的损害或损害结果，其中涉及的利益属于公众的环境利益，并不能归入传统私法的调整范畴，也无法为私法所调整。两者是既有联系又有区别的概念，具体来看，两者在主体、客体等方面存在以下不同点：首先，损害主体并不完全重合。环境公害产生的行为主体一般是从事某类活动的主体，如工厂、企业等，而环境侵害却不仅由这类私主体的行为所产生，还包含由公权力主体的行政行为产生。其次，侵害客体不同。环境公害往往造成社会公众的人身、财产利益受到损害，但环境侵害不一定有明确的受害人，而可能是生态环境本身遭受的侵害。再次，两者公共性的表现形式不同。环境公害的公共性表现为它侵犯了公众的权益，而环境侵害的公共性则表现在其侵害客体之环境的公共物品属性上。最后，两者救济手段不同。环境公害的出现意味着环境受到污染或破坏导致公众人身财产受到损害，此时多以损害赔偿为救济手段，而环境侵害并无具体的其他利益受到损害，若要采取措施予以预防或救济，多是以恢复原状、排除侵害为主。

第三节 环境公益诉权的概念与要件

尽管立法并未明确确立环境公益诉权，但其构成要件或多或少在立法层面得以体现，并逐步为环境法学界所认识。同时，基于传统诉权理论发展的环境公益诉权因区别于一般诉权而有着自身独特的定义，即环境公益诉讼当事人为维护环境公益请求法院依法公正裁判的程序性权利。而环境公益诉权作为环境公益诉讼的法理要素之一，包含着纠纷可诉性、诉之利益与原告适格三部分的构成要件。

一 对诉权的理解

诉权是人类社会的基本"黏合剂"，没有诉权，就无法启动合理解决纠纷的程序，社会就将解体。[1] 早前，联合国大会通过的《世界人权宣

---

[1] 周永坤：《诉权法理研究论纲》，《中国法学》2004年第5期。

言》《公民权利和政治权利国际公约》① 就对人们诉诸司法的权利进行确定。不仅如此，多数发达国家在宪法中对"诉权"予以特殊保障，如《意大利宪法》《日本宪法》《俄罗斯宪法》《德国宪法》《美国联邦宪法》② 等都有对诉权的专门规定。

而诉权作为法学中的一个概念承载着特定时空的法制安排和法观念等因素，同时它本身也有着一个沿革流变、转迁移植的历程。《牛津法律大辞典》将诉权定义为："提起诉讼的权利。一个人是否享有诉权，取决于他是否具有向他人要求给予救济或补偿的、可强制执行的权利。"③ 还有《元照英美法辞典》定义诉权"为实现自己的权利或寻求法律救济而在法院就特定案件提起诉讼的权利"④。《中国大百科全书》对诉权界定如下："向法院对一定的人提出诉这种请求的权利，叫作诉权。根据其法律性质，诉权可分为程序意义上的诉权和实体意义上的诉权。"⑤ 有学者认为，诉权（应为 action，拉丁文为 actio）就是请求法律救济的权利，是一项启动与延续诉讼的权利。⑥ 还有学者提出，"广义上的诉权，是国家法律赋予社会主体在其权益受到侵害或与他人发生争议时，请求审判机关通过审判方式保护合法权益的权利或权能"⑦。综上可见，对于诉权的概念与性

---

① 《世界人权宣言》第 8 条："任何人当宪法和法律赋予他的基本权利遭受侵害时，有权由合格的国家法庭对这种侵害行为作有效的补救……在法治国家，请求法院作出裁决，这是人民对于国家享有的基本人权。"第 10 条："在确定当事人的民事权利和义务或审理对被告人的刑事指控时，人们有权充分平等地获得独立、公正的法院进行公开、公正的审理。"《公民权利和政治权利国际公约》第 14 条第 1 款："法院面前人人平等，在审理对被告人的刑事指控或确定当事人的民事权利和义务时，人们有权获得依法设立由管辖权独立、公正的法院公开、公正的审理。"

② 《意大利宪法》第 24 条："所有人都可以起诉，以保护自己的权利和利益，在诉讼的任何阶段和任何情况下，辩护均为不得侵犯之权利，应以特别法规保障贫穷者拥有到任何法院起诉和辩护的手段。"《日本宪法》第 32 条："不得剥夺任何人接受审判的权利。"第 33 条："任何人在法院接受裁判的权利不被剥夺。"《俄罗斯宪法》第 46 条第 1 款："保障对每个人的权利和自由提供司法保护。"第 47 条第 1 款："任何人不得被剥夺在法律划归管辖的法庭上由相应的法官审理其案件的权利。"《德国宪法》第 19 条第 4 款："如果权利遭受公共机构侵犯，任何人有权向法院提起诉讼，如果普通法院之外的其他法院对此无管辖权，可向普通法院提起诉讼。"《美国联邦宪法》第五修正案和第十四修正案都有正当程序条款。

③ ［英］戴维·M. 沃克：《牛津法律大辞典》，光明日报出版社 1988 年版，第 775 页。

④ 薛波主编：《元照英美法辞典》，法律出版社 2003 年版，第 1201 页。

⑤ 中国大百科全书出版社编辑部编：《中国大百科全书》（简明版修订本）（第 8 分册），中国大百科全书出版社 2004 年版，第 4615 页。

⑥ 周永坤：《诉权法理研究论纲》，《中国法学》2004 年第 5 期。

⑦ 王红岩、严建军：《广义诉权初探》，《政法论坛》1994 年第 5 期。

质始终存在着争议，但可以确定的是，诉权作为一切"诉"发生的基础，所体现的是公民与国家之间的权利义务关系。

诉权是权利主体向国家司法机关请求司法救济的权利。在环境领域，单个原告的利益可能是很小的权利，但从整体社会而言，往往会涉及巨大的公共利益。环境公益诉讼作为一项新型诉讼，以维护环境公益为目的，实践中的数起案例已经表明传统诉权在环境法领域遭遇了前所未有的挑战，因而，环境公益诉讼的诉权理论也急需得到进一步发展和创新，即诉权社会化发展。这不仅能在个案中增强诉权的力量，而且也能成为公民参与公共生活和国家政治生活的新渠道和工具。由此可见，环境公益诉权是环境公益诉讼研究的核心要素，它直接决定着环境公益诉讼的程序创设、诉讼构造，即公民的环境保护诉求通过诉权得以理性表达，其权利请求在诉讼空间之中得以充分展现，最终为其权利救济与保障提供强有力的司法支持。若要深入把握环境公益诉权，就有必要明确环境公益诉权的概念，方可为环境公益诉讼的有效运行和实践操作提供法理支撑。

二 环境公益诉权之概念

目前，对于环境公益诉权的定义有以下三种不同的观点：其一，将环境公益诉权定义为一种程序性权利。如有学者提出，环境公益诉权是指任何公民、社会组织或国家机关为保护和改善环境、合理利用自然资源、防治污染和其他公害，对于侵害环境公益或者有可能侵害环境公益的行为，向法院提起诉讼，请求获得公正裁判的一种程序性权利。[1] 其二，认为环境公益诉权不仅包含程序含义，还包含了实体含义。环境公益诉权的程序含义是程序上环境公益纠纷的司法救济权，这种意义上的诉权行使旨在启动诉讼程序和从程序上请求法院对环境公益纠纷行使审判权；环境公益诉权的实体含义是指保护环境公益或者解决环境公益与其他社会利益冲突的请求，是实体意义上的诉，构成了法院审判对象和既判力的客观范围。[2] 其三，将公众环境公益诉权视为一种司法救济权利。即"公众在环境公共利益受到公权力主体或私人主体侵害或有侵害之虞时，享有的诉诸

---

[1] 谢伟：《环境公益诉权研究》，中国政法大学出版社2016年版，第69页。
[2] 刘翰聪：《环境公益诉权研究》，硕士学位论文，昆明理工大学，2011年，第22—23页。

公正、理性的司法权求得救济的权利"①。

基于上述各定义可看到,环境公益诉权的概念仍未达成统一。之所以出现对环境公益诉权认识的分歧,关键点在于环境公益诉权仍然未脱离早期民事诉权的框架。所谓民事诉权"是基于民事纠纷的发生,国民请求法院行使审判权解决民事纠纷或保护民事权益的权利。由此,可以说,诉权是一种救济权,是一种向法院的请求权、是国民平等享有的一种宪法基本权利,包含着程序内涵和实体内涵"②。但需明确一点的是,环境公益诉权不同于民事诉权。民事诉权旨在请求法院解决民事纠纷,确保当事人民事权益的实现,侧重于对私权利的保障,所涉及的仅是民事主体与国家之间的关系。而环境公益诉权并非解决单纯的民事纠纷,旨在维护环境公益,侧重于对损害环境公益的行为予以预防和制止,所涉及的关系包含公民、政府、国家等多个主体。

诉权理论的发展说明了环境公益诉权源于人权,诉权自产生时就具有天赋性,任何人可以基于此提出维护环境公益之诉求。但环境公益诉权所指向的实体性内容较为模糊,应将环境公益诉权视为诉权运行的程序性内容,避免其定义过于繁杂。据此,关于环境公益诉权是一项程序性权利的观点值得肯定,并可以将其定义为:环境公益诉权是环境公益诉权主体为维护环境公益请求法院依法公正裁判的程序性权利。

三 环境公益诉权之要件

权利的本质是对他人的要求、资格。因此,任何权利都必须要具备一定的要件方可成立,作为公民基本权利的诉权也不例外。环境公益诉权要件可以划分为纠纷可诉性、原告适格及诉的利益,但具体分析仍然离不开对传统诉权要件的分析,而与环境公益诉权相联系的诉权类型为民事诉权和行政诉权。

(一) 环境纠纷可诉性

民事纠纷可诉性是指纠纷发生后,纠纷主体可以将其诉诸司法的属

---

① 朱谦:《公众环境公益诉权属性研究》,《法治论丛》(上海政法学院学报) 2009 年第 2 期。
② 江伟、邵明、陈刚:《民事诉权研究》,法律出版社 2005 年版,第 131 页。

性，或者说纠纷可以被诉诸司法因而能够通过司法最终解决的属性。① 在大陆法系国家，纠纷具有可诉性还被称为权利保护资格，是广义诉之利益的问题——"纠纷原本是否应当在法院中予以解决"②。例如，德国，民事纠纷的范围原则上是指平等的私人之间的纠纷，除此之外，还包括因违法职务义务的损害赔偿请求权等民法纠纷。而行政纠纷可诉性是指行政纠纷能被诉诸司法最终解决之属性。③ 这意味着受案范围与司法审查权、行政诉权具有对应一致的关系，但受案范围仅停留在哪些行政争议可以被起诉。那么，至于何种环境纠纷可以诉至法院受到各国多种因素的影响：一是宪法关于国家环境保护义务的规定。众多国外立法表明环境保护始终贯彻"行政权"主导的治理路线，这决定了并非任何环境纠纷均可诉至法院解决，而是当行政手段无法解决或怠于解决时，才在司法审查范围之内。二是司法权应对环境问题的专业能力。环境问题的复杂性对法院提出了专业要求，这也是为何最初在审理环境公益案件时，众多法院常以不在审理范围之列拒绝审理的原因，因而，一旦国家的司法权无法应对环境损害问题时，则该案不具有可诉性。三是行政机关的专业性与效率性。国家作用的最主要表现形式便是通过行政手段处理公共事务，不论处于何种发展阶段，国家均无一例外地以实现公共利益为目的。这也对行政权行使提出了极高的要求，环境公益的救济范围因行政权的专业性和效率性受到限制，此时则排除司法权的介入。

纠纷可诉性范围的确定直接影响到环境公益诉权的实现程度，具体来说：首先，纠纷可诉性范围实质是国家将应有诉权转化为法定诉权的过程，是环境公益诉权行使的前提。其次，环境公益诉讼作为国家通过司法途径维护环境公益的形式之一，纠纷可诉性范围则是一国对环境公益的权衡和价值判断。最后，从司法角度而言，纠纷可诉性范围表明具体行为的可诉性，反映了法院行使审判权的广度，即法院依法审理环境公益损害行为，不得随意和盲目扩大案件受理范围。

（二）原告适格

环境公益诉权中的原告适格要件的判断因所属法系的不同而不同。英

---

① 刘敏：《裁判请求权研究》，中国人民大学出版社2005年版，第154页。
② ［日］高桥宏志：《民事诉讼法制度与理论的深层分析》，林剑锋译，法律出版社2003年版，第285页。
③ 梁君瑜：《行政诉权研究》，中国社会科学出版社2019年版，第102页。

美法系国家基于司法的经验主义哲学，主要适用正当当事人理论，即"只要存在受到侵害等不正义的事态，就应当予以纠正；纠正的有效方法是可以利用个人及其律师的利益动机提起诉讼"①。因而，在美国诉讼程序中，一般只要有纠纷待解决，实质受到损害的个人或团体均可列为当事人。

在大陆法系国家，民事诉讼的当事人适格分两种情形：② 一种是实质正当当事人适格，即实体上的法律关系主体享有诉讼实施权。这类情形以管理权理论为主，最早由德国学者赫尔维格提出管理权为当事人适格的判断标准，对作为诉讼标的的法律关系有管理权或处分权的当事人就是适格当事人。③ 另一种是形式正当当事人适格，即非系争民事实体法律关系主体享有诉讼实施权。这类表现为诉讼担当的情形，主要是考虑到第三人因法律明确规定或当事人授予而获得诉讼实施权，前者为法定诉讼担当，后者为任意诉讼担当。其中，对法定诉讼担当分为两种情况讨论，一种情况是对他人实体权利义务或财产拥有管理权或处分权，如遗产管理人、清算人等，另一种是不拥有管理权或处分权者，如为职务当事人、公益当事人等。而行政诉讼的原告适格理论，随着一国行政诉讼的功能定位而不断变化，目前行政诉讼主要分为主观公权利保护模式和客观法秩序维持模式。主观公权利保护模式下行政诉讼表现为主观诉讼，旨在维护公民、法人或其他组织的合法权益，其中对原告适格判断标准要求其以"主观公权利"受到侵害为前提，只是随着权利保护理念的深化，对主观公权利作逐步扩大化的解释，包括对权利和法律上利益的保护。④ 因而，原告不仅限于行政相对人，还包括相对人之外的第三人。客观法秩序维持模式下的行政诉讼表现为客观诉讼，旨在通过监督行政机关依法行使职权、维护行政法秩序的稳定，而对原告适格一般作为例外情形确定，不以主观公权利受侵害为要件，仅需自身"利益"受侵害为准，即"只须对其诉之提起具有值得保护之实质或理念的、直接的或间接的、现实的或将来的及任何可以估

---

① ［日］谷口安平：《程序的正义与诉讼》，王亚新、刘荣军译，中国政法大学出版社1996年版，第63—196页。
② 江伟、陈刚、邵明：《民事诉权研究》，法律出版社2004年版，第198页。
③ 张卫平：《程序公正实现中的冲突与衡平》，成都出版社1993年版，第119页。
④ 陈敏：《行政法总论》，新学林出版有限公司2013年版，第1391页。

量之利益为己足"①。

英美法系国家和大陆法系国家的当事人适格理论表明在涉及主体不确定的情形时，原告适格范围较其他诉讼类型范围更为宽泛，且当原告主体范围越大时，所能维护的利益范围越广。然而，由于一国司法资源的有限性与公民法律意识的非理性，任何一种放宽原告主体资格的诉讼类型都可能造成司法系统的混乱，故通常面对这类情形会采用法定授权方式确定原告主体以保障相应利益。同样，环境公益诉讼中的原告范围因利益主体广泛难以确定，故涉及环境公益诉讼的原告适格规定属于法律特别规定之情形。

(三) 诉的利益

所谓诉之利益又称权利保护利益或权利保护必要，乃指原告要求法院就其私权主张予以裁判时所必须具备之必要性而言。② 它是为了考量"具体请求的内容是否具有进行审理之必要性以及实际上的效果"③ 而设置的一个要件，体现在诉讼要件之调查顺序上，狭义的诉之利益应当位于纠纷可诉性之后，只有纠纷本身具备可诉性，才能谋求判决的利益。

环境公益诉讼中，原告提出单纯的人身伤害或财产损害都被视为不必要，而是基于维护环境公益的目的提出，但环境公益必然与人的人身财产利益息息相关，因而应当对其进行区分。只有在涉及不特定主体利益范畴时，同时，环境要素又因个体行为发生物理或化学变化，致使人们生活的环境面临着重大风险或威胁时，环境公益诉权行使才具有提起之必要性。

诉的利益在环境公益诉权中的功能主要分为内部功能和外部功能：一是诉的利益在环境公益诉权中的内部功能。从消极层面来看，当无任何救济可能或救济必要的纠纷案件被诉至法院时，通过诉的利益要件判断有助于避免滥诉情形的出现，如环境污染或生态破坏已通过行政机关采取措施予以修复或处理，实际诉讼利益已不存在，该类诉讼案件理应被驳回。从积极层面来看，面对现代社会中出现的新型法律关系可能需要法院确认之必要，诉的利益的存在有助于新型权利的生成。尽管立法并未明确环境权这类形成中的权利，但司法实践中有法官基于对环境权

---

① 蔡志方：《行政救济法新论》，元照出版有限公司2007年版，第165页。
② 吕太郎：《民事诉讼之基本理论》，中国政法大学出版社2003年版，第198页。
③ [日] 新堂幸司：《新民事诉讼法》，林剑锋译，法律出版社2008年版，第172页。

的维护而确认诉的利益，支持原告主体提起相应诉讼请求。二是诉的利益在环境公益诉权的外部功能。为充分发挥各种维护环境公益的手段之优点，有必要依据纠纷类型、个案性质考量诉的必要性。诉的利益便是环境公益诉讼启动的重要判断依据，即存在其他有效救济渠道或者环境损害无法通过环境公益诉讼予以排除的情形时，环境公益诉讼无诉的利益。例如，环境公益处于损害状态，可通过行政途径制止侵害、排除妨碍、恢复原状等，若行政手段无法达至目的，方可选择环境公益诉讼。这里需要明确的是，诉的利益与主体适格并不是同等概念，主体适格并不意味必然具有诉的利益，反之，具备诉讼层面的利益也并不必然是适格主体。

本章小结

环境公益诉权作为传统诉权在环境领域的延伸，是新型社会关系下诉权逐步社会化所形成的结果。尽管立法上并未强调环境公益诉权的概念，但通过对环境公益诉权的历史发展和制度梳理，能够发现其作为一项特殊诉权有着多重功能。事实上，损害环境的行为会引发不同的法律责任，要使具体行为与诉权行使有效对接，必然要厘清环境公益损害行为的类型，即环境公害和环境侵害两种情形。在此基础上，环境公益诉权作为一项程序性权利，应当包含纠纷可诉性、原告适格及诉的利益三要件，且每一要件均有其特殊性。然而，环境公益诉权与实体权利关系的嬗变仍有待深入分析，理论界对环境公益诉权与实体权利的关系仍未达成共识。应结合环境公益诉权的变迁轨迹，进一步探析其诉权权源，从而为环境公益诉讼提供正当性支撑。

第三章 环境公益诉权之权源

诉权在西方社会司法制度中的发展历史基本上可总结为：从近代前的义务本位型诉权发展为近代以来的权利本位型诉权，其中权利本位型诉权又经历了个人本位型和社会本位型两个阶段。[①] 其中义务本位型诉权的行使范围十分狭窄，个人权利本位型的诉权范围得到极大拓展，当事人在诉讼中的权利也得到一定程度的重视，而社会本位型诉权在社会法学派和福利国家观念的影响下，促使司法开始回应社会需求。尤其是环境公益诉讼制度推动了诉讼程序的进一步发展，司法权也被赋予更多的积极性和能动性以保护公共利益。

环境公益诉讼作为环境公益的司法救济途径之一，是环境保护法律制度的主要部分，也是实现环境保护的重要保障。然而，已有环境公益诉讼之立法规定并不代表其已获得了充分的正当性支撑，其中，环境公益诉权作为环境公益诉讼的重要组成部分，是"权利本位"的体现。基于现有研究，环境公益诉权之权源论证尚未完成。仍有必要通过追溯环境公益诉权权源，厘清环境公益诉讼制度存在的必要性和正当性。

第一节 现行环境公益诉权理论

环境公益诉权作为环境公益诉讼主要的法理要素备受关注，目前关于环境公益诉权的来源主流学说有公共信托理论、私人检察总长理论和私人实施法律理论三种。因此，有必要对这三种理论的起源和发展进行梳理，厘清其核心要义，明确理论所能适用的范围和限度，从而检验现有理论是否能够成为环境公益诉权的理论基石。

---

① 任瑞兴：《在价值与技术之间：一种诉权的法理学分析》，法律出版社 2010 年版，第 114—115 页。

一 现行环境公益诉权理论各说

现行环境公益诉权理论主要包括公共信托理论、私人检察总长理论和私人实施法律理论，这三类诉权理论的起源、形成和论证均有所不同，有必要逐一分析。

（一）公共信托理论

公共信托理论最早起源于罗马法中人法物之共有物和公有物的规定，[①] 其基本含义是：空气、河流、海岸、荒地等均是人类的共同财产，为了公共利益和公众利用之目的而通过"信托"的方式由国王或政府持有。到中世纪，英国迪基斯提出表面证据（Prima Facie）理论，成为公共信托理论的雏形，之后海勒提出公共权利（Jus Publicum）理论，进一步丰富了公共信托理论。而后，美国联邦最高法院通过两个判例确立了公共信托原则。1970年，密歇根大学萨克斯教授提出环境公共信托理论，成为环境公益诉权的理论渊源。他认为，大气、阳光、水等人类生活所必需的环境要素在当今受到了严重的污染和破坏，以至于威胁到人类正常生活，不应再视为"自由财产"而成为所有权的客体，环境资源的自然属性和社会性决定了其应成为全体国民的"共享资源"和"公共财产"，任何人不得占有、支配和损害。为了合理使用和保护这一"公共财产"，共有人将其委托给国家进行管理，而国家有义务通过诉讼的形式来保护这种"公共财产"。而公共信托理论涉及三个主要要素：公共信托财产、社会公众的整体权益和政府的管理义务。这三者之间相互联系，共同构成公共信托原则内在的三种逻辑关系：第一是社会公众整体作为委托人，委托政府环境公共财产，与政府之间所形成的信托关系；第二是政府在履行受托义务对公共信托财产进行利用、保护和改善时，与个体公民或其他主体之间形成的管理关系；第三是社会公众整体与个体公民、组织之间，在政府管理下因对公共信托财产进行使用所形成的利益关系。[②]

不仅如此，环境公共信托理论逐步发展为普通法原则，而后又成为制定法上的原则。美国一些州宪法或环境保护法就明确规定了公共信托，如

[①] 周枏：《罗马法原论》（上），商务出版社1994年版，第276—280页。

[②] Nancy K. Kubasek, Gary S. Silverman, *Environmental Law* (Fourth Edition), New Jersey: Pearson Education, Inc., 2002, p.112.

密歇根州在《环境保护法》中多次提及公共信托。因此，有学者认为，环境公益信托理论构成环境公益诉权根本性的理论渊源。一方面，环境公共信托理论定位于公益信托，将环境公益确立为优位利益，当环境公益受损害时，作为受益人的全体公民享有优先性、追及性的受益权，为公民行使环境公益诉权提供了理论依据；另一方面，环境公共信托理论遵循信托的基本法理，承认了环境资源的双重所有权，国家或政府作为受托人对于环境资源享有所有权，依法享有各项权利同时承担诸多义务，从而使得我们能够厘清公民和国家之间的关系。

(二) 私人检察总长理论

私人检察总长理论可以追溯到13世纪的英格兰，最初是由英国检察长代表国王作为政府的监督者，在慈善事业中通过控告的途径，为那些拒绝或不能亲自提出自己请求的利害关系人行使权利，进行诉讼，以保护其利益。而后随着美国法院司法判例发展而得到进一步确立，美国20世纪40年代两个有关公共利益的司法判例——1940年的联邦电讯委员会诉桑德斯兄弟无线电广播站案[1]和1943年的纽约州工业联合会诉伊克斯案[2]。联邦电讯委员会诉桑德斯兄弟无线电广播站案首先通过最高法院承认除享有合法权利者外，作为竞争者的起诉资格，即竞争者所受到的损害并非合法权利的损害，但实际上受到了损害，可以依法享有司法审查的起诉资格。而后在纽约州工业联合会诉伊克斯案中进一步应用了联邦电讯委员会诉桑德斯兄弟无线电广播站案的判例。法院认为，国会为了保护公共利益，可以授权检察总长对行政机关的行为申请司法审查，国会也有权根据法律指定其他当事人作为私人检察总长，主张公共利益。宪法不禁止国会授权任何人，不论是官吏或非官吏提起这类争端的诉讼，即使这个诉讼的唯一目的是主张公共利益。而得到这样授权的人可以说是一个私人检察总长。法院从公共检察官开始，引申出私人检察官理论，扩大了原告主张公共利益的起诉资格问题。

关于私人检察总长理论可以总结如下：首先，私人检察总长理论之所以能够发挥效果，在于有人有动力提起诉讼，反对行政机关违法公共利益的不法行为，而这类人对案件具有起诉资格，由于起诉资格和原告所受损

---

[1] FCC v. Sanders Brothers Radio Station, 309 U.S. 470 (1940).
[2] Associated Industries of New York State, Inc. v. Ickes, 134 F. 2d 694 (2d Cir. 1943).

失的大小无关，往往私人代表公共利益提起诉讼时，原告个人的利益较小，而公共利益较大，最典型的就是环境保护者为制止行政机关破坏环境的违法行为提起的诉讼。其次，私人检察总长理论的核心在于针对行政的不法行为，法律授权检察总长或其他官员、公民个体、社会组织为维护公共利益而提起诉讼，只要其诉讼目的是维护公共利益。最后，私人检察总长理论的实质在于，私人可基于维护公共利益之目的享有法律授权的诉讼主体资格，宪法当然不应禁止国会以同样的方式授权一个非公务人员提起这类争端的诉讼，而其身份类似于检察总长。据此，私人检察总长理论经过确立和发展，解决了私人主张公共利益的起诉资格，与公共信托理论结合在一起，构成环境公益诉权的正当性理论基础。

（三）私人实施法律理论

私人实施法律理论最早可追溯到1388年英国国会所批准的一项有关处理排放到水沟、河流和水域的粪便和污物的水污染法律。该法律规定，政府官员或认为受到损害的其他人可以提起诉讼以实施该法。[①] 具体来说，私人实施法律理论的内在逻辑如下：首先，依据社会契约理论，私人让渡自己的部分权利给国家，私人可以对国家行政机构予以监督，当国家不能保障私人权利不受侵害时，私人可以收回让渡的权利，保留救济权。其次，随着公私法的不断融合，环境法的实施主体逐步多元化，既可以是公法手段也可以是私法手段，环境法私人实施就是一种私人对环境违法行为进行监督和制裁的方式。最后，当政府机构不愿全面执行法律或执行法律不能，甚至是受到一定阻挠时，公民个体能够填补政府机构这部分的空白。私人诉讼、检举、自力救济等行为可以通过对污染行为的事后监督或行政诉讼来间接或直接监督和激励环境规制机构。

私人实施法律理论与我国的公民检举权有类似之处，均是以"积极公民"这一概念为前提提出的，"积极公民"存在于个人和利益共同体的概念中。而这类公民积极主动参与到国家环境法律的实施过程中，目的是为保障环境公益不受侵害。有学者从法经济学角度分析法律的私人实施，认为私人实施在实施成本方面较公共实施监督的成本而言，是一

---

① 陈冬：《环境公益诉讼研究——以美国环境公民诉讼为中心》，博士学位论文，中国海洋大学，2004年，第18页。

种更优的选择。[1] 正是基于这种情形，美国环保团体认为，只有公众才是保证法律得以有效实施的最终主体，因为公众有权对体现自己意志的法律的实施予以检查，有权促使法律得到良好实施。

在实践中，私人实施法律理论与私人检察总长理论有着直接密切的联系，通常有学者在研究美国公民诉讼制度时，均会将该两项理论作为其理论基础。即美国环境公民诉讼制度赋予公民或团体诉讼之权力，使得公民或团体借助法院司法权扮演"私人检察官"的角色，成为环境法律的特殊执法主体，从而监督和推动有关环境法律的实施。因此，不少学者认为私人实施法律理论也为环境公益诉权的正当性提供了理论基础支撑。

二　对现行环境公益诉权理论的评介

不可否认，上述理论对美国、英国等国家建立的环境公益诉讼制度发挥了理论支撑作用，但是，这并不代表上述理论就能够为环境公益诉权提供正当性的理论支撑。

公共信托理论在经济学、政治学中或许有其合理性，但在法学领域，尤其是环境诉讼领域，却有着无法克服的功能障碍。因为以单项资源或单个环境要素为保护对象的公共信托理论无法实现对环境的整体性保护。德国哲学家费希特论述道："签订一个契约至少需要两个人，不论他们是自然的人或是虚构的人；他们签约的东西，必须具有这样一种特性：它能成为独有的财产……此外，它还必须具有另外一种特性：如果它确实像在人的目的概念中所设想的那样，是可以出让的，它就只能当作独有的财产加以使用。"[2] 信托成立的前提条件是信托财产的存在和委托人对信托财产享有的所有权或处分权。但环境的资源属性和生态属性决定了其整体性特征，生态环境的整体性要求以系统的方法对环境、资源和生态实施整体性保护，而公共信托理论是以某一自然资源或环境要素是否具有公共利益为标准来决定是否对其进行保护，这就决定了公共信托理论与环境的整体性要求并不相符。退一步说，若环境能够成为信托财产，那么信托主体又该

---

[1] Gary S. Becker, George J. Stigler, "Law Enforcement, Malfeasance, and Compensation of Enforcers", *The Journal of Legal Studies*, Vol. 3, No. 1, 1974.

[2] [德] 费希特：《自然法权基础》，谢地坤、程志民译，商务印书馆 2004 年版，第 193 页。

如何确定呢？一方面，环境利益为全人类共同享有；另一方面，依据社会契约论，政府直接源于民众，这就导致公共信托理论的委托人和受托人在逻辑上出现矛盾。

前述私人检察总长理论和私人实施法律理论能够为公民诉讼提供合理解释，即赋予公民国家机关角色或国家权力。将公民起诉权定性为国家机关权力时，公民诉讼的理论依据得以证成，当法院通过判决认定公民有权提起公益诉讼时，依据私人检察总长理论和私人实施法律理论，就相当于认定了国家公诉机关享有支持公诉的权力，也就是说，公民享有环境公益诉权等于公诉机关享有公诉权。但从功能主义视角来看，不难否认两个理论有"临危受命"的嫌疑，所体现的是实用主义思维。因为它们都建立在这样一个假定的基础之上，认为社会存在"积极公民"，这些公民积极主动为公共利益而努力，然而，这种假定并没有深入到真实的理论论证层面，前述已经论及，私人法律实施与我国检举制度有着类似，而这种检举权属于法律授权，对于当事人而言并非利益，更不会给他们带来一般公民所期望的利益。毕竟权力行使意味着某种成本的支出，当公民的行为无法换回直接的利益回报时，公民又基于何种缘由去行使权力？因而，这两种理论并未解决私人为何要充当检察总长角色和实施法律的问题，只是在当前实践需要基础上所采取的较有实效的理论。

通过分析上述三种理论，公共信托理论因自身内在缺陷无法满足对环境公益诉讼的论证需求，而私人检察总长理论和私人实施法律理论也未触及理论层面的论证，无法成为环境公益诉权权源的正当性支撑。这就提醒我们，诉权行使固然可以通过法律授权取得合法性，但要使其具备正当性仍然要对其权利路径予以考量，探寻环境公益诉权权源才能够为环境公益诉讼提供法理支撑。这三种理论在环境公益诉讼论证路径的不适要求我们必须探寻一条新的论证路径，是否有其他权利抑或是其他理论能够解释环境公益诉权的呢？

第二节 诉权与人权理论

诉权的概念随着时代的变迁在不断变化，因而诉权一直被称为诉讼法领域的"哥德巴赫猜想"。对于诉权权源这一逻辑起点问题的分析，因诉权与人权存在内在一致性，即诉权符合人权的基本标准、人权理论的核心与诉权一致以及人权的可诉性实践发展共同给诉权提供一个强有力的解释框架。可以说，诉权是当事人发动诉讼的基本权能，是当事人维护自身独立人格和自由意志所享有的权利，具有人权属性。

一 人权理论

权利概念经历了一个由道德哲学到法律哲学、由先验论到经验论、由自然法到实证法范畴的过程。[①] 在这个过程中，人权概念逐步纳入人或社会关系的内涵，其本质属性也从抽象的正义目标转向具体的法律规范。易言之，人权最初被表述为带有"正义"价值取向的自然权利，后以洛克为代表的启蒙思想家认为人的自然权利易受到人的自然禀赋差异影响，需要一个公认的裁判者，来裁决权利纠纷，于是人们通过契约构建国家，在国家状态下，通过具体法律规范保障权利，而法律层面的权利更多反映的是人与人之间的社会关系，凸显了"人"的主体性，这便演化为"人权"。

人权的概念，就像博登海默描绘的正义那样，也是一张普罗透斯的脸。[②] 不同的领域人权所呈现的面向也有所不同。人权具有历史性的一面，"人权是社会发展到相当程度，伴随一定的生产方式的变革，人们要求摆脱权力的桎梏、消除不平等制度的愿望变得普遍化、规模化而历史地出现的"[③]。可以说，生产方式的变化决定了人权时代的划分。自由资本主义人权体系以自由权为本位，到国家资本主义时期，人权体系又转变为以生存权为本位，在资本主义生产和发展世界一体化之后，人权主体的民族化和集体化趋势促使发展权成为人权的重中之重。人权具有明显的政治性，具体体现在：历史上总是通过政治斗争的方法获取并确立人权；国家权力始终是人权的矛盾方，国权如何对待人权便是人权评价国权的政治标准；当人权遭受侵害，穷尽了行政、司法手段仍无法得到保障时，人权主体可以用抵抗的方式抵制人权的侵害；在人权体系中，政治权利和公民权利本身都是政治的组成部分，公民的能动性和参与性都构成一国政治的重要内容。

[①] 吴英姿：《作为人权的诉权理论》，法律出版社2017年版，第19页。
[②] 徐显明：《人权法原理》，中国政法大学出版社2008年版，第74页。
[③] 徐显明：《人权法原理》，中国政法大学出版社2008年版，第75页。

人权的实现过程无不带有政治动机和目的，对一国政治有着直接影响。人权含有阶级性之属性。马克思提到："平等地剥削劳动力，是资本的首要的人权。"① 人权的阶级性在于人权主体在阶级社会中的普遍平等性是应然的，而阶级分属与身份差别是实然的，在两种阶级统治并存的世界中，资产阶级统治下的人权以自由为价值，而无产阶级中的人权以实现平等为价值。人权还含有国际性。因为人权自产生就是跨越国界的，一方面，生产方式相同的国家对于人权有着普遍的要求；另一方面，生产方式决定了人权的内容具有相同性。正如恩格斯所言："由于人们不再生活在像罗马帝国那样的世界帝国中，而是生活在那些相互平等地交往并且处在差不多相同的资产阶级发展阶段的独立国家所组成体系中，所以这种要求就很自然地获得了普遍的、超过个别国家范围性质，而自由和和平也很自然地被宣布为人权。"②

基于此，人权的多棱视角为包括诉权在内的各项基本权利的诠释提供了一个可能的理论框架。尽管人权概念尚未一致，但至少在两个层面上学界达成了共识：一是人权是使人成其为人的基本权利，标志着人作为人存在的价值能够获得道德、政治及法律的承认。二是人权是公民对抗公共权力的权利，即人权标志着公民个人在国家政治生活中所应有的自主性地位，是公民个人在反对公共权力压迫时，用以维护个人尊严及其社会地位的依据。③ 因此，在人权理论框架下探讨诉权，能够为诉权行使和保障提供更高层次的理论依据。

二 人权理论对诉权的解释力

人权理论为诉权提供了有力的分析框架，而诉权"产生出的旨在启动司法权以确认权利存在、保护权利行使的独立'权利平等权'，它具有超越于作为具体利益形态的权利的自身价值。从这一意义上说，诉权与人权具有内在逻辑上的一致性，也可以说，诉权就是一种保障性的人权"④。

从人权和诉权的特性来看，两者具有一定的契合性：首先，诉权符合

---

① 《马克思恩格斯全集》（第23卷），人民出版社1956年版，第324页。
② 《马克思恩格斯全集》（第3卷），人民出版社1972年版，第145页。
③ 吴英姿：《作为人权的诉权理论》，法律出版社2017年版，第24页。
④ 任瑞兴：《在价值与技术之间：一种诉权的法理学分析》，法律出版社2010年版，第133页。

人权的基本标准。人类社会的一个标志在于人的行为具有可预测性，这种可预测性建立在产生一种新的替代私力救济的"社会力"，该社会力能够通过一定程序，依据社会公认之理解决纠纷，而启动社会力的"力量"即为诉权。诉权的逻辑起点是人作为社会共同体的一员的资格，具有社会共同体的任何一员都有诉权。[1] 人权所回应的是人对社会的主体性问题，其核心在于人性尊严，这就决定了人与人之间的社会关系需要通过权利的承认和保障予以维持，诉权基于人的社会性和纠纷解决的本能需要，可以请求国家司法机构给予公正救济。这反映出诉权是人的社会属性所决定的，而且这种权利不可剥夺，也不可转让。其次，人权所包含的公平对待权正是诉权理论的理论内核。前述提及人权具有阶级性，但其应然层面所追求的是人人自由、平等地生存和发展的权利，从人权的普适性引申出的内容之一便是获得公正对待权，然而，现实中因阶层划分等客观条件的出现，权利的享有也变得不均衡。菅从进指出，权利的基本权能（防御权能、受益权能和救济权能）的实现需要一套充分确认权利基本权能的法律制度，另外需要一系列保障这些权能落实的具体权力配置。换句话说，必须有完备的法律制度明确公权力主体相应的义务。[2] 而诉权理论的核心是以保护公民的权利为直接目的，来抵御对其权利的侵害，可以解释为诉权与审判权的关系问题，实质就是权利制约权力的典型体现，是法治的内在要求，也是公民享有人权的重要方式。最后，人权理论中关于基本权利可诉性问题的研究拓展了诉权的范围。最早权利可诉性的问题仅存在于民事诉权范围，后逐步在行政诉权、宪法诉权的领域得到承认。最初，《世界人权宣言》的通过标志着经济和社会权利作为一种与公民和政治权利并驾齐驱的人权在全球范围内得到了普遍的承认，[3] 而后《公民和政治权利国际公约》和《经济、社会和文化权利国际公约》划定了可诉性的权利范围。同时，一些国家也开始逐步承认权利的可诉性，要么通过区域性国际条约予以承认，要么通过判例方式确立了"逐案审查原则"，试图寻找到立法权与司法权之间的平衡点，使社会权利获得一定的可裁判性。

当代社会对人权的普遍承认，要求一国的制度安排需融入人权保障的

---

[1] 周永坤：《诉权法理研究论纲》，《中国法学》2004年第5期。
[2] 菅从进：《权利制约权力论》，山东人民出版社2008年版，第248—249页。
[3] 黄金荣：《司法保障人权的限度——经济和社会权利可诉性问题研究》，社会科学文献出版社2009年版，第88页。

价值要素。同理，诉权是人作为人而享有的权利，只是随着时代变迁，诉权的结构框架也在不断变化，从最初人基于纠纷解决的诉求采取私力救济，到国家社会的形成转而寻求公力救济，但归根结底，公民通过行使诉权保障个人权利、制约国家权力、表达个人意志或利益诉求，彰显了公民的法治主体地位和人权保障的价值追求。

三 诉权的人权属性

诉权的实质就在于通过有别于实体权利的具有特殊价值的救济权抵制公权力的侵犯，使权利得到公权力的尊重与保障。可以说，诉权是当事人发动诉讼的基本权能，是当事人维护自身独立人格和自由意志所享有的权利，具有人权属性。

首先，社会纠纷是诉权展开的前提要件。诉权表达了人权的社会性与自力性的统一属性。而人权的道德性要求自利性与对他人的互利性双重属性。正因为人权所具有的利己同时又无害于他人的属性，才能成为人人需要且为法律所保护的东西。① 这形成了人与人的社会关系，有社会便有权利，而社会交往过程中不可避免出现社会纠纷。当代社会国家通过司法制度干预社会纠纷，并垄断了解决纠纷的权力途径，并使之成为"公正""高效"的救济途径。因而，诉权便是当代司法制度启动的权利类型，即公民可以通过行使诉权来抵御对其权利的侵害。

其次，诉权体现了公民与国家之间的权利义务关系。诉权的行使主体是作为私权主体的公民个人，而诉权的义务主体是代表国家的司法机关，并非被告。因此，诉权的行使所产生的结果就是司法权的启动，从这个角度说，司法机关的行为不是在行使权力，而是在履行司法救济之义务。因而，当权力行使出现偏差时，很容易造成对权利的侵害。针对公权力侵权救济需要，行政诉权和宪法诉权应运而生。② 而不论诉权呈现何种形态，其义务主体始终指向国家。

最后，诉权是公民不可或缺的一项基本人权。诉权乃是与作为社会主体的人的自我意识和自主地位紧密相连的，是社会主体的价值确认方式，

---

① 徐显明：《人权法原理》，中国政法大学出版社2008年版，第75页。
② 刘作翔：《多向度的法理学研究》，北京大学出版社2006年版，第209页。

也是人的自主性的权能表现之一。① 依据人权的实现和存在形态，人权可以分为应有人权、法定人权和实有人权。② 应有人权具有人权的道德应然性，法定人权是人权应然性与实然性的结合，实然人权需要具体法律救济制度，具体以解决争议为职能的司法制度为有效手段，若公民个人无法参与到司法活动中，那么法律上的实然性人权就难以得到保障。而公民要参与司法活动，就必须拥有启动司法权的诉权。

以社会纠纷为前提所展开的诉权，包含着作为权利主体的公民与作为义务主体的国家之间的关系，诉权的丧失意味着作为独立的人应当享有的权利和自由无法获得有效的公力救济。据此，诉权不仅是人作为社会共同体成员的一种资格，更是人作为人所享有的一项基本权利。

第三节 环境公益诉权权源——环境权

诉权作为一项人权的重要内容，属于任何人都享有的权利，随着权利主体的存亡而产生或消灭。而环境权理论的发展对传统诉权提出了新的要求和挑战，从而构成环境公益诉权之权源。不仅如此，环境权的可诉性论证更是为环境公益诉权提供了理论正当性支撑，即环境公共利益遭受损害后，环境本身的整体性导致其损害结果牵涉主体众多、影响范围广泛甚至是损害结果不可逆转。据此，人们基于人性尊严和美好生活的追求而有权提起关于环境公益的诉求，而这也决定了环境公益诉权本身就包含有对环境公益维护之内容，为诉权的实施提供了一种权源性论证。

一 环境权与人权的关系

环境公益诉权来源于公民享有良好环境的权利，即环境权。环境权理论的发展证明环境权已经获得国际社会的普遍认可，而在转化为法律权利过程中，环境权与人权的关系始终模糊不清，因而，环境权尚未能够成为一项法律权利。但这并不能否认，对公民环境权的需求不能通过其他途径加以实现。

---

① 程燎原、王人博：《权利及其救济》，山东人民出版社1998年版，第317页。
② 李步云：《论人权的三种存在形态》，《法学研究》1991年第4期。

(一) 环境权理论的发展

近些年来，世界各地发生了三次令人瞩目的变化——在新兴和已建立民主的国家中出现了一波宪法修改的热潮、人权革命和全球环境危机意识的增长。[①] 这一系列发展催生了世界各国通过宪法修改确立环境权，1962年美国海洋生物学家蕾切尔·卡森在《寂静的春天》中首次提及人类享有健康环境的权利，推动了世界环境保护事业，随后在1972年的《人类环境宣言》[②] 中对该项权利予以认可，引发了国际社会对环境权利的极大关注，同时也奠定了环境权的基础。据加拿大学者戴维·博伊德（David R. Boyd）统计，在193个联合国成员国中已有92个国家在宪法中确认了环境权，不仅如此，各个国家通过宪法确认环境权利的数量在不断增加，已然成为当今社会发展的一般规律和趋势。[③]

只是当前对环境权的性质仍然存在较大争议，以吕忠梅教授、陈泉生教授为代表的学者认为环境权应是公民的一项基本权利，且不同于传统的单一法律权利，应为一个权利束。[④] 周训芳教授、徐祥民教授和朱谦教授则认为环境权缺乏可操作性，并否认其是环境法的权利基础。[⑤] 事实上，人们对环境权的争议源于"环境"这一特殊的物所具备的公共性，其决定了环境权无法与财产权、人身权那样得以界定明晰。故环境权的本质特征仍然要回归到环境公共性原理的起点上。

基于环境公共性原理，环境权是公共性与个体性的统一。前述环境公共性原理已决定环境权必然具有公共性，这也导致环境权的客体是不可分割、无法特定化的环境资源。环境公益是公益的一种，是以环境为客体区分的利益。而卢梭进一步提出，公共利益是指共同体内每一个成员所共有

[①] David R. Boyd, *The Environmental Rights Revolution: Constitutions, Human Rights, and the Environment*, London: The University of British Columbia Press, 2010, p. 1.

[②] 《斯德哥尔摩宣言》第26条："人类有权在一种能够过尊严和福利的生活环境中，享有自由、平等和充足的生活条件的基本权利，并且负有保证和改善这一代和世世代代的环境的庄严责任。"

[③] 吴卫星：《我国环境权理论研究三十年之回顾——反思与前瞻》，《法学评论》2014年第5期。

[④] 吕忠梅：《论公民环境权》，《法学研究》1995年第2期；吕忠梅：《再论公民环境权》，《法学研究》2000年第6期；陈泉生：《环境权之辨析》，《中国法学》1997年第2期；陈泉生：《环境时代与宪法环境权的创设》，《福州大学学报》（哲学社会科学版）2001年第4期。

[⑤] 徐祥民：《对"公民环境权"的几点疑问》，《中国法学》2004年第2期；朱谦：《反思环境法的权利基础——对环境权主流观点的一种担忧》，《江苏社会科学》2007年第2期。

的利益,是彼此冲突的个别意志相互抵消之后的剩余部分。① 因此,赋予私主体享有良好环境的权利,通过权利行使的方式参与环境保护,是生态利益保护的有效制度路径。② 事实上,环境权理论的提出正是为了克服传统诉讼中将环境公益视为个人的反射性利益的局限性,其主要是一种集体权利或扩散性权利,不仅如此,环境权所具备的公共性决定了其行使并不像"民族自决权"那样只能由集体行使,个人享有的同时个人也可行使,即环境权的个体性。据此,环境权可以总结为以下几点:一是环境权的主体是公众,即一切单位和个人享有环境权;③ 二是环境权是对共用的环境资源的一般利用,无须任何许可,其不具有排他性;三是设置环境权之目的是增进人们的福祉,包括维护基本生存、教育、文化、消遣、娱乐、科学考察等;④ 四是环境权设置意味着环境权与环境保护义务有着密切联系,主要是指公民享有要求国家保障良好环境的权利。

(二) 环境权与人权的关系

从制度实践来看,环境权作为道德层面和应然层面的人权能够获得认可并不意味着其必然能转化为法律层面的权利。概言之,在条约制定及执行的角度上,环境保护与人权的关系依旧是模糊不清的。⑤ 因而,有必要探讨环境权与人权的关系,从而为环境公益诉权的实现提供基础。

首先,通过环境保护实现人权。环境保护不是权利的最终目的,而是实现人权的先决条件。这一观点在1972年《人类环境宣言》关于"环境保护影响到人类生存权利"这一论述中得到体现。同样,在1997年的盖巴斯科夫-拉基玛洛大坝案中,国际法院作出的判决中指出:"保护环境是当代人权理论的一项必要条件,因为它对人的健康权、生命权等基本人权来说就是一项必要条件。"⑥ 可以说,因人类生存和发展对生态环境的高度依赖,一旦环境受到破坏,人的生命、健康基本权利都将受到直接影

---

① [法]卢梭:《社会契约论》,何兆武译,商务印书馆2016年版,第35页。
② 史玉成:《环境法学核心范畴之重构:环境法的法权结构论》,《中国法学》2016年第5期。
③ 蔡守秋:《从环境权到国家环境保护义务和环境公益诉讼》,《现代法学》2013年第6期。
④ 吴卫星:《环境权理论的新发展》,北京大学出版社2018年版,第53页。
⑤ Boyle Alan and Michael Anderson, "Human Rights Approaches to Environmental Protection", Oxford: Clarendon Press, 1996, p. 3.
⑥ 王曦:《国际环境法资料选编》,民主与法制出版社1999年版,第631页。

响。从这个意义上来说，破坏环境可以视为对既存基本人权的侵犯，可利用人权保障机制加以救济。① 事实上，在许多判例法国家已有通过人权保障机制进行环境保护的实践，主要是从人权角度，如生命权、财产权、自由权等，② 考察环境损害对受保护的权利之影响，避免了直接对环境权下定义的步骤。可以说，将环境权作为实现人权的一项工具，通过既有人权保障机制采取救济成为一种可行路径。同时，也应当注意到，这种方式的局限性，即既有人权始终围绕着人类切身利益而展开，对于具备公共性的环境的救济效果会大大减低。

其次，环境权与人权相互交叉。1994 年联合国专门委员会提出的《人权与环境原则宣言（草案）》中描述道，每个人都拥有清洁、健康环境的权利，这一权利既能满足当代人，同时也能对后代人满足其需求的能力予以考虑。可以看见，环境权与人权是相互依赖，不可分割的。事实证明，人类在追求发展过程中往往以牺牲环境为代价，这类个人理性的行为长远来看便可能演变为集体的不理性，因而，现有的人权尚不能满足对良好环境品质的要求，有必要在生态环境保护背景下，通过对法律的严格执行来重新对其进行解释。③ 环境权便是与既有人权在同一位阶的权利，克服了人权的"人类中心主义"障碍，对人权予以一定程度的绿化。只是上述草案始终未能转化为有约束力的正式法律文书，因为各国都不太愿意签署一个如此激进的环境权条款。正如有学者指出，人权理论所包含的"人类中心主义"观点尽管从理论上可以消除，但落实到法律制度层面是很难避免的，在实践中可以说是十分困难的。④

毋庸置疑，环境权具有人权属性，具体来看，环境权包括两个部分：实体上，环境权是指每个人有权获得良好环境并共同享有因生存、发展、文化等其他目的对生态环境本身所产生的利益；程序上，依据《奥胡斯

---

① 李亚菲：《环境公益诉讼中的诉权分析》，《西南民族大学学报》（人文社会科学版）2019 年第 3 期。

② 如欧洲人权法院 1998 年作出的关于 Guerra and Others v. Italy（116/1996/735/932）的判决，因化肥工厂有毒排放物对原告产生的直接影响，法院认为国家当局未采取行动，使原告的私人与家庭生活权利受到影响，违反了《保护人权和基本自由公约》第 8 条的规定。

③ Boyle Alan and Michael Anderson, *Human Rights Approaches to Environmental Protection*, Oxford: Clarendon Press, 1996, p. 7.

④ [英] 帕特萨·波尼、埃伦·波义尔：《国际法与环境》，那力等译，高等教育出版社 2007 年版，第 249—250 页。

公约》之要义，环境权可表现为：获得环境信息权、参与环境决策权及环境司法救济权。前述环境权与人权的关系表明环境保护与人权之间有着直接密切的联系，两者不是单纯的工具—目的关系。可以说，环境权与人权是围绕着人类生存与发展的两个不同面向而展开的，两者之间存在着一定的交集。只是既有人权是对人类直接利害关系的体现，而环境权则因为主体众多、客体范围广泛导致其很难进入法定权利的阶段。当前，环境公益诉权正是面临着这样的现实需求而从诉讼法层面作出的一项拓展。

二 环境权可诉性之证成

当前，我国环境权可诉遭遇着理论与实践的双重困境，而国家义务层次论恰好能够化解环境权可诉的理论难题。同时，已有国外判例为环境权可诉的实现创造了条件。环境权具备可诉性进一步证明了其作为环境公益诉权权源的正当性。

（一）环境权可诉性之障碍

近年来，关于经济和社会权利可诉性的争议一直持续着，"如果有一个问题支配了对经济和社会权利的辩论，这个问题即这些权利在国内法层面是否具有可诉性"[1]。《世界人权宣言》的通过标志着经济和社会权利作为一种与公民权利和政治权利并驾齐驱的人权在全球范围内得到普遍认可。此后《公民和政治权利国际公约》与《经济、社会和文化权利国际公约》在保障两种类型的权利方面存在很大差别，便逐步导致两类权利被划分为相对立的权利类型，这种划分使得学者们常用积极权利和消极权利予以判别，进而得出了"公民和政治权利可诉，经济、社会和文化权利不可诉"的结论，具体理由如下：其一，经济、社会和文化权利是一种积极权利，国家负有积极给付义务，这直接依赖于国家充足的财政和资源，而公民和政治权利则仅是消极权利，仅需国家消极不作为即可，相比较而言，所耗费代价是低廉的，也是即可实现的；其二，从权力分工角度来说，经济、社会和文化权力需要依靠国家财政和公共政策予以支持，具有一定的政策性和政治性，法官对于制定这类财政和公共政策并不具备专业性能力和技术，相比较之下，将这些内容交由立法者予以决定更为恰当。

---

[1] Herry J. Steiner & Philip Alston, *International Human Rights in Context: Law, Politics, Morals*, New York: Oxford University Press, 2007, p. 298.

环境权作为经济、社会和文化权利的一种，其可诉性同样受到争议。除了环境权受到这种两分法的可诉性影响之外，还在于环境权本身的争议性。鉴于环境本身作为人类生存和发展的整体性、基础性条件，人类在享有环境和利用环境的同时，也会对其他主体享有和利用环境带来影响，这导致环境权权利本身具有一定的不确定性。从实践层面来说，环境权利可诉的实现遭遇到重重困难。尽管环境权利入宪已不再是个别现象，但许多国家在环境权利可诉的问题上仍然采取较为审慎的态度。如美国康涅狄格州诉美国电力能源公司案、科莫诉墨菲石油公司案、奇瓦利纳案中，面对气候变化诉讼问题上始终认为气候变化引起的环境权利救济请求属于政治问题理论，[1] 为避免冲击到宪法确定的三权分立原则，故而通常驳回原告诉讼请求。而且，美国联邦宪法和法律都未承认环境权利，只有具体环境利益受到侵害时相关主体才能提起诉讼，直接将关涉环境权利的案件拒之门外。

（二） 国家义务层次论

环境权内容模糊，主要是由于环境权的主体与客体要素的不确定性，加之环境权的表达方式不清，导致相应的义务主体都无法采取有效应对措施，而国家义务层次理论的提出恰好能够将该问题逐一分解。

美国的亨利·舒较早提出义务层次理论，认为每种权利对应的义务分为三类：避免剥夺的义务；保护个人不受剥夺的义务；帮助被剥夺者的义务。[2] 利普·阿尔斯顿和阿斯布佐恩·艾德在接受了亨利·舒的义务层次论基础上，提出了三个层次的义务：尊重义务、保护义务和实现义务。而龚向和教授认为实现义务包含的内容仍然较大，认为应对义务层次予以细化，将其精确为：尊重义务、保护义务和给付义务。这三种义务从实现难易程度来说也是递增的，尊重义务强调国家不作为，只要国家不妨碍和干预公民权利即可，保护义务则需要国家采取一定措施防止公民权利受到侵害，而给付义务则要求国家积极作为，给公民主动提供更多机会和资源以享有权利。

其中，尊重义务和保护义务具有可诉性，而给付义务因其对应的权利内容更为模糊，在可诉性方面实现有着较大困难。首先，尊重义务所对应

---

[1] 杜涛：《在政治与法律之间——气候变化诉讼中的政治问题理论》，《北方法学》2013年第5期。

[2] 黄金荣：《司法保障人权的限度——经济和社会权利可诉性问题研究》，社会科学文献出版社2009年版，第143页。

的环境权利实现最为容易,因尊重义务是消极性义务,直接且即时生效,无须国家预设行为,对环境权的侵害可以通过法院确认行政行为无效以及赔偿获得救济。其次,保护义务所对应的环境权实现要求相对较高,环境权主体可以针对政府的具体行政行为,也可以针对政府的抽象行政行为,通过法院的审查获得救济。最后,给付义务所对应的环境权实现最为困难。因给付义务不仅是对行政机关,还包含立法机关的义务要求,若要实现可诉,则很容易引起立法权、行政权和司法权之间的冲突,权力界限难以把握。因此,国家环境给付义务若能得到明确,则环境权利的规范模糊问题将得到进一步解决。有学者对国家环境给付义务不仅从必要性与可行性方面进行论证,更是对其进行积极给付义务与消极给付义务、物质性给付义务与精神性给付义务的划分,并提出从科学技术要求高、治理难度大、涉及国家秘密等领域去逐步开展。[①] 可见,国家环境给付义务并非不能确定,结合当前国家经济发展水平,对不同权利予以衡量,进而选择特定领域的给付义务予以明晰是可行的方式。

由此可见,环境权的可诉性并非因其模糊而不可能,国家义务层次理论的提出不仅推翻了此前对"自由权与社会权"的两分法,更是为环境权逐步实现可诉提供了一条可行的思路,即国家依照尊重义务、保护义务和给付义务的顺序,合理分配资源,增进弱势群体的环境利益,逐步探寻环境权的司法救济方式,最终将环境权可诉变为可能。

(三) 国家义务层次论在环境权判例中的体现

值得注意的是,国家义务层次论并非绝对固定,不同国家对于国家义务采取不同的分类方式,有采取三分法的国家,如2011年《南苏丹临时宪法》第9条第2款规定:"权利法案所确认的个人和群体之权利和自由均应受到市政府机构和所有人的尊重、保护和促进。"也有采取四分法的国家,如2013年《津巴布韦宪法》第44条规定:"国家和每个人,包括法人以及每个层级的国家机构,都必须尊重、保护、促进和实现本章规定的各项权利和自由。"2013年《斐济宪法》同样规定国家和公职人员必须尊重、保护、促进和实现宪法所确认的各项权利与自由。

而已有关于"国家义务层次论—环境权"司法救济路径有如下案例:

---

① 钭晓东、肖雪珍:《国家环境给付义务》,《成都理工大学学报》(社会科学版) 2014年第3期。

秘鲁宪法法院通过一系列典型案例，重申健康环境权对政府的双重义务：政府行政行为不得侵害环境权；采取积极措施防止他人侵犯环境权。[1] 南非高等法院针对原告因其水源供应被切断提出的临时救济申请，提出水源供应的切断表面上违反了尊重水权的宪法义务，且被告未能证明其行为的合法性，因而，法官命令在终审判决作出前，被告先行恢复居民的水源供应。[2] 在阿根廷发生的一起案件中，一群居民长期依赖井水提供水源，而一家处理厂将未经处理的废水排放于居民住房河流上游，导致水源受到污染。阿根廷法院则通过联合国经济、社会和文化权利委员会关于水权的第15号一般性意见，强调居民获得干净而安全的水资源对实现其健康权十分重要，于是命令政府建设污水管道系统，采取紧急措施以将该厂产生的污染减至最低，同时，还命令政府在当地居民获得清洁充足水资源之前，政府每天必须为每个家庭提供200升安全的饮用水。[3] 基于已有司法实践案例来看，环境权可诉性的实现并非绝对不可能，其可以通过国家的环境保护义务分层次逐步实现。

综上所述，环境权作为一项新型权利，对于人权的实现有着至关重要的作用，但同时，环境权并非仅作为一项工具性权利而存在，它对当前既有人权提出了新的要求，促使人权开展过程中关注生态环境整体之利益，催生了环境公益诉权。换言之，环境权作为环境公益诉权之权源，为环境公益诉讼制度提供了法理基础和权利基础。同时，环境权也需要环境公益诉讼制度的更好保护，因而接下来应关注环境公益诉权的配置问题。

本章小结

传统民事诉讼和行政诉讼在实践中无法满足环境公益诉讼这一新型诉讼的需求，而作为环境公益诉讼的核心要素之一的环境公益诉权，可以说是人权理论在环境领域不断发展和深化的必然趋势，更是诉权理论在面临

---

[1] David R. Boyd, *The Environmental Rights Revolution: A Global Study of Constitutions, Human Rights, and the Environment*, Vancouver: UBC Press, 2012, pp. 136-137.

[2] Inga Winker, *The Human Right to Water: Significance, Legal Status and Implications for Water Allocation*, London: Hart Publishing, 2014, p. 244.

[3] Inga Winker, *The Human Right to Water: Significance, Legal Status and Implications for Water Allocation*, London: Hart Publishing, 2014, pp. 253-254.

新型社会关系时逐步社会化的结果，能够呼吁人们通过环境公益诉权的行使寻求国家的维护。

现有关于环境公益诉权权源的学说均未触及其本质，归根结底要结合诉权理论与环境公共性原理去思考。一方面，人权理论能够为诉权提供一个强有力的解释框架，诉权作为人的一项基本权利，其自产生时就具有"天赋性"；另一方面，环境权基于环境公共性原理，是公共性与个体性的统一，其区别于其他权利类型。同时，环境权作为一项新型权利，是对既有人权提出的一种"绿化"要求，具体来说，可以通过国家义务层次论予以分解。故，环境权作为环境公益诉权之权源，为环境公益诉讼制度提供了法理基础和权利基础，也是环境公益诉讼制度开展的前提要件。反过来，环境公益诉讼制度作为一种现代型诉讼，更能体现人权保障精神。

第四章 环境公益诉权之配置

随着诉权本质学说的不断进化，源于人权理论的环境公益诉权得以逐步为环境法学界所认识，环境公益诉权是不同类型主体依法所享有的基于环境公益损害而请求法院予以救济或防止环境公益不受损害的权利。环境公益诉权理论的促进与发展完善了传统诉权理论体系，若"缺失了公益诉权，公益权利就丧失了寻求司法保护和解决公益纠纷的手段，公益诉讼也就无从启动与运作"[①]。

本章主要解决环境公益诉权配置相关问题，所谓环境公益诉权配置是指法律对环境公益诉权的承认、安排与保障，而从环境公益诉权配置的理论来说，主要涉及以下几个问题：环境公益诉权应当持有怎样的权利配置观？环境公益诉权配置应体现怎样的基本含义和基本原则？环境公益诉权配置应当参照何种运行模式？环境公益诉权具体分配的维度和限制又是什么？换言之，就是从价值取向层面探讨环境公益诉权配置的实践性问题。

第一节 环境公益诉权的配置观

政治哲学有两个基本问题：一个属于宪法实质问题，它同社会的政治法律制度有关；另外一个属于基本正义问题，它同社会经济制度有关。前者关心的是公民的权利与义务，后者关心的是分配正义。[②] 西方学界对于权利配置有着功利主义、自由主义、社群主义及马克思主义的不同观念，这些权利配置观从宏观层面能够对于环境公益诉权配置予以指导，故而为其配置寻求正当性的评判标准。

---

① 颜运秋：《公益诉讼诉权的宪政解释》，《河北法学》2007 年第 5 期。
② 姚大志：《评桑德尔的分配正义观》，《社会科学》2013 年第 10 期。

一 诉权配置观概览

西方关于权利配置主要有功利主义配置观、自由主义配置观、社群主义配置观及马克思主义配置观,这四类配置观相互之间既传承,又批判,对于诉权配置问题具有一定的指导意义。

（一）功利主义的配置观

功利主义最早萌芽于培根和霍布斯的伦理学说中,18世纪由哈里森·孟德威尔和斯密做出一定的贡献,至18世纪末19世纪初,则由边沁和密尔建立起的一套伦理思想体系。具体来说,功利主义的分配观主要体现在以下三个方面：其一,功利主义分配以"最大多数人的最大幸福"[1]为基础。功利主义关于分配问题的论述主要围绕着"最大多数人的最大幸福"而展开,认为评价社会经济中分配好与坏主要是通过个人福利总和的大小衡量,具体以实际功效或利益为道德标准,即社会总体增加的幸福大于社会减少的幸福趋向,此时的分配便是最为恰当的。所谓幸福,是指"一种礼仪,个人的幸福是他自己的一种礼仪,公共幸福是一切人的集团的利益"[2],边沁则用幸福来诠释功利,认为功利是指任何客体的一种性质——它倾向于给利益相关者带来实惠、好处、快乐或幸福（或倾向于防止利益相关者遭受损害、痛苦、祸患或不幸）[3]。其二,功利主义分配理论强调社会总体效率,即通过提高效率来增进人类社会总体福利,但提高效率并非最终目的,而是满足人类偏好的一种手段,快乐和幸福才是至上的目标。若是现实经济活动奉行功利主义原则,以追求社会总体福利最大化之目标的实现,那么,经济发展的重大问题将得以解决。然而,功利主义分配理论认为社会财富的总量供应不足将导致整体社会福利函数下降,若要解决这个问题,就必须增加社会福利的总量供应以满足社会对财富和福利的需求。其三,依据"最大多数人的最大幸福"的分配原则,边沁则认为善应当优先于正义。功利主义分配理论倾向认为,不论身份、地位,每个人都是社会平等的,当需要牺牲小部分人的利益,而能为多数人的福利增进做出贡献,这种不平等和牺牲便是允许的,只要能够

---

[1] 张文显：《二十世纪西方法哲学思潮研究》,法律出版社2006年版,第56页。
[2] ［英］穆勒：《功用主义》,唐钺译,商务印书馆1957年版,第37—38页。
[3] ［英］边沁：《道德与立法原理导论》,时殷弘译,商务印书馆2000年版,第58页。

达到幸福总量的最大化，那么公平性问题便迎刃而解。

总的来说，功利主义分配理论认为，只要能产生最大福利的行为与政策都具备正当性。但这其中仍然有几点需要考虑到：第一，分配过程中的公平性问题。边沁以社会整体为单位，旨在追求社会整体的福利最大化，但是社会内部的分配问题应当如何解决尚不明晰。第二，对福利的分配仍然离不开商品和服务，即客观现实生活中每个人本身所拥有的财富的多少会影响到他们在接收同等财富时的幸福感，除非社会所有人均等享有社会资源。第三，当因为多数人利益而牺牲小部分利益时，基于每个人都拥有正义的权利不可侵犯性，那么这样的牺牲如何能够获得正当性呢？

（二）自由主义的配置观

自由主义的配置观之典型代表是美国著名哲学家罗尔斯，其所提出的分配正义理论至今为人们所适用。罗尔斯将洛克、卢梭、康德等所提倡的契约论提高到一个更为抽象的层次上：传统契约论认为人们通过契约建立政治组织，达成政府协议，而罗尔斯的契约论认为当事人达成契约旨在建立一套道德原则，分配权利、自由和物品的公正原则。罗尔斯具体提出了两项正义原则：

第一项正义原则是每个人对与所有人所拥有的最广泛平等的基本自由体系相容的类似自由体系都应有一种平等的权利（平等自由原则）。

第二项正义原则是社会和经济的不平等应这样安排，使它们：（1）在于正义的储存原则一致的情况下，适合于最少受惠者的最大利益（差别原则）；（2）依系于在机会公平平等的条件下职务和地位向所有人开放（机会的公正平等原则）。[1]

罗尔斯分配正义观的一个中心特征是：它包含了较大成分的纯粹程序正义。所谓纯粹程序正义强调的是程序的正当性，只要正当的程序得到人们恰当的遵守和实际的执行，它所产生的结果也应被视为是正确的或公平的。同时，罗尔斯对正义原则作了一个优先排序，以明确正义原则中哪些要素具有优先性。第一项正义原则强调"自由"的优先性。自由作为社会基本善，优先于社会其他的价值，"自由只能为了自由的缘故而被限制"，因为在保障最大范围的自由后，才可能自由地去实现差别原则和机

---

[1] ［美］约翰·罗尔斯：《正义论》，何怀宏等译，中国社会科学出版社1988年版，第302页。

会公平原则，这里罗尔斯对功利主义的配置观作出了一些回应，基于保护个人的基本权利而提出的正义原则，同时提出的差异原则将身处社会最不利地位的人之利益放在首位；第二项正义原则强调正义优先于效率和福利。正义原则从整体来说要优先于效率原则和社会利益总和最大化原则，另外则是强调公平的机会平等原则优先于差别原则。这里罗尔斯所提及的正义主要是针对社会经济发展中对收入、财富、权力等分配问题。

罗尔斯分配正义观主要是对社会中基本制度的权利义务配置方法提出的一种原则，保证社会合作的利益和负担的配置适当性。尽管罗尔斯没有明确提出环境这一公共性物能否成为分配对象，但从罗尔斯关于"基本善"的论述中可以有所启示。所谓"基本善"是那些被假定为一个理性的人无论他想要别的什么都需要的东西。不管一个人的合理计划的细节是什么，还是可以假定有些东西是他会更加喜欢的。这里可以理解为，基本善是一个有理性的人始终会需要的，而罗尔斯将基本善分为自然基本善和社会基本善。前者包括健康与精力，智力与想象力等，后者包括自由与权利，权力与机会，收入和财富，而与正义有关的是社会基本善。但随着罗尔斯对"人的政治观念"这一因素的考量，基本善被定义为：它们是人作为自由和平等公民、作为社会正常和充分合作的成员的人所需要的。[①] 之后，罗尔斯将公平正义理论延伸至医疗保健问题，这其中恰好论及作为社会合作成员的公民个人的健康状况，环境污染与疾病之间的关联性，因而，罗尔斯指出："作为公民，我们也是政府所提供的各种有利于个人的好处和服务的受益者，而这些好处和服务是我们在这样一些场合中有权利得到的，如保护健康，所提供的公共好处，以及保护公共健康的标准（清洁的空气和没有受到污染的水源等）……所有这些项目都能够包含在基本善的指标之中。"[②]

（三）社群主义的配置观

社群主义的配置观是基于罗尔斯式的自由主义配置观提出的新的分配理论，其哲学基础是新集体主义，主要以桑德尔的分配正义观为主。

桑德尔的分配理论仍然在罗尔斯式分配正义框架之下展开，具体来

---

① ［美］约翰·罗尔斯：《正义论》（修订版），何怀宏等译，中国社会科学出版社2009年版，第3页。
② ［美］约翰·罗尔斯：《作为公平的正义：正义新论》，姚大志译，上海三联书店2002年版，第282—283页。

说：首先，自由主义强调人与人之间的差别，并重视个人的不可侵犯性，桑德尔则认为应当摒弃个人主义观念，转向社群主义的自我观念，而共同财富并非是个人的，应是共同的主体。原因在于，任何个体都无法脱离社群独自生活，个体的属性、行为等都处于特定的历史文化环境中，反过来，社群作为某种形式的契约存在，能够满足个体所需的精神与物质需求。基于此，桑德尔的社群主义强调社群与公民个体之间的关系，尤其是社群对于公民个人价值的实现至关重要，并提出社群价值优先于个人价值。

其次，桑德尔强调善优先于权利。罗尔斯强调权利优先于善，而桑德尔指出，通过对个人在社群中的角色及自我认同身份的构成性，能够证明权利无法优先于公共善。自由主义提出的权利与善产生的前提是原初状态的背景，而公民所选择的善局限于正义范畴，即"这种正义原则在一定程度上对公民进行选择时做出了相应规范，并限制了公民对善的选择"[①]。因为公民个人处于一定的社群范围之中，自身权利具备争议性与否完全取决于公民权利所产生的伦理价值，"权利是否能够采取特殊的社会方式或者使用特殊的社会观念得到证明，是由支配社会结构中的正义理论所决定"[②]。基于此，桑德尔的"善优先于权利"可以推导出"公共利益优先于私人利益"的观点。具体来说，公共利益不仅属于社群成员的某一个人，而是属于社群内部的任何人，且这种利益具有极大的关联性，公民处于社群内部应不断促进社群之公共利益，而非为现实个人私益去从事各种活动，因为只有实现了包含私人利益的公共善，个人利益才可能得以实现。桑德尔认为在社群整体的内部存在一种善，这种善是受多数社群成员的认可，并在一定程度上能够评判社群内部公民行为的规范性。可以说，桑德尔社群主义的配置观是以公益政治学为前提基础的。

最后，以应得为原则分配正义观。桑德尔批判罗尔斯的差别原则与其个人主义的主体观念不一致，且在理论上没有道德根据。罗尔斯认为社会和经济利益可以依据以下原则得到调解：天赋自由、自由平等和民主平等。天赋自由是一种基于市场制度的机会平等，其道德根据是权利观念，

[①] [美]迈克尔·桑德尔：《自由主义与正义的局限》，万俊人等译，译林出版社2011年版，第176页。

[②] [美]迈克尔·桑德尔：《自由主义与正义的局限》，万俊人等译，译林出版社2011年版，第2页。

自由平等则试图为所有人提供一种平等的出发点，其道德根据是应得观念，民主平等是重视结果的平等，体现为罗尔斯的差别原则，其道德根据是将人的天赋才能看作人类的共同财富。而这三个原则的区别在于对"应得"的看法不同。罗尔斯反对将应得纳入分配正义中，一方面，罗尔斯将所谓的"应得"等同于"道德应得"，这种道德应得先于并独立于制度和规则，但分配是在制度与规则下进行的；另一方面，罗尔斯认为人类不平等产生的原因在于社会条件和自然天赋，这是具有偶尔性的，并非所有者应得的。具体来说，桑德尔在对人与天赋的关系中提到，人与其天赋存在三种可能的关系：人是其天赋的拥有者——这是诺齐克的主张；人是其天赋的监护者——这便是桑德尔的社群主义观；人是其天赋的收藏者——天赋既然不属于任何人，则无须按照差别原则进行分配。这表明罗尔斯认为个人天赋是共同财富，社会对这种共同财富具有一种要求，只是这种要求是权利的要求。桑德尔则认为应将"应得"纳入共同体分配正义中，从道德意义上，桑德尔赞同罗尔斯的观点，应得先于并独立于制度和规则，相反，权利是在制度和规则建立起来的条件下所产生的要求，这类源于制度的东西不具有道德力量。

（四）马克思主义的配置观

马克思恩格斯批判地继承了资产阶级古典政治经济学家和空想主义社会者关于分配理论的设想，在此基础上，马克思恩格斯从唯物史观出发，主张从生产方式的角度去看待权利关系，正如马克思所言："每种生产形势都产生出它特有的法权关系。"[①]

而马克思恩格斯关于分配理论包括三点：其一，以劳动价值论为基础。商品具有使用价值和价值两个因素，前者是指商品的自然属性，能够满足人类需求的物，后者是指价值体现商品的社会属性，是个别劳动与社会整体劳动关系的反映，即"作为相同或抽象的人类劳动，形成的商品价值，作为具体有用的劳动，其生产价值"[②]。其二，通过生产资料所有制决定分配方式。马克思、恩格斯从资本主义生产过程入手，分别对社会生产中生产、交换、分配等关系进行论证，其核心观点在"生产决定分配"，若要在分配领域实现全社会的公平正义，则必须遵循客观经济规律

---

① 《马克思恩格斯全集》（第12卷），人民出版社1956年版，第738页。
② ［德］马克思：《资本论》（第1卷），人民出版社2004年版，第60页。

办事，而具体分配则分为产品分配和生产条件的分配，尤其是生产条件的分配，涉及生产工具和社会成员在各类生产之间的分配，如劳动时间，若各个社会阶层的劳动时间平均分配，工人阶级则将会拥有更多时间去从事社会活动或脑力活动，实现自由而全面的发展。其三，确定了按劳分配和按需分配的原则。依据生产决定分配的基本观点，按劳分配成为一种选择，即共产主义社会成员通过公共生产资料进行劳动，劳动的总产品分为生产资料和生活资料，① 前者生产资料由全体社会成员共同使用，后者由社会成员共同消费，劳动是衡量分配好坏的标准。可以说，按劳分配是随着人类生产和历史发展的改变而出现的分配方式，具有历史阶段性特征。同时，马克思、恩格斯意识到按劳分配因个人天赋和后天环境的区别会使得分配实质上存在不平等之处，故而又提出按需分配以消除这类事实不平等。

故马克思、恩格斯在研究权利制度的正义问题时，提出权利和制度的正当性并非人类抽象概念的体现，也并非虚幻的社会存在物，而是社会历史发展阶段的产物，特定社会权利制度的正义内容总是与该特定社会的历史条件相联系，且决定于社会现实的物质条件。② 换言之，当权利和制度的分配与当下生产方式相适应时，可以视其为正义。

二 环境公益诉权配置观

前述西方关于权利配置的不同观点，均是从不同角度出发以寻求分配正义，具有一定的启示和指导意义。然而环境公益诉权的配置观并非仅依靠前述某一种配置观即可，具体来说，从环境公益诉权配置涉及的环境问题来看，"环境"的公共性属性决定了仅运用前述某一类配置理论是无法实现真正意义上的正义的，环境问题更多是当前社会法③发展所应旨在解决的目标，这其中涉及正当的私人利益，也涉及社会环境公共利益，因而在论及环境公益诉权配置时无法只选择个体自由、公共利益或效率作为基础去考量。

---

① ［德］马克思：《资本论》（第1卷），人民出版社2004年版，第96页。
② 戴建波：《权利正义论》，法律出版社2007年版，第39页。
③ 社会法的出现，主要是随着社会发展，传统个人主义、自由主义的利益达成之理想在现代社会中无法完全实现，对于社会中的弱者，法律需要通过社会化的手段加以切实保护。参见董保华、郑少华《社会法——对第三法域的探索》，《华东政法学院学报》1999年第1期。

那么，基于前述四种关于权利配置观，环境公益诉权配置则应主要聚焦于三点：一是正义价值的最终追求。环境公益诉权配置应以正义为首要价值，具体来说，诉权是权利的重要组成部分，正义是法律永恒不变的追求，可以说，追求正义是所有法律权利的自然基础。故而，环境公益诉权之行使表现为通过司法寻求环境正义的实现。二是权利与善（公共利益）之间的关系。罗尔斯式的配置观强调权利优于善的观点，而桑德尔式的配置观主张善优先于权利的观点，环境公益诉权是涉及环境公益的一项诉讼权利，那么在环境利益问题上，应当如何平衡才是环境公益诉权的关键点，确保环境公益诉权之配置维护个体环境利益与社会环境公益。三是配置考量的因素。一项权利的配置以正义为最终目的，但在配置过程中需要确保某一项原则的实现，如效率，环境公益诉权的配置要注重效率的提升，若是一味浪费司法资源，这必将带来最终结果的不正义；再如平等，环境公益诉权的配置应力求达到一定程序的平等，尽可能减少不平等配置对其他人所产生的影响。

第二节 环境公益诉权的配置框架

在具体配置过程中，对环境公益诉权的配置应当放置在国家发展的整体框架内思考。这就需要挖掘环境公益诉权配置的特殊含义，并明确环境公益诉权配置应当遵循的基本原则，包括权力制约原则、比例原则及程序保障原则。在此基础上，结合诉权一般运行模式和环境公益之特殊性以确立环境公益诉权的运行模式，从而确保环境公益诉权配置与正义价值的契合。

一 环境公益诉权配置的基本含义

环境公益诉权配置指一个国家为实现环境保护的目标而通过法律创设不同主体提起环境公益诉讼的制度，通常涉及主体权限、利益范围、程序保障等安排。而环境公益诉权从国家环境治理角度来看，具备两个层面的含义。

一是环境公益诉权配置的前提是国家环境治理的需要。环境治理作为国家治理的一项重要内容，并非学者个人的主观愿望和单纯的学术主张，而是由我国现今的基本国情和经济、社会发展的客观需求所决定的，也是生态文明建设的根本要求。① 环境公益诉讼作为一项特殊的制度成为环境治理的重要内容，而借助于该项制度，环境司法蓬勃发展并逐步参与环境治理过程中。在环境公益诉讼制度较为成熟的国家，环境司法都较为能动地参与生态环境修复的过程，并致力于生态环境的整体治理目标实现，这也催生了环境公益诉权的配置需求。诉权涉及一个纠纷能否通过诉讼程序予以救济的问题，而环境公益诉权配置不仅仅是主体确立的单一问题，包括谁可以行使诉权、诉权行使空间及诉权实施效果等，直接影响到环境司法参与环境治理的过程与效果。不同国家对环境公益诉权采取不同的配置，但最终都是为了实现国家的有效治理。

二是环境公益诉权的配置是严格依法实施。环境公益诉权的配置并非仅仅简单地依照传统诉讼规则进行安排，许多国家都尝试着改造传统诉讼规则以维护环境公益，通过引入司法力量弥补行政治理之不足。作为一项既涉及程序规则创新又创造实体权益，并触动立法、行政、司法之关系的重要制度，公益诉讼须由国家层面正式立法才有充分合法性。② 不论哪个国家在配置环境公益诉权时，都是通过环境法律条款加以确立的，甚至也有国家制定了专门立法③。这里对环境公益诉权的配置不能仅仅是诉权主体的规定，还应包括适用范围、起诉条件、诉讼请求与责任形式、证据规则、诉讼处分、判决执行等各种细节问题的明确规定。因为环境公益诉权之配置关系到对环境公益的判断和界定、司法参与环境治理的力度、公共资源的倾斜与分配等重大问题，只有通过法律将环境公益诉权予以正当化后，环境公益诉权的行使才具有现实意义。不仅如此，通过专门立法将环境公益诉权进行适当配置后，才能够将其准确地与传统诉讼规则区别开来，避免陷入运用私法规则处理公共利益事项的混乱。

由此，环境公益诉权研究不仅需要寻找到恰当的配置观，还要结合国家治理发展的大局进行审视，明确环境公益诉权配置的双重含义有助于环境公益诉权的深入剖析，也更有利于把握环境公益诉权配置的具体内容、存在问题和发展方向。

---

① 王树义：《环境治理是国家治理的重要内容》，《法制与社会发展》2014年第5期。
② 巩固：《环境民事公益诉讼性质定位省思》，《法学研究》2019年第3期。
③ 如葡萄牙1995年《公众诉讼法》，意大利1986年《关于建立环境部和环境赔偿事务的规定》等。参见李挚萍《欧洲环保团体公益诉讼及其对中国的启示》，《中州学刊》2007年第4期。

二 环境公益诉权配置的基本原则

环境公益诉权配置应当遵循分权制衡原则、比例原则及程序保障原则，确保环境公益诉权的定位、主体、方式、种类及程序等均达到正义目标，保障环境公益诉权配置不会影响到既有人权保障措施，也不会因既有人权保障措施而受到阻碍。

（一）分权制衡原则

分权制衡原则是资本主义国家机关的组织与活动原则，也是资本主义国家宪法的一项基本原则，尤以美国为典型代表。分权制衡原则主要包含三个方面：其一，人民主权。人民主权由人民和主权两个词构成，意指在主权的归属主体方面，只能是人民，这里的人民是一个抽象的"群体"概念，尽可能囊括一切具有该国家公民资格的人的全体。它意味着主权属于人民、来自人民，不属于任何个人或少数人。[①] 人民主权是分权制衡原则的前提，而对国家权力进行分立且确认制衡，目的就是保障人民作为国家主权者的政治地位。其二，权力分立。形式意义上的权力分立是指将国家权力划分为立法权、行政权、司法权等，而实质意义上的权力分立是指从职权、事项、程序、依据等方面也作出相应的明确划分。其三，制约平衡。国家权力的划分不仅要实现真正意义上的分立，相互之间须保持制约和权力平衡状态，以防任何一种国家权力获得绝对支配的地位。

依据我国《宪法》，人民主权原则体现为我国人民代表大会制度，各级人民代表大会代表人民行使主权，各级人民政府和人民法院、人民检察院均由各级人民代表大会产生，受它监督，对它负责。人民代表大会制度下的行政权、审判权、检察权不仅组织机构、工作人员上分离，而且在任务和功能上分立，即政府执行法律、法院适用法律、检察院履行国家法律监督职能。在此基础上，这三种权力应保持功能衔接、程序协调的制约平衡关系。

从分权制衡原则出发审视环境公益诉权，要求环境公益诉权的外部配置以人民主权原则为立足点，通过公益诉讼方式，将行政权、司法权进行明确分工，达到制约与平衡的宪法法律关系。可以说，分权制衡原则为环境公益诉讼的本质提供了一种分析框架，即环境公益诉讼本质上是行政权

[①] 肖君拥：《人民主权论》，山东人民出版社2005年版，第30页。

与司法权在诉讼层面上所展开的分权制衡关系的一种特殊诉讼类型，一旦抛开分权制衡原则，环境公益诉讼就会变为单纯的争讼行为，失去其维护公益之目的。在此基础上，若要贯彻分权制衡原则的内涵精神，则要重点把握"制衡"关系。追求对公共利益的维护，但同时也注重司法权行使是在对行政权的尊重前提之下进行的，即从程序设计上通过制定法规范要求当事人必须穷尽行政救济措施，将公益诉讼作为最终实现途径，确保司法权之行使不会过于干涉行政权。

另外，从分权制衡原则予以审视环境公益诉权，就要求环境公益诉权内部配置以充分体现公民环境权，强调环境公益诉权作为公民一项维护环境的程序性权利。因为传统诉讼制度之设计同样基于人民主权原则，进一步而言，一般诉讼中诉权主体与诉讼标的存在直接利害关系，理所应当具备正当性，而环境公益诉权往往分配给非实体权利义务主体，所以，环境公益诉权配置为弥补人民意志表达不充分之缺陷，作为补充性诉讼救济手段存在有其必要性和正当性。因此，不论环境公益诉权配置给谁、如何配置，其内在精神实质是坚持分权制衡原则。这也是我国当前构建环境公益诉讼制度应当坚守的立足点。

(二) 比例原则

所谓比例原则就是要求"合目的性、适当性和必要性"，使得手段和目的之间合乎比例，换句话说，"任何合法正当的公共利益都是有限度的，客观上都存在归属主体、目的指向、内容范围、表现形式、效果功能等方面的重重界限，从而应当由在性质、职能、地位和资源上适合的国家机关分别采取相应的维护措施"[①]。适用到环境公益诉权配置中来，主要涉及三个层面的问题，即环境公益诉权配置给谁，如何配置及配置内容。

首先，环境公益诉权配置给谁的问题。具体来说，一是环境公益诉权是环境公益诉讼制度的核心要件，其服务于维护环境公益之目的。因而，对于环境公益诉权配置主体的选择应当首要符合其公益目的，反之，若是以谋利或私人利益为出发点行使环境公益诉权，就说明该主体并非恰当的诉权主体。二是环境公益诉权配置要符合适当性原则，即环境公益诉权主体在诉讼动力和诉讼能力方面应当优于私人主体，否则，不恰当的诉权主

[①] 高家伟：《检察行政公益诉讼的理论基础》，《国家检察官学院学报》2017年第2期。

体将不利于环境公益诉讼制度的开展。三是环境公益诉权配置主体应当是在私益主体无法通过传统诉讼予以救济和规制的情形下行使,且尽可能不对私益主体造成不必要的不利益影响。

其次,环境公益诉权如何配置的问题。具体来说,一是环境公益诉权配置是为了环境公益而进行的诉权配置。当诉权配置归属于实体权利义务主体时,即便诉权主体并非直接利害关系人,实体权利义务人可随时撤销诉权授予,该诉权同样不属于环境公益诉权范畴。二是环境公益诉权配置方式的选择须符合比例原则。诉权配置方式对环境公益的影响程度是应当考虑的因素,换言之,采取法定授权模式或是意定授权模式,只有对环境公益维护实现最大化的选择才是最佳的。

最后,环境公益诉权配置类型的问题。环境公益诉权配置何种诉权给相应主体主要涉及诉权的排他性、前置性、补充性或者是并列性。环境公益诉权的配置种类决定了环境公益诉权主体的顺位问题,同时也影响着对私人利益的影响和限制。若是赋予相应主体排他性诉权,那么在维护环境公益事项范围内则完全排除了其他主体请求救济的可能性,若是赋予相应主体前置性或补充性诉权,则意味着在私益诉讼与公益诉讼之间存在着启动先后之问题,若是赋予相应主体并列性诉权,则意味着环境公益诉权之启动与其他诉讼并不交叉。

据此,环境公益诉权配置应遵循比例原则,通过恰当的诉权配置方式保障最大范围的环境公益维护,同时,也要兼顾传统诉讼的功能与作用,避免环境公益诉权配置对实体权利义务主体造成过分不利益之影响。

(三) 程序保障原则

前述分权制衡原则和比例原则解决了环境公益诉权配置应当考量的定位和恰当性问题,环境公益诉权配置以正义为首要目标,而程序保障原则从程序法角度思考如何确保环境公益诉权配置行使具备充足的诉讼动力与能力。

首先,确保环境公益诉权主体之意愿充足。环境公共性原理决定了环境公益诉权行使主体可能并非与环境利益有着直接相关的主体,因而,有必要从程序保障角度对这一问题予以分析。一方面,环境公益诉权行使以其具备强烈的环境公益维护之意愿为前提,程序保障原则则要求应当考虑相应的程序供给以强化其诉讼动力,具体从诉讼费用和诉讼审查方式予以展开;另一方面,环境公益诉权之行使要求其对环境问题具备一定的专业知识，因而有必要保障诉权主体在获得有效信息、核实情况等方面存在相应的便利。

其次，确保环境公益诉权的主体地位。基于环境公益诉权配置的方式选择，环境公益诉权主体往往自身具备着一定的身份、地位或职权，或者是对于同一环境公益损害事实，存在着多个主体行使环境公益诉权的情形，如现有国外环境公益讼权配置给享有公共管理职能的国家机关、社会团体、检察机关等，其内在的职权或资源都会为诉权行使带来极大便利，故而，有必要通过诉讼程序之设置，力求使双方主体的诉讼地位处于平等状态。例如，通过合理分配诉讼主体之间的举证责任，而非一味实行基于环境特殊性而采取的举证责任倒置规则，应依据具体诉权主体之不同来设置不同的举证责任，从而实现双方诉讼地位的平衡。

最后，确保环境公益之维护。环境公益诉权配置的程序保障中应坚持维护环境公益，一方面，基于公益代表人理论选择最佳环境公益诉权主体，应当始终站在维护环境公益立场，确保公益不被私益所掩盖；另一方面，应当依据环境公益诉权配置种类具体考量，当环境公益诉权位于并列地位，那么就有必要对私益诉讼与环境公益诉讼之间的关系予以明确，当环境公益诉权位于补充性地位，则应确保环境公益诉权行使不会侵犯直接利害关系人的诉权，反之，环境公益诉权行使不会因传统诉权之行使受到阻碍。

总之，环境公益诉权配置应当坚持程序保障原则，通过相应程序设置保障诉权行使主体具备充足的诉讼动力、意愿及能力，促使环境公益诉讼两造对抗之平衡，从而实现诉权配置最低限度的正当性。

三 环境公益诉权的运行模式

环境公益诉权配置原则为其运行模式提供了一个指引方向。结合诉权从传统型运行模式到现代型运行模式的发展与转变，法官和当事人在诉讼过程中都担任了不同的角色，反映了国家法治发展的具体需求。环境公益诉权的运行模式虽不同于一般诉权的运行模式，但其仍然涉及法官、当事人双方这三类主体之间的分工内容。

（一）诉权的运行模式

诉权不仅是社会个体诉诸权威机构寻求救济、保障权益的权利，更是社会个体诉诸权威机构寻求正义、伸张正义的权利。① 结合诉权的发展轨迹,诉权的一般运行模式分为两种,一种是传统型运行模式,另一种是现代型运行模式。前者是在主权国家及司法机构尚未形成时,社会个体所寻求正义的过程,通常所诉诸的权威机构仅是家族族长、部落首领、宗教组织或国王及其下属。随着主权国家形成和司法权的独立,社会个体向司法机构寻求正义的实现,此阶段的诉权已然成为现代社会中个体的基本权利,不受身份、职业、财产等因素限制。在运行过程中,诉权与司法权的交融互动贯穿于诉讼的全过程,直接涉及当事人的具体诉讼权利与诉讼义务,司法权的职能划分和权责配置更为精细和规范。

而现代型运行模式则随着主权国家而表现为当事人主义模式和职权主义模式。当事人主义诉权运行模式主要存在于英美法系国家,以强调当事人在诉讼过程中的主导性地位为主,法官则相对而言较为被动,诉讼中更注重双方当事人之间的辩论与质证。② 只要原告提起诉讼时能够证明自己权益受到侵害之事实,③ 法官就必须受理该诉讼,由此决定了当事人主义模式的可诉范围较大。而大陆法系国家的职权主义诉权运行模式因强调抽象的理论理性和逻辑推演,法官通常在诉讼过程中居于主导地位,当事人在诉讼过程中相对较为被动与消极,表现为"法官在证据调查、事实认定、庭审环节等诸多方面均具有较大的职权"④。这意味着当事人的诉权行使会受到诸多限制,如举证、辩护、处分等,可诉范围较当事人主义模式之下的可诉范围而言要窄些。

随着两大法系的互相借鉴,诉权的两种运行模式之间的差异化程度也在不断缩小,即诉权的职权主义模式中的当事人所享有的程序性权利有所增加,而为避免程序权利被滥用,当事人主义模式中的当事人的程序性权利受到了一定的限制,且两种运行模式都确立了诉讼资格标准或诉的利益标准。而司法权的界限尽量接近这两种标准的范围,尽可能地为社会个体的权益提供司法保障。⑤ 在现代社会发展背景下,诉权的运行模式又发生

---

① 任瑞兴:《诉权的法哲学研究》,法律出版社 2019 年版,第 312 页。
② 郑智航:《法律内在逻辑的基调演变》,法律出版社 2012 年版,第 87—88 页。
③ 汪习根:《司法权论:当代中国司法权运行的目标模式、方法与技巧》,武汉大学出版社 2006 年版,第 92—93 页。
④ 郑智航:《法律内在逻辑的基调演变》,法律出版社 2012 年版,第 84—85 页。
⑤ 左卫民:《诉讼权研究》,法律出版社 2003 年版,第 61 页。

了一定的变化，这种变化表现为，当事人之间的对抗性逐步趋弱，理性主体之间的协商性逐步增强；在刑事司法领域出现了修复性司法理念，过去的"惩罚"改为"修复"，改传统的"国家—被告人"的刑事司法模式为"受害人—犯罪者"模式；① 甚至连非诉纠纷解决机制也被纳入诉权运行过程中的重要合作方式。不得不说，诉权运行模式已经无法简单归类为某一种模式类型，而要放置于社会发展的大背景之下，同时结合到诉权的行使主体、客体等具体情形加以分析，由此确立诉权运行的最佳模式。

（二）环境公益诉权运行模式之选择

因诉权行使的核心目标是环境公益，直接决定了环境公益诉权的运行模式不同于传统诉权运行规律。这里协同主义诉讼模式能够提供一定的参考。所谓协同主义并非诉讼各方自愿在一起合作解决纠纷，而是法律明确要求的诉讼各方所应承担的促进诉讼的义务，以及违反该义务所应承担的责任。②

协同主义伴随着1977年德国《民事诉讼法》的修改和实施而形成，不仅在大陆法系国家和地区得到了广泛传播，更是对英美法系国家产生了较大影响。但这两种法系对协同主义的运用并不相同，英美法系国家重点在于解决法官管理不足和当事人控制诉讼程序所产生的诉讼延迟难题，而大陆法系国家则强调解决当事人财力和诉讼能力不足所产生的不公正问题。通常而言，协同主义主要适用于民事诉讼程序中，通过提倡一种沟通和协作的方式以重构民事诉讼结构，对主体之间的权限作出合理分配，包括法院的释明③、真实义务④、当事人具体化义务⑤等。可见，协同主义运行模式是在当事人主义和职权主义基础上所逐步形成的一种新型模式，这种运行模式对实现实体公正和程序公正都有着极大的积极作用。一方面，协同主义要求法官与当事人三方开展协作，以确保案件达到内心确信的程度，不因当事人形式平等但实质不平等的问题而出现审理偏差；另一方面，协同主义对法官的要求能够进一步约束庭审方式，将必要的释明作为

---

① 陈晓明：《修复性司法的理论与实践》，法律出版社2006年版，第12页。
② 杨严炎：《论民事诉讼中的协同主义》，《中国法学》2020年第5期。
③ 熊跃敏：《民事诉讼中法院释明的实证分析——以释明范围为中心的考察》，《中国法学》2010年第5期。
④ 纪格非：《我国民事诉讼中当事人真实陈述义务之重构》，《法律科学》2016年第1期。
⑤ 吴泽勇：《不负证明责任当事人的事案解明义务》，《中外法学》2018年第5期。

法官的义务进行规定,并尽可能防范突袭性裁判情形。

协同主义的意蕴能够为环境公益诉权的运行模式提供一种思路。环境公益诉权围绕着不特定多数人的环境公共利益而展开,通常提起诉讼的主体并非直接利害关系人,而所诉对象通常直接涉及被告主体的利益关系,这样的利益关系直接决定了各个主体在诉讼程序中的开展动力、理念和方法都不相同。对法官而言,环境公益诉讼中的法官应当正确处理居中裁判和主观能动性的问题。通常所理解的法官居中裁判是从法官消极的角度考虑,担心法官过于能动会损害中立性,但协同主义理念下的法官同样负有发现真实的责任。环境案件涉及范围广泛,法官同样有义务维护环境公益,并尝试着在被告行为所涉利益与环境公益之间寻求一种平衡状态,只是法官这种义务应当努力维持在诉讼程序规则范围之内。对诉讼主体而言,诉讼主体应当被赋予一定的诉讼促进义务以推动诉讼主体和法官的协同合作。当诉讼主体脱离直接利害关系时,诉权的运行模式很可能会受到主体意愿或能力等各方面因素影响而使案件无法得以继续。在环境公益诉权行使主体为法定主体时,应当通过立法赋予这类法定主体更多诉讼促进义务和违反这类义务的责任后果等,从而促使诉讼各主体在明确分工基础上积极展开对话,避免法官或当事人单一主导所产生的结果不利情形。

第三节 环境公益诉权的配置维度与限制

对环境公益诉权的配置不能简单地从诉权内容进行分析,还要处理好环境公益诉权所在的多重法律关系,包括环境公益诉权与其他诉权、司法权之间的关系,从不同层面审视和分析环境公益诉权的配置维度。除此之外,环境公益诉权配置还应当考虑其限制性因素,避免环境公益诉权之滥用。

一 环境公益诉权与其他诉权的关系

环境公益诉权强调环境公共利益的诉讼目标,不同于传统意义上的诉权。基于环境利益的特殊性,环境损害不仅会涉及公共利益,必然也会涉及个人利益。因而,环境公益诉权之行使应当明确其与环境诉权、生态环境损害赔偿请求权之间的关系。

(一) 环境公益诉权与环境诉权的比较

环境公益诉权是基于环境公益维护之目的的诉权，而环境诉权是被告行为造成的个体合法环境权益之侵害而形成的诉权。实际上，这需要对环境公共利益与个人环境利益进行比较。

在公共利益与个人利益的关系上，两者是分不开的。依据边沁的公共利益概念，公共利益是最大多数人的最大幸福，基于此，公共利益与私人利益实际上就是多数人的利益与少数人的利益的对立面。与此不同的是，卢梭强调每一个社会成员的利益都体现在公共利益之中，强调的是个体的双重性。个体具有双重性是指作为生命体的存在与作为社会主体的存在，前者强调个体内部直接感受到的特殊利益，后者强调作为共同体成员的普遍利益。而法的普遍性决定了只有普遍性的个体利益方能获得法律认可，而个别性利益则不在法律认可范围。有学者指出，确定公共利益的方法之一就是"寻找普遍而又连续不断地为人们共同分享的利益。根据它的特点，我们将其称为公共利益"①。可以说，公共利益是基于个人利益而存在。另外，公共利益并非是个人利益的简单相加，"而是组成社会后整体突变而形成的利益，是公众对社会文明状态的一种愿望和需要，具有整体性和普遍性的特点"②。公共利益从整体出发着眼于普遍性利益，不受私人利益的驱动。自由市场经济的探索便是私人利益与公共利益相区别的直接体现，个体行为并不会因国家放任而自然形成社会整体的利益，这是因为个体人既具有同一性，也具有差异性，若要实现整个社会的公共利益，国家必须对个体行为进行调控，从而消除外部性，减少信息不对称性。

环境公益诉权正是在这样的界分基础上所形成的一种特殊诉权，两者既存有统一的一面，也不可避免存在相互矛盾的一面，这就需要对环境公益准确把握，避免将环境公益与个人利益对立起来，当环境利益受侵害的广度和深度超过环境权益的救济范畴时，环境公益诉权行使就具备了正当性。对环境公益诉权与环境诉权的区分较为简单，通常各国都会通过法律授权不同主体以环境公益诉权，唯一有区别的是是否应当授予私益主体以环境公益诉权，即有两种模式选择：一是另赋实体请求权模式。该模式通过为私益主体创设公益诉权，通过私益诉讼动力带动公益诉讼的方式，即

---

① [美] 安德森：《公共政策》，唐亮译，华夏出版社 1990 年版，第 224 页。
② 王太高：《公共利益范畴研究》，《南京社会科学》2005 年第 7 期。

结合私益诉讼实施权与公益诉讼实施权，赋予直接利害关系人以维护社会公益的诉讼请求权。二是诉讼担当模式。在涉及主体不确定的情形时，原告适格范围较其他诉讼类型范围更为宽泛，且当原告主体范围越大时，所能维护的利益范围越广。然而，由于一国司法资源的有限性与公民法律意识的非理性，任何一种放宽原告主体资格的诉讼类型都可能造成司法系统的混乱，故通常面对这类情形会通过法律特别规定以确定适格原告。考虑到环境之公共性特征，环境公共事务本应由政府的公共职责予以承担，立法者通过预设的适格原告即是理论上的法定诉讼担当，当法定诉讼担当主体行使不能时，通过任意诉讼担当模式加以补充性规定，但有必要考虑环境公益诉权主体与私益主体之间的融合关系，毕竟环境公益同样牵涉众多个人环境私益。

（二）环境公益诉权与生态环境损害赔偿请求权的比较

生态环境损害赔偿请求权是不同于环境公益诉权的一种新型诉权，美国的自然资源损害赔偿诉讼较为典型，原告主要是作为"受托人"的联邦环境资源机构、州政府等政府主体。[①] 我国也赋予了政府以生态环境损害赔偿请求权，旨在通过这类生态环境损害赔偿诉讼实现生态环境损害填补。

环境公益诉权与生态环境损害赔偿请求权所指向的诉讼标的具有同一性，即针对同一污染环境、破坏生态行为，不同主体针对相同范围内的生态环境损害事实，提出了相同的诉讼请求，诉讼标的完全重合。[②] 尽管如此，但环境公益诉权不能等同于生态环境损害赔偿请求权，具体要从生态环境损害赔偿请求权的权源来看。学界对生态环境损害赔偿请求权的权源来源于自然资源国家所有权已成共识，但对自然资源国家所有权的权利性质存在争议。自然资源国家所有权是国家通过立法采用民法财产权理论将"国家所有"的内容进行具体化，但同时这种财产权又不同于私人所有权，"国家所有"因客体特殊性而具备了一定的公法元素，但不能直接认定为国家对自然资源的利用进行积极干预的公权力及管理义务。[③] 可以

[①] 谢玉红、曹明德编：《中国环境法治》2014 年下卷，法律出版社 2015 年版，第 165 页。

[②] 冯汝：《生态环境损害赔偿制度与环境公益诉讼制度的关系》，《大连理工大学学报》（社会科学版）2021 年第 5 期。

[③] 陈海嵩：《生态环境损害赔偿制度的反思与重构——宪法解释的视角》，《东方法学》2018 年第 6 期。

说，基于自然资源国家所有权延伸的生态环境损害赔偿请求权维护的是国家利益。实际上，国家利益与公共利益在目标上具有同质性，这也是环境公益诉权与生态环境损害赔偿请求权在诉讼标的上表现具有同一性的原因，但国家利益并不能完全等同于公共利益。通过我国生态环境损害赔偿诉讼实践来看，这类诉讼请求并不局限于自然资源本身，还包括自然资源所形成的生态系统及期间利益。这就意味着生态环境损害赔偿请求权所追求的不仅仅在于对生态环境的修复或赔偿，还包含了对生态环境系统功能的修复，最终指向的是自然资源损害的全面填补。[①] 不仅如此，环境公益诉权与生态环境损害赔偿请求权因权源不同而出现了诉权主体不同的发展。环境公益诉权来源于环境权，再通过对环境权主体的起诉能力、起诉意愿等方面进行考量，通过立法将环境公益诉权赋予符合条件的主体，这也导致了"实体请求权"与"诉讼担当主体"之间的断裂。而生态环境损害赔偿请求权源于自然资源国家所有权，政府及其相关部门理所当然地成为诉权享有主体。

环境公益诉权与生态环境损害赔偿请求权有重合、隶属、交叉等情形，但却不能完全将两者的救济范畴等同。因而，环境公益诉权与生态环境损害赔偿请求权的关系应当视具体情况而定，即在充分尊重行政规制优先的情形下进行判断，当环境损害或生态服务系统损害无法纳入生态环境损害赔偿请求权范畴时，就应当通过环境公益诉权之行使予以补充。

二 环境公益诉权与司法权的关系

环境公益诉权的行使不仅关涉诉讼双方主体，还会涉及司法权的运行，尤其是环境公益诉权行使无法完全按照私益诉讼程序进行时，需要通过配置特殊的规则以合理处理其与审判权、检察权之间的关系，对可能出现的问题加以审视和把握。

（一）环境公益诉权与审判权的关系

前述环境公益诉权的运行模式旨在解决环境公益诉权与审判权各自的权限范围。而环境公益诉权与司法权的关系是从动态过程把握环境公益诉权的配置。环境公益诉权旨在启动诉讼程序，将受损害的环境公益置于司

---

① 李兴宇：《生态环境损害赔偿诉讼的类型重塑——以所有权与监管权的区分为视角》，《行政法学研究》2021年第2期。

法审判之下，通过司法审判对受损环境公益进行救济并采取相应措施，因而环境公益诉权与审判权的关系直接决定了环境公益受损的救济程度和范围。

首先，环境公益诉权与审判权的互动关系。现代诉权的基本取向是诉权和审判权的有机配套，各司其职，相互协调，共同服务于诉讼纠纷的妥适化解。① 而诉权与审判权的配置很大程度上决定了诉讼程序的模式，这意味着环境公益诉权与审判权同样无法脱离诉权与审判权的基本运行规律而展开。除法律特别规定之外，诉权与审判权应当遵循现行的诉讼制度，依托相应的诉讼框架，不论是检察机关、行政机关或社会组织享有的环境公益诉权，都应当在现行诉讼程序框架中享有相应的诉讼权利和承担义务，而审判权行使应当严格按照诉讼程序开展，保持居中裁判的角色和地位，使得诉权与审判权之间始终维持在一个较为平衡的关系。

其次，审判权应充分尊重环境公益诉权的特殊性。协同主义运行模式下的审判权应当充分考虑环境公益诉权的特殊性，即环境公益诉权的主体与所诉利益无直接利害关系，其行使不等于私法上的委托行为。例如，环境公益诉讼中的被告无论在何种情形下都不能提起反诉，因为原告主体享有的仅仅是程序性请求权而非实体权利。不仅如此，环境公益诉权享有主体可能会因主体不同而存在着程序上的差异性，例如，检察机关与社会组织虽然同时享有环境公益诉权，但在诉权的具体权利与义务方面会因主体本身的取证能力、诉讼意愿等方面因素影响而存在不同，检察机关通常比社会组织要承担较多的义务内容。

最后，审判权对环境公益诉权滥用的抑制。随着社会主体权利意识的觉醒，借助公权力解决纠纷成为越来越多人的选择，但人们通过司法程序主张合法权益的同时仍然存在着恶意利用诉权达成不正当目的的情形。当环境公益诉权主体范围扩大后，通过审判权抑制环境公益诉权滥用实有必要。在起诉阶段就需要法院对其进行形式审查，并强化法官对诉讼过程的全面审查机制，通过案件事实和证据的审理以识别滥用程序性权利的行为，若有必要，可以通过相应责任追究机制对诉权滥用情形加以规制。

(二) 环境公益诉权与检察权的关系

环境公益诉权与检察权的联系在于当检察机关被赋予环境公益诉权

---

① 汤维建：《民事诉讼法学》，北京大学出版社2008年版，第51页。

时，环境公益诉权与检察权的关系应当如何处理。首先需要明确检察权的性质，近年来理论界对检察权的性质一直存在着各种争议，主要有四种观点：一是司法权说：该观点认为检察权与审判权的"接近度"，虽职责不同，但具有等同性，最重要的理由是防范行政不当干预刑事司法。① 二是行政权说。支持该观点的学者认为检察机关的组织体制和行动原则具有行政特性，其基本原则是"检察一体制"，同时，检察机关的基本职能是公诉，本质表现则为公诉权，因而，从本质属性和终极意义上应属行政权。② 三是双重属性说。双重属性说则是承认检察机关兼具行政与司法两种属性。行政是基于其上名下从的纵向关系，司法则是基于其独立判断，以法律为手段的特点。四是法律监督说。该观点就是基于宪法层面的规定，法律监督权是宪法赋予检察机关的主要权力，而司法属性和行政属性都只是检察权所兼有的特征，与行政管理权和司法裁决权完全不同，检察机关所行使的每一项权力都反映出法律监督的性质，应当将其认定为法律监督权。该观点也是目前的主流观点。

  这里需要解决的问题是检察机关的环境公益诉权是否能够等同于检察机关行使法律监督权。检察权的产生与嬗变主要源于司法活动和法律制度的变化："私诉制度"向"公诉制度"的转变、"全能法院"向"裁判法院"的转变、"任意司法"向"程序司法"的转变。③ 最初，检察权孕育于专制政治以维护王权利益为目的，而现代意义的检察权作为国家权力重要组成部分服务于国家治理之需。尽管现代意义的检察权在结构、地位和运行方式等方面在各国权力结构中并不相同，但维护公共利益和保障人权是检察权的应有之义。检察机关的环境公益诉权是基于检察机关作为国家和社会公共利益的"受托者"而被赋予的公益诉讼职责，通过对违背公共利益的侵权行为和违法行政行为提起诉讼以强化对公共利益的保护和对执法权的监督。若是将检察机关的环境公益诉权视为法律监督权之行使，那么将会产生环境公益诉权与包括抗诉在内的监督权混淆的情形，导致诉权主体的权利义务内容发生本质变化。换言之，检察机关享有法律监督权并不意味着其必然享有公益诉权，应将两者分离开来谈。例如，检察机关

---

 ① 龙宗智：《论检察权的性质与检察机关的改革》，《法学》1999年第10期。
 ② 陈卫东：《我国检察权的反思与重构——以公诉权为核心的分析》，《法学研究》2002年第2期。
 ③ 龙宗智：《检察制度教程》，中国检察出版社2010年版，第24—26页。

在公益诉讼二审案件中应当直接享有诉权，而非是检察机关行使监督权的内容，否则就会出现上级检察机关参加庭审是为对下级检察机关的监督。不论是民事诉讼还是行政诉讼，均为双方对立对抗、法官居中裁判的三方结构，在这种结构中，检察机关是诉权主体。[①]

三 环境公益诉权的限制

环境公益诉权的限制是为防止环境公益诉权被"别有企图"之人所滥用而对其必要性进行思考，即环境公益诉权行使之必要性。首先需要明确的是，环境公益诉权行使始终为终端选择。面对环境公益损害情形，通过环境公益诉权行使予以救济并非最佳途径，因为环境问题往往涉及大量的成本付出，如诉讼费、鉴定费等。个人作为"经济人"而言，其对于自身利益判断始终具有一种理性考量，力求自身利益最大化，简言之，"每个人都能通过成本—收益比较或趋利避害原则对其所面临的一切机会和目标及实现目标的手段进行优化选择"[②]。故若非诉方式的解决对于环境问题更为有效，且成本更低，应是环境公益损害救济的首要选择途径，环境公益诉权行使始终是终端选择。

对环境公益诉权行使的限制条件，可以通过消极事项的列举予以限制。首先，排除非公共利益之目的。环境公益诉权行使应紧紧围绕环境公益之目的，原告提出单纯的人身伤害或财产损害都被视为不必要的。至于环境公益的范畴也应当视情形而定，如环境美学的损害就成为可能，美国通过判例确认优美的环境如同优裕的经济生活一样，是人们社会生活质量的重要组成部分，许多人而非少数人享受特定环境利益的事实并不降低通过司法程序实施法律保护的必要性。[③] 其次，重复起诉的禁止。环境公益涉及利益主体众多和区域联系广泛，很可能会出现多个诉权主体针对同一行为产生的环境损害结果提起诉讼。倘若生态环境已经通过行政救济或其他诉讼得到修复，环境公益诉权之行使就不存在救济可能性和必要性，再通过诉讼途径必然会对被告权利造成损害，也会浪费司法资源。如江苏常州毒地案就是比较典型的案例，在政府已对土壤污染进行修复后，尽管判

---

① 蔡虹：《检察机关的公益诉权及其行使》，《山东社会科学》2019年第7期。
② 李树：《经济理性与法律效率——法经济学的基本理论逻辑》，《南京社会科学》2010年第8期。
③ 参见美国最高法院判例汇编第405卷，第727页。

决确认被告公司存在环境污染的侵权行为，但再通过环境公益诉讼请求修复的必要性已然不存在。再次，撤诉的限制。在一般诉讼程序中，当事人可以根据事实变化主动放弃或处分自己的诉讼权利，即便撤诉之后，其依然有权再次提起诉讼。但环境公益诉权处于实体权利与诉讼主体分离的状态，法定主体在提起诉讼时以维护公共利益为目标，这就意味着撤诉并不能如同私益诉讼主体任意处分自己的权益。换言之，环境公益诉权的行使更多是依照法律规定实施，具有公法性质，在撤诉方面应当限定在环境公益损害的状态停止或诉讼请求已全部实现的情形，即不能作出不利于公共利益的撤诉行为。最后，一事不再理的限制。一事不再理是针对法院生效裁判而言的，即案件一经确定，该案件的诉权消灭，法院不得就同一案件再行审判。当案件判决一经确定，诉权主体不得再提出与既判力判断相反的主张，若是同一案件的不同诉讼请求，法院也需要以已决案件的既判力之判断为前提而做出判决。

除了消极事项的列举之外，还可通过积极事项予以考量。面对现代社会中出现的将来的法律关系可能需要法院确认之必要，诉的利益的确认很可能会形成一种新型权利，如环境权这类形成中的权利，当实体法并无明确规定时，正当利益享有者需要通过诉讼来判断其利益的有无，若法官得以认可环境权，也就生成了作为手段性权利的诉讼请求权。

本章小结

环境公益诉权的存在为环境公益诉讼制度的构建提供了基础性的前提条件，基于环境权构建的环境公益诉权突破了传统诉权理论，对环境公益诉权的配置可以理解为"为了使纷争有效且适当地获得解决而应在何人之间进行诉讼的问题"[①]。一般来说，诉权配置给直接利害关系人在绝大多数情况下是正当的，也应当是诉权配置的基本原则，然而，环境的公共性属性决定了环境公益诉权无法寻找到恰当的主体，加之诉权主体因不具备直接利害关系严重缺乏诉讼动力、实际诉讼能力，难以有效保护环境公共利益或造成司法资源浪费，因而，环境公益诉权的配置有其必要性和正

---

① ［日］高桥宏志：《民事诉讼法制度与理论的深层分析》，林剑锋译，法律出版社2007年版，第206页。

当性。

在对环境公益诉权进行配置时，应当结合历史上已有的权利配置观，寻找环境公益诉权的正确配置观，并在此观念下明确环境公益诉权配置的基本含义和基本原则，通过对诉权一般运行模式的分析，探寻环境公益诉权的运行模式。而环境公益诉权的配置应当把握其配置维度，厘清环境公益诉权与其他诉权、司法权之间的关系，并考虑到环境公益诉权行使的限制性条件，始终坚持环境公益诉权配置围绕环境公益而展开，避免利益的复杂化。

第五章　域外环境公益诉权的配置考察

自20世纪80年代起，环境公益诉讼开始逐步兴起。在前述章节对环境公益诉权的探析基础上，环境公益诉权如何构建成为当前急需解决的问题。各国对环境公益诉权的构建也同样面临着挑战，在这个过程中呈现出共性与个性的张弛。因而，本章将选取环境公益诉讼制度较为典型的一些国家进行比较考察。

本章主要选择美国、印度和德国作为环境公益诉权配置的考察对象。首先，美国是环境公益诉讼最初得以发展的国家，若论及环境公益诉讼制度，美国首当其选。从美国国家结构形式来看，环境公益诉讼的发展凸显出公众参与环境治理的重要性，更是彰显了其英美法系的法律传统。其次，印度环境公益诉讼快速发展，更具典型意义。庞大的人口和辽阔的地域给印度带来了许多问题，尤其是人口增长、贫穷、贪腐等，随着经济快速发展，印度的社会矛盾越发尖锐，而环境公益诉讼在国家绿色法庭和最高法院的支持下应运而生，开创了司法能动主义的新时代，其环境公益诉权采取以人为本的思路进行设计，作出了许多突破性的创新制度探索，因而在比较的过程中，难以绕开印度。最后，德国沿袭了大陆法系传统，在环境公益诉讼的发展方面区别于美国和印度。一方面，我国同属大陆法系传统，在经验借鉴方面，德国与我国法律传统更为相近，更具比较性；另一方面，德国行政法一直处于发展前沿，尤其是在公共利益的维护方面有着众多值得我国学习和借鉴的理论与经验。

第一节　美国环境公益诉权的配置考察

环境公益诉权的配置会因法律基础的不同而显现出不同的特征，美国承袭了英美法系的法律传统，其环境公益诉权配置的模式也充分体现了英美法系的法律传统精髓。据此，有必要对美国环境公益诉讼的诉权结构深入挖掘，具体从环境纠纷可诉性、原告适格、诉之利益分析，从而挖掘在"民事诉讼"框架下环境公益诉权的理论意蕴。

一 美国环境公益诉权的配置

作为一项基本人权，环境公益诉权无疑具备普遍性和道德性，这构成了环境公益诉讼宏观层面的理论支撑。但在不同国家，不同主体须满足法定要件才能行使环境公益诉权，而环境纠纷可诉性、原告适格、诉之利益均是各国环境公益诉权不可或缺的组成部分。

（一）环境纠纷可诉性

纠纷可诉性即纠纷的可司法性，它是指纠纷发生后，纠纷主体可以将其诉诸司法的属性，或者说纠纷可以被诉诸司法因而能够通过司法最终解决的属性。[①]而环境纠纷可诉性直接决定了法院审判环境纠纷的范围，属于法院受案范围的环境纠纷自然也就具有可诉性。

1. 环境纠纷可诉性之影响因素

环境纠纷可诉性范围直接关系着法院环境审判权的界限，而一国的法院受案范围受到多种因素的影响：

（1）美国宪政结构——三权分立。环境纠纷可诉性受到一国政治结构的影响。在1787年制定《美国联邦宪法》时，美国各州已有宪法存在，且都有关于分权之规定。有的州宪法除了确定分权外，还明文禁止任何一个政府部门行使其他政府部门的权力，如马萨诸塞州1780年宪法第30条[②]。而《美国联邦宪法》第1、2、3条分别规定设立立法、行政、司法三个部门行使不同的权力，即立法部门由国会负责，国会制定法律；行政部门由总统负责，执行法律；司法部门由法院负责，解释法律。

除了分权以外，《美国联邦宪法》还规定了制约措施，防止任何一个部门的权力对其他两个部门权力的侵犯。如《美国联邦宪法》第2条规定了行政权属于美利坚合众国总统以及与副总统及其他联邦行政官员的弹劾与罢免程序。尽管该条赋予美国总统有任命驻外大使、联邦行政官员及联邦法院的权力，但该任命权受到美国参议院的监督——参议院有权同意

[①] 刘敏：《裁判请求权研究》，中国人民大学出版社2005年版，第154页。

[②] 马萨诸塞州1780年宪法第30条："在本州政府内部，立法部门不能行使行政权和司法权，或其中任何一种。行政部门不能行使立法权或司法权，或其中任何一种，司法部门不能行使行政权或立法权，或其中任何一种。目的在于使本州的政府成为法治，而非人治。"

或否决总统的任命决定。总统有权与其他国家缔结条约，但只有参议院2/3多数投票批准后才能使条约生效。再如，《美国联邦宪法》第3条规定，合众国的司法权属于最高法院及国会随时规定并设立的下级法院。

（2）美国司法权之边界。尽管法治已成为现代社会最具号召力的社会发展模式，司法最终解决原则也戴着绚丽的光环吸引人们不断扩大司法解决纠纷范围的路径，但司法自身固有的属性，导致不符合司法属性要求的纠纷均被排除在范围之外。《美国联邦宪法》第3条规定了联邦司法权的范围，该条第2款规定了联邦司法权存在的先决条件是由一个案件产生，所谓案件，通过美国的法律实践和法律传统能够发现，法院以是否存在"对抗性"[1]作为审理案件的标准。继而该条对联邦司法权管辖案件作出限制，具体体现在联邦与州法院对于不同事项的分工不同上。联邦法院管辖以下案件：①以联邦政府为一方当事人的案件；②适用联邦宪法、法律和条约而产生的案件，一般称为联邦问题；③两个州的人民之间所发生的法律争端；④两州之间的争端，关于大使、公使或领事的案件，以及不同国籍人民之间的争端。而州保留其余一切案件的管辖权，不属于联邦法院专有管辖权的案件，发生在州领域和适用州法律的案件。

实践中，对于哪些纠纷被排除在司法范围之外，美国的判例法制度发挥了极大的作用，也为宽泛的司法权范围进行了限缩。所谓政治问题原则是法院用来界分其与其他政府部门如何分享宪法解释权的策略，是法院的一种自我限制机制。例如，美国联邦法院在关于气候变化案件[2]中，多次运用政治问题原则驳回案件。同时，为了有效执行国会政策，国会不断授予行政机关司法权力，因此，在涉及部分公共领域的纠纷既可由法院受理，也可由行政机关受理。

（3）美国环境公益诉讼的功能定位。在环境公益的维护方式上，美国采取的是分散性诉讼规定，如公民诉讼、禁令请求诉讼等。从法的执行来看，崇尚自由主义和民权的美国通过公众力量实现对行政机关或个体违法行为的监督，侧重于私人参与法律实施，故谓之"公民诉讼"。从法的救济来看，美

---

[1] 如最高法院曾在Chicago & Trunk Railway Co. v. Wellman案中以该案属于"友好型诉讼"（friendly suits）为由驳回了起诉。

[2] 康涅狄格州诉美国电力能源公司案（Connecticut v. Am. Elec. Power Co.）；科莫诉墨菲石油公司案（Comer v. Murphy Oil USA, Inc.）；奇瓦利纳诉埃克森美孚公司案（Native Vill of Kivalina v. ExxonMobil Corp）；加利福尼亚诉通用汽车公司案（California v. Gen. Motors Corp.）。

国的环境公益诉讼是一种典型的针对公共违法的私力救济模式，在联邦行政执法之外的私人执法；从法的目的来看，美国环境公益诉讼是在民事诉讼框架下展开的新型诉讼类型，在满足私人利益的同时仍然能够维护到公共利益，尤其是环境领域。可以说，美国环境公益诉讼并不能想当然地被理解为普遍意义上的环境公益诉讼，但其对于环境公益的维护作用却不能被忽视。美国联邦第五巡回上诉法院在审理案件中引用了联邦最高院关于公民诉讼的定位，即公民诉讼的主要功能就是推动行政机关执法。[1] 据此，美国环境公益诉讼定位于私人执法，是对"公力执法"的有效补充。

2. 环境纠纷可诉性之确定方式

美国对于环境纠纷可诉性的确定方式采取的列举性规定，依据具体纠纷类型进行分类，可以将美国环境公益诉讼分为七种不同类型。一是可针对违法行为提起公民诉讼。美国多数联邦环境法律规定，公民可以以自己的名义针对违反排放标准的行为提起公民诉讼。二是公民对可能给公众健康和环境造成迫在眉睫的重大危害行为提起的强制执行诉讼。《资源保护和修复法》通过非常规条款规定，允许公民针对被告在处理危险废物方面过去或现在处理、储存、处理、运输或处置任何可能对健康或环境造成迫在眉睫的重大危害的人员提起诉讼。在 Gwaltney[2] 案中，法院强调"公民诉讼的目的在于预防违法行为而非救济过去生态损害"[3]，后来美国国会修改《清洁水法》的做法印证了这一观点。三是公民针对美国环保署未履行其法定职责时提起的诉讼。事实上，该条主要指向行政机关的不作为，通常与针对违反排放标准的行为提起的公民诉讼同时规定在一个条款之中，属于公民诉讼条款的内容之一。四是针对美国环保署（或其他部门）违法实施行政行为提起的诉讼。为了保障对行政机关的违法审查，通常会在普通法律中加以规定，如《清洁空气法》规定法院有权审查环保署的监管和裁决行为，依据该法，倘若所发生的违法行政行为没有法律规定审查时，则依据《行政程序法》之规定启动审查程序。五是针对被告违反1964年《民权法案》第6章之规定提起的诉讼。《美国法典》第

---

[1] See "The primary function of a citizen suit is to spur agency enforcement of law", Environmental Conservation Organization v. City of Dallas, 529 F3d 519, (5th Cir. 2008).

[2] Gwaltney v. Chesapeake Bay Found., 484 U.S. 49 (1987).

[3] Mintz et al., *Environmental Enforcement: Cases and Materials*, Durham: Carolina Academic Press, 2007, p. 279.

2000节第（d）条规定："在美国，任何人不得以种族、肤色或国籍为理由被排除在接受联邦财政援助的任何项目或活动之外，不得被剥夺其利益，也不得受到歧视。"六是针对州政府或联邦政府通过剥夺原告享有健康环境的（实质性）正当程序权利而违反了正当程序条款提起的诉讼。以朱莉安娜诉美国政府案为例，美国儿童控诉美国政府应当致力于气候变化问题，但特朗普政府希望阻止此案，此前，美国地方法院裁定本案可以进入审判程序，并计划于2015年10月29日在俄勒冈州的地方法院开庭。而美国最高法院为朱莉安娜诉美国一案扫清了道路，拒绝了政府提出的延期申请，最高法院还建议，联邦上诉法院应考虑基于其他理由的上诉，然后在地区法院审理此案。七是公民针对违反普通法的责任规则提起的执行诉讼。这类诉讼就属于公共或私人妨害诉讼，主要是依据相关侵权法规定提起的诉讼，但这类诉讼通常是在保护私益的同时维护公益。

在环境公益维护方面，美国采取了尽可能详细列举的方式加以明确，尽管通过列举可能会造成法律之间的矛盾，或者产生立法过于烦琐之象，然而，美国发达的判例法制度为其提供支撑，从而避免了法院受案范围过于狭窄，难以满足环境利益维护之需要的问题。

（二）原告适格

所谓原告适格规则，是指用以判断提起诉讼的当事人是否为适格当事人的一系列规则之总称。美国关于公益诉讼的原告适格规则经历了四个阶段的变迁，具体来说：第一阶段，"法定权利"标准。美国最初并不存在独立的原告适格规则，法院审理案件的标准在于当事人提起的诉讼是否符合法律规定的"诉讼形式"①，直到20世纪20年代，伴随"宣告判决"等非传统诉讼形式的出现及1938年《联邦民事诉讼规则》对诉讼形式制度的彻底废除，布兰代斯大法官通过马布里诉麦迪逊案②创造出了原告适格规则，并在当时得到进一步的完善。传统原告适格规则是基于"法定权利"标准确立的规则，是指以"普通法或制定法所保护的权利是否遭

---

① 诉讼形式是普通法所特有的一种程序设计，它与特定令状相联系，明确规定了程序、答辩、审判和判决等具体内容。原告欲向法院提起诉讼，必须满足"诉讼形式"之要求，否则法院将拒绝受理。如奥斯本诉美国银行案（Osborn v. Bank of the U. S.）中，联邦最高法院表示主张权利的当事人只有按照普通法规定的形式向法院提起诉讼时，法院才能行使司法权。

② Marbury v. Madison, 5 U. S. 137（1803）.

到侵犯作为判断原告资格之有无的原告适格规则"[1]。第二阶段，从"法定权利"到"法定利益"标准。纵观美国诉讼制度发展，随着行政权力的极度膨胀以及人们对其代表的公共利益的诚意和能力之怀疑，要求对行政权力予以监督的呼声越来越高。最初在联邦通信委员会诉 Sanders 兄弟案[2]中拓展法律权利观念，原告不仅可以依据普通法上所保护的利益，还可依据当时制定法所保护的利益获得诉讼资格，且在牛奶生产商诉农业部长案[3]中将原告资格拓展到非法定司法审查情形中。"法定利益"标准作为原告资格的初步扩张，在1946年《行政程序法》[4]中得以成文化，成为美国联邦法院审理原告资格案件的可靠指南。第三阶段，从"法定利益"到"事实上损害"标准。到1970年，"法定利益"这种基于普通法的传统原告资格标准在数据处理服务组织联合会诉坎普案[5]中得到转变。该案将原告资格标准扩张到极致，只要因被告的行为受到实际损害的人，在诉讼中均享有充分的、符合宪法要求的利害关系都可取得原告资格。[6] 而"事实上损害"标准与前述资格标准最大区别在于，将实体问题从原告资格中剥离了出来，成为一个纯粹的事实问题，实现了原告资格规则的全面扩张。第四阶段，从"事实上损害"到"三要件"标准。美国联邦最高法院在"事实上损害"标准基础上，通过限制损害类型、引入因果关系以及可救济性要件形成"三要件"标准。"三要件"旨在遏制"事实上损害"标准所带来的原告资格过度扩张，从而缓解了美国联邦最高法院的案件压力。所谓"三要件"是指事实上损害、因果关系、可救济性。事实上损害要求将事实问题转化为法律问题，只有"法律认可的利益"且属于原告个人所特有的利益，受到现实侵犯之后，原告才能取得原告资格。因果关系则要求原告的损害与被告行为之间存在因果关系。可救济性是指原告必须证明自己所寻求的救济手段能够通过法院予以消除其所遭受的损害。

而美国的环境公益诉讼因环境问题的技术性使得最高法院对原告适格

---

[1] 陈亮：《美国环境公益诉讼原告适格规则研究》，中国检察出版社2010年版，第124页。
[2] FCC v. Sanders Bros. Ridio Station, 309 U. S. 470（1940）.
[3] Stark v. Wickard, 321 U. S. 288（1944）.
[4] 《行政程序法》第10条（a）款规定："任何人因行政行为而受到不法侵害，或者因行政行为而受到相关法律意义上的不利影响或侵害，都有权就此行政行为提起司法审查。"
[5] Association of Data Processing Service Organizations v. Camp, 397 U. S. 150（1970）.
[6] Gene R. Nichol, Jr., "Rethinking Standing", *California Law Review*, Vol. 72, No. 1, 1984.

规则放宽了不少。前述美国塞拉俱乐部诉内政部部长莫顿案是首次将"事实上损害"标准运用到环境领域的典型案例，它明确承认了环境和美学利益可以成为原告适格的依据，之后环境公益诉讼原告适格规则在美国诉反对管理机构程序的学生案①中得到了进一步扩张，甚至达到了顶峰，即联邦最高法院承认了遭受"一般化损害"的人之原告资格，因为许多人若遭受了同一损害却被拒绝承认其主体资格，那意味着损害最大、最广泛的行政行为不会受到任何人的质疑，这是其不能接受的。自此，联邦最高法院没有判决过任何其他有关环境公益诉讼原告资格的案件，且环境公益诉讼原告资格受到"三要件"标准的限缩，而这一标准在美国实施了长达17年之久。直到2000年地球之友诉莱德劳公司②一案，使得美国环境公益诉讼原告适格规则摆脱了私法的特征，即改变了在环境公益诉讼中采用私法模式的原告适格规则。

(三) 诉之利益

英美法系国家的诉讼理念一直以事实出发，只要当事人认为自己权利或法律上的利益遭受侵犯便可申请司法救济，属"当事人中心"，因而英美法系国家诉讼理论中并没有直接关于"诉之利益"的表述。但英美法系国家常用诉讼资格一词，包含了诉之利益概念。因而，狭义诉之利益与前述纠纷可诉性、原告适格构成了广义的诉之利益。一般来说，诉之利益的判断标准按照具体诉讼类型来判断当事人提起的诉讼有无权利保护利益存在。而美国在环境公益诉讼制度设置方面，为使法院达到必要、正当、合法时，从缺乏诉之利益的反面判断其是否有权利保护之必要。

1. 诉由消失规则

诉由消失规则源于地球之友诉莱德劳公司案，关于被告莱德劳公司是否违反汞排放限制问题，第四巡回法院认为一旦被告遵守排放规定，那原告诉由便消失了。但最高法院认为该结论错误，并从四个方面对诉由消失规则进行阐释：第一，《美国联邦宪法》第3条关于"案件或争议"的规定阐明了诉讼程序启动的条件就是有一个需要审理的案件或争议。第二，地球之友具备原告资格。依据"三要件"标准，该组织代表其成员提起诉讼，而组织成员有权依据自身权利起诉，所涉及的利益与该组织宗旨密

---

① United States v. Student Challenging Regulatory Agency Procedures, 412 U.S. 669 (1973).
② Friend of the Earth, Inc, v. Laidlaw Environmental Services, Inc., 528 U.S. 167 (2000).

切相关,且所主张的请求或救济均不要求个别成员参与,宪法第3条规定的不是对环境的损害,而是对原告的损害。而地球之友能够合理证明被告的行为会对他们的娱乐审美和经济利益造成损害,是适格主体。第三,莱德劳公司认为原告请求的民事赔偿应支付给政府而非原告。最高法院认为对在诉讼期间因非法行为受到伤害的原告来说,赔偿为有效地减轻这种行为的损害后果并防止其再次发生的制裁提供了一种补救形式。民事处罚可以符合这种描述。只要它们鼓励被告停止目前的违法行为并阻止今后的违法行为,它们就能向因持续的非法行为而受伤或受到伤害威胁的公民原告提供赔偿。第四,地球之友的民事赔偿之诉由并未因莱德劳公司的实际遵守而自动消灭。最高法院认为,被告在诉讼期间主动停止侵害行为,且该行为能被合理认定为不再发生,才可视为诉由消灭,被告具有证明其侵害行为不会再次发生的证明义务。因此,依据最高法院对诉由消灭规则的阐释,最高法院旨在确保法院的诉讼资源能够恰当运用到具体利益争议案件中,若因诉讼中的诉由消失而否认原告主体资格是不恰当的,这也将导致后续可能产生同样的诉讼,浪费诉讼资源。

基于该案确立的"诉由消失规则"为后续类似案件审理所引述。总的来说,"诉由消失规则"实质涉及两个层面的问题判定:一是关于原告民事赔偿的请求方面,诉由消失规则确定了,即便该赔偿应支付给政府,公民诉讼之请求也应当认定为可补偿性;二是在诉讼程序期间,原告资格不能因被告停止侵害行为而丧失资格,其判定标准取决于被告是否提供证据证明其行为不再发生。

2. 成熟规则

成熟规则是指行政程序必须发展到适宜由法院处理的阶段,即已经达到成熟的程序,才能允许进行司法审查。[①]而该规则最初是由最高法院审理的1967年艾博特制药厂诉加德纳案[②]的判决所确定的,即从司法职务性质出发,认为行政程序只有达到某个阶段,才能成为法院可以受理的案件。从这个意义上来说,成熟规则是《美国联邦宪法》第3条的延伸。主要包含以下三个标准:第一,法律问题。如果对于行政机关的决定只是事实问题的争议,仍不足以引起司法审查。若当事人争议的问题

[①] 王名扬:《美国行政法》(下),北京大学出版社2016年版,第479页。
[②] Abbott Laboratories v. Gardner, 387 U. S. 136 (1967).

是一个纯粹的法律问题，审判已经无须再确定事实时，就说明该问题已经达到了进入诉讼程序的成熟程度。第二，最后决定。《行政程序法》第704节规定，"不存在其他适当的法院救济的最后确定的行政行为应受司法审查"，美国通过判例将该条予以细化：（1）行政机关决定的程序是否受司法审查之影响。若司法审查会影响到行政决定程序，那说明该程序并非最终决定，而是一个中间或预备性的决定。（2）原告是否因行政决定受到影响。若行政机关的决定没有对当事人的法律地位产生影响，那么该行政决定必然不是最终决定。除此之外，对于否定形式的决定和非正式程序的决定，法院通过判例认定，只要对当事人产生不利影响，均可进行司法审查。第三，当事人损害。若不及时进行司法审查将会对当事人造成不利影响或者困难，那么在这种情况下就有必要进行司法审查。据此，成熟规则的确立，一方面有助于避免法院过早地作出不合时宜的裁判，陷入抽象的行政决策争论，另一方面，保障行政机关的最终决定不受法院影响和干涉。

3. 穷尽行政救济规则

穷尽行政救济规则与成熟规则尽管都关涉行政机关与法院之间的关系，但前者是指当事人未穷尽一切可以寻求的行政救济以前，都不得申请法院裁决对他不利的行政决定，[①] 与后者相互补充。具体表现为：（1）60日通知期限之限制。一般原告通知到违法行为人、环保署以及违法行为所在地州政府，确保违法行为得到及时、全面地纠正。[②]（2）重复诉讼的限制。当环保署或州政府就同一违法行为已经提起诉讼，当事人不得再提起诉讼，所包含的是"一事不再理"原则，即行政机关已经勤勉执行。（3）行政罚款执法权优先的限制。该限制主要规定于《清洁水法》《清洁空气法》《资源保护和修复法》中，即"发出公民诉讼通知或者提交公民诉讼诉状之前，行政罚款已经作出；或公民诉讼通知发出在前，但是未能在120日内提起公民诉讼"[③]。（4）《资源保护和修复法》中的"紧急重大危害"之限制。《资源保护和修复法》第7002节第（b）条针对"紧急重大危害"之情形作出特殊限制：提前90日发出通知、重复诉讼限制、

---

① 王名扬：《美国行政法》（下），北京大学出版社2016年版，第486页。
② Hallstrom v. Tillamook County, 493 U.S. 20 (1989).
③ 张辉：《美国环境法研究》，中国民主法制出版社2015年版，第501页。

污染清除措施限制、环境恢复措施限制、环境治理措施限制、关于危险废物选址和设施许可的行为提起诉讼之限制。

值得注意的是，穷尽行政救济规则也有不适用的例外情形。主要是：行政机关不能提供适当救济之情形，如行政机关作出决定的延迟、行政程序的无用性致使不能救济；行政决定对当事人产生不可弥补的损害，一般对此法院采取较为严格的认定，如正式听证程序即便会消耗大量金钱和时间，法院也并不认为是不可弥补的损害；无管辖权的情形，美国法院对行政机关的行为是否有管辖权并直接审查所采取的态度并不一样。综合来看取决于损害、管辖权、专业性等内容的程度；[①] 宪法问题和法律解释问题；刑事案件；《美国法典》规定的民权案件。

二 美国环境公益诉权的理论分析

基于环境公益的特殊性，美国环境公益诉权的配置从目的、主体和范围这几个层面均呈现出区别于传统诉讼程序的特点，这背后所蕴含的是一种"公法诉讼"的特殊属性与独特规律。这种公法诉讼理论围绕着立法权、行政权与司法权的关系而展开，是在前两者无法有效处理环境公益损害情形之后的一种有效途径，也为社会公众提供了一种合理化的法律表达方式。

（一）美国环境公益诉权的特点

美国环境公益诉讼并非一个制定法概念，其中公民诉讼是提起环境公益诉讼的一种法定形式，但也不能把公民诉讼就直接等同于环境公益诉讼，因为美国公民诉讼还存在于其他领域，如残疾人保护、公住房保护等领域同样有公民诉讼条款的适用。[②] 可以说，环境公益诉讼是公民诉讼适用的重要领域。

美国环境公益诉权的设置呈现出以下几个特点：第一，美国环境公益诉权的行使目的。美国环境公益诉讼不仅关注公益和诉讼，其中"诉讼目的或功能恰恰是定义公益诉讼概念的关键"[③]，这也是环境公益诉权形成之基点。美国环境公益诉权的行使显然已经超越了涉案任何一方的个人

---

① 美国行政法教授戴维斯提出三个因素，作为决定无管辖权时是否适用穷尽行政救济的参考：（1）进行行政救济对当事人造成损害的程度；（2）无管辖权的情形是否明显；（3）决定管辖权问题是否需要行政机关的专门知识。
② 例如，1988年《公平住房修正法案》，2008年《美国残疾人法修正案》等。
③ 侯佳儒：《环境公益诉讼的美国蓝本与中国借鉴》，《交大法学》2015年第4期。

利益，通过寻求澄清某些法律问题或介入公共决策等重大事项从而对社会公众或弱势群体中的部分成员发生重大影响。从程序法意义上理解，环境公益诉权是为公民保障基本权利、广泛参与公共事务所提供的司法途径。所以，诉权行使不是目的，所指向的社会目标才是关键。若是能够通过其他途径达成这一社会目标，那么必然可以替代环境公益诉讼。第二，美国环境公益诉权对原告主体的扩张与限制。基于前述对美国环境公益诉权的梳理，可见美国通过立法赋予"任何公民"以环境公益诉权，这意味着提起诉讼的主体可能是直接利害关系人，也可能是非利害关系人，并没有完全抛弃利益相关这一要素。实践中，多数案件的原告不是传统意义上的公民，有非政府组织，也有公司、农场主、地产开发商等，还有依据《资源保护和修复法》和《超级基金法》提起的诉讼，这类原告通常是受到监管的团体。[①] 同时，不同环境法律对提起公民诉讼的原告都做出了类似限制性要求。[②] 只是这类限制性要求不够明确，通常是法院在审理案件过程中从宪法和法律思想中去推演原告适格问题，逐步形成前述"三要件"，即通过限制损害类型、引入因果关系以及可救济性要件形成的标准。第三，美国环境公益诉权包含民事与行政两个维度。美国环境公益诉权虽是通过公民诉讼条款实施，但其关注的不仅是污染者的违法行为，还关注到行政机关的不作为。前者适用民事诉讼程序规则，后者依据美国《行政程序法》的规定。事实上，行政公益诉讼是美国环境公益诉讼制度关注的焦点，公民诉讼最初就是为督促政府部门执法而出现的，公民诉讼就意味着当政府违法作为或不作为，甚至是环境决策均能受到合法性挑战，因为往往环境公益的损害是源于政府的一项行政行为，若仅单纯对环境公益损害私主体提起诉讼可能是"治标"，社会公众通过环境公益诉讼并非寻求纠纷解决之途径，而是试图与政府就环境保护的某一方面展开平等对话和协商，而美国环境公益诉讼正是基于这样一种思路而展开。第四，对美国环境公益诉权的充分限制。美国环境公益诉权的设立出发点在于立法权、行政权及司法权的关系平衡，所以在环境公益诉权设立之初采

[①] James R. May, "Now More than Ever: Trends in Environmental Citizen Suit at 30", *Widener Law Review*, Vol. 10, No. 1, 2003.

[②] Karl S. Coplan, "Citizen Litigants Citizen Regulators: Four Cases Where Citizen Suits Drove Development of Clean Water Law", *Colorado Natural Resources, Energy & Environmental Law Review*, Vol. 25, No. 1, 2014.

取了各种程序性限制,这种限制不是对原告主体资格的要求,而在于起诉条件设立的诉由消失规则、成熟规则及穷尽行政救济规则等,尽可能对环境公益诉权的突破性进行合理化限制。

(二) 美国公法诉讼理论

环境公益诉权配置所蕴含的理论逻辑需要跳出某一类型的诉讼理论,而结合环境公益诉权演绎的前提、背景和语境进行分析。美国环境公益诉权背后的公法诉讼理论正是其核心内容。

所谓公法诉讼,是指"试图通过法院的判决推动社会变革的诉讼活动,这些法院判决或改变法律规则,或强制实施既有法律,或表达了公共准则"[①]。结合美国环境公益诉权的配置来看,这种公法诉讼理论包含:一是从对原告的关注转向对法官的关注。传统观点认为法官的作用是通过准确适用和解释法律并依据法律解决相应纠纷与冲突,但公法诉讼中法官要捍卫宪法或者制定法中某些法律原则或公共政策,需要法官积极主动应对,不仅推动行政执法,还要影响公共政策的制定和形成。换句话说,公法诉讼是围绕着立法权、执法权和司法权三者关系形成,通过法官不同的角色和作用以实现三权分立与制衡之目的。二是公法诉讼的目的在于"通过司法促进社会变革"。公法诉讼的程序开展表明在某类社会问题上,法院比立法机关、行政机关更具备条件去了解和处理,这类诉讼通常可以让凡是可能会受到判决影响的人都参与诉讼,通过判决去影响到部分人的相关利益。譬如,美国切萨皮克湾流域的治理中,行政机关采取非强制性激励自愿性守法措施无法实现较好修复效果时,非政府组织所提起的公民诉讼起到了推动作用,促使行政机关角色发生变化,采取了强制执行计划方案。[②] 三是公法诉讼具备一定的包容性。传统诉讼程序就是以私有财产权保护为核心,秉承着"个人正义"的法律理念。但是公法诉讼并非局限于私有财产权,而是扩张到可能侵犯公众利益、公民环境权益的情形,此时,这种包容性就表现为一旦公共决策侵犯了不特定多数人的利益,那么受侵害者将对论辩拥有发言权,以使得他们能够以一种潜在有效的方式对该程序提出抗议。

---

① Abram Chayes, "The Role of the Judge in Public Law Litigation", *Harvard Law Review*, Vol. 89, No. 7, 1976.
② [美] 杰克·图侯斯基、宋京霖:《美国流域治理与公益诉讼司法实践及其启示》,《国家检察官学院学报》2020 年第 1 期。

尽管有学者主张公法诉讼并非就是公益诉讼，① 公法诉讼仅涉及行政公益诉讼，而公益诉讼还包括民事公益诉讼，但在环境领域里两者的差别实则微乎其微，因为不论是环境民事公益诉讼还是环境行政公益诉讼，所维护的始终都仅是环境公益，环境公益具有"主体数量的不特定多数性、客体性质的非排他性、利益主体对利益客体的共同享用性等公共特征"②。

据此，环境公益诉权的配置反映出一种"公法诉讼"的特殊属性与独特规律，是一种既涉及程序规则创新又创造实体权益，并触动立法、行政、司法之关系的重要制度。这种公法诉讼理论就要求环境公益诉权必须由国家层面正式立法才有充分合法性，且立法内容具体明确。而美国环境公益诉权的本质就是法定主体对环境法的一种"执行"，所保护的环境公益同样由法律具体界定，最终通过原告资格放宽和受案范围拓展赋予无执法权的社会主体以环境公益诉权从而追究违法者责任，使本不构成私权侵害的公共事务进入司法审查的视野中。也正因为美国环境公益诉权定位不涉及损害填补内容，所以才通过程序规则妥善处理环境公益诉权与行政执法的顺位关系，从而避免责任追究的重复出现。

第二节 印度环境公益诉权的配置考察

印度作为后发国家，借鉴美国公民诉讼制度以发展环境公益诉讼，但印度并不囿于传统法律制度，而是根据本国国情做出了极大的制度创新。从这个意义上讲，印度环境公益诉讼的发展和成就值得参考和借鉴。因而，有必要从印度环境公益诉权要素入手，考察印度环境公益诉权之构造，在此基础上对印度不断扩张的司法权进行分析。总的来说，印度环境公益诉讼是环境正义的一种司法表达形式，具有其独特性。

一 印度环境公益诉权分析

印度的环境公益诉讼是近年来传统司法程序的一项重大变化，其产生并非突发性的，而是对20世纪80年代印度环境严重污染后的一次回应。如今，环境公益诉讼主导着公众对最高法院的认知，法院也不再仅是向公

---

① 侯佳儒：《环境公益诉讼的美国蓝本与中国借鉴》，《交大法学》2015年第4期。
② 蔡守秋：《环境公益是环境公益诉讼发展的核心》，《环境法评论》2018年第1期。

民提供救济的机构，更是一个敢于制定国家必须遵守政策的机构。合法权利和法定程序对于大多数文盲和贫困公民而言，仍然是空洞的承诺，而环境公益诉讼便是将这一承诺转变为现实的一项尝试。

（一）环境纠纷可诉性

印度诉讼程序模式不是个人主义的英裔印度模式，而是以人为本预想通过"集体诉讼""公益诉讼""代表诉讼"来诉诸司法的诉讼程序模式。印度环境公益诉讼的受案范围通常会受到以下三个因素的影响：（1）《印度宪法》对公民基本权利的保障。社会和经济正义是《印度宪法》的核心。宪法赋予司法保护公民权利的职责，保障公民得以幸福而有尊严地生活，具体表现为《印度宪法》三部曲：基本权、指导性原则与基本义务。其中《印度宪法》第12—35条详细规定了各种基本权利：平等权、自由权、反剥削权、宗教自由权、文化和教育权及获得法律救济权。《印度宪法》第36—51条规定了指导性原则，表明制宪者对社会权、经济权利的态度。《印度宪法》第51条A款则作出了国家的消极义务表述。（2）司法能动主义的扩张。1947年，印度独立并建立了立法、行政和司法三权制衡与分立的体制。尽管三权分立体制深受西方普通法宪制主义的青睐，但该体制却一直未能在印度获得良好地运转，主要是政府领导和行政当局在履行宪法法律赋予他们的权力和职责中表现无能，公共部门普遍腐败、低效，而印度的司法机关尤其是最高法院无形中成了弱势群体利益的保护者，即当社会和经济不平等影响了上百万民众，印度司法在各种创新性的法律救济途径中扮演了一个积极的角色，能动性逐步扩张。（3）对公益诉讼的功能定位。印度将公益诉讼视为司法救济的"变革之轮"，法院在判决书中阐述："《宪法》第32条不仅赋予法院发布决定、命令或法令以实现人权的权力，还制定了法院保护人类基本权利的宪法性义务，正是在实现这一宪法义务的过程中，法院过去创新了新的方法和战略以确保基本权利的实现，尤其是在穷人和弱势群体被剥夺了基本人权且自由对他们毫无意义的情形下。"[1]

1984年博帕尔工业悲剧促使印度开始不断制定环境法律与政策，其中《国家绿色法庭法》最具代表。在该法制定以前，法院对于环境案件受理并没有统一标准，直到2009年《国家绿色法庭法》的颁布，环境纠

---

[1] M. C. Mehta v Union of India (1987) 1 SCC 395 at 405.

纷可诉性范围才得以明确。具体分为三类：一是民事案件。民事案件①是指依据附件Ⅰ中所列的 7 部法律产生的实质性环境问题的案件类型，包括与环境法律权利相关的实施问题，而"有关环境的实质性问题"分为两类，一类是直接违反可能影响社会的法定责任或环境义务，另一类是环境后果与特定活动有关。二是行政案件。所谓行政案件是指行政机关依据具体法律所作出各项命令、决议、指令等，任何人认为其权利受到这类行政行为之侵犯，均可提起上诉。三是刑事案件。刑事案件仅指因拒不履行国家绿色法庭的裁定、判决和决定须承担刑事责任的案件。

表 5-1 国家绿色法庭的受案范围

法律规定	受案范围	具体类型	例外
第 14 条：民事案件	1. 直接违反特定的环境法律义务： （1）具有群体性影响的环境问题； （2）对环境或财产的损害； （3）对公众健康的广泛损害。 2. 针对具体污染行为或点污染源。 3. 环境权实施	大气污染、水污染、噪声污染、废弃物污染和相关的环境退化	排除：《1972 年野生动物（保护）法》《1927 年印度森林法》《1957 年采矿和矿物（发展和管理）法》《1960 年矿产特许权规则》等
第 16 条：行政案件	行政机关依据具体法律作出的命令	环境（清拆）许可②、工厂活动的同意令或终结令、无异议认证、森林采伐许可证、生态脆弱区的开发活动③、行政管理④	

---

① 《国家绿色法庭法》第 14 条：（1）法庭受理与环境相关、有实质性问题的所有民事案件（包括与环境有关的法律权利的实施），这些问题起因于附件Ⅰ法律的实施。（2）法庭审理第（1）项规定的纠纷，解决纠纷、发布法令。（3）依本法诉请解决纠纷的诉讼时效为六个月，自行为首次引发纠纷之日起计算。有充足理由证明未能在诉讼时期内起诉的，可顺延不超过六十天。附件Ⅰ：《1974 年水（污染防治）法》《1977 年水（污染防治）税法》《1980 年森林（保护）法》《1981 年空气（污染防治）法》《1986 年环境（保护）法》《1991 年公共责任保险法》《2002 年生物多样性法》。

② 2006 年环境影响评价通知要求新建、改建项目或活动必须经过环境清拆许可程序。在经专家评审委员会推荐以前，所有的项目均需获得环境清拆许可，进而对项目进行筛选、评估。专家评审委员会向环境和森林部作出明确的建议。若委员会不同意授予许可，环境和森林部可要求专家评审委员会在 45 天内重新审核。然而，最终仍由环境和森林部决定。Gitanjali Nain Gill, "Environmental Protection and Developmental Interests: A Case Study of the River Yamuna and the Commonwealth Games, Delhi, 2010", *International Journal of Law in the Built Environment*, Vol. 6, No. 1/2, 2014.

③ 生态脆弱区的开发活动包括海滨地区和未开发区的开发。

④ 行政管理案件包括程序错误和违背自然正义原则的不当行政行为。

续表

法律规定	受案范围	具体类型	例外
第26条：刑事案件	任何人拒不执行法庭命令、裁定和判决的行为。（仅该情形不适用《刑事诉讼法》）		

（二）原告适格

印度司法实践一直沿袭着英国普通法的传统，在原告适格规则方面一直采用"受害人拥有足够的利益"的标准。然而，对于"足够的利益"的认定，法院却始终没有形成统一的标准，而是依据具体案件而定。福利国家时代的社会和经济背景促使最高法院意识到传统的原告适格规则已不适应，便开始扩张原告适格规则。

传统原告适格分为两种：代表诉讼资格和公民诉讼资格。一是代表诉讼资格。代表诉讼资格允许任何公众成员善意地代表那些因贫穷、残疾或社会经济上的不利地位不能诉请法院实现其基本权利的受害者，针对侵犯这些受害者人权的行为提出主张。例如，非政府组织和环保主义者代表贫穷的部落居民通过该程序进入法庭。部落权利、环境权利及森林土地保护的发展与居民维持生计的紧迫需求之间的紧张关系，都是代表诉讼资格应当考虑的情况。二是公民诉讼资格。公民诉讼资格并不适用于个体救济，它仅为影响社会整体的公共损害提供救济平台。环境利益具有社会性、集合性和扩散性，原告基于公民身份而获得起诉资格。之后，印度在1986年《环境保护法》、1987年《空气污染防治法》和1988年《水污染防治法》的修订中增加了类似美国公民诉讼条款之规定，不过，与美国环境公益诉讼原告适格规则相比，"印度环境公民诉讼的原告资格更广，任何人都可以提起环境公益诉讼"[1]。之后，印度环境公益诉讼不再对这两种资格予以区别，而是合为单一的诉讼资格。

印度为了授予善意第三方原告资格，法院通常会审查以下几个要素：公共权利的维护、弱势群体利益的促进、实现法治和个人自由的保护。在古普塔诉印度总统案[2]中，法官提到：公益诉讼具有救济公共损害、维护集体权利和利益或者维护公共利益的目的，任何公民只要是善意且具有充

---

[1] 吴卫星：《印度环境公益诉讼制度及其启示》，《华东政法大学学报》2010年第5期。
[2] S. P. Gupta v Union of India AIR 1982 SC 149.

分利益就可以提起公益诉讼。① 在处理发展项目②时，法院谨慎平衡公共设施项目对生态环境的影响，还有在应对环境污染问题③时，法院审查被诉活动的影响或者发展项目对人类健康和环境的影响。在扩大原告适格规则时，法治是法院考虑的一个因素。在印度肥料公司案④中，法院认为若没人能就公共损害提起诉讼，最终结果就会是人们会对这种公共行为的合法性产生怀疑，从而威胁到法治发展。在一项诉政府案件⑤中，法院主张诉讼资格应扩大到社会公众大部分人。在法院看来，原告资格不应被严格限定在技术或狭窄的解释上，这样会阻碍对基本权利遭到实体性侵害的救济。

随着《国家绿色法庭法》的实施，所谓的诉讼主体资格已被重新定义为"受害人"，即"受害人"有权向法庭申请救济、赔偿或解决环境问题。《国家绿色法庭法》第18条第2款规定，因环境问题受到人身或财产损害者及其法定代理人，或是国家机构代表、社会组织等主体均可以向法庭申请给予救济、补偿或解决争端。可以说，该条款涵盖范围十分广泛，允许任何受环境不利影响的主体提出予以救济、赔偿或解决争端之申请。正如国家绿色法庭在羌·切特那诉环境和森林部案⑥中解释了这个术语的范围和权限："不能局限性地解读受害人这一术语，而应采用自由主义的结构和灵活的解释。在环境问题上，损害并不一定局限于该污染企业所在地。环境恶化的影响可能远远超过当地的范围。任何人，无论他是否是那个特定地区的居民，不管是否受到侵害，都可以向本法庭提出申诉。"不仅如此，在贝替·阿尔瓦雷斯诉果阿邦案⑦中，关于"人"一词被解释为个体的人，不管是印度公民还是非印度公民，受害人不必表明其

---

① 在本案中，印度最高法院突破原有诉讼规则的限制，确立了"出于善意的充分利益"的诉讼资格规则。至于什么是"充分利益"，最高法院没有明确说明，法律也未详细规定，由法官行使充分的自由裁量权，在具体个案中予以明确。

② Goa Foundation and Another v. Konkan Railway Corporation and Others Air 1992 Bombay 471; Environmental and Ecological Protection Samity v. Executive Engineer [1993 (1) KLT 80]; People United for Better Living in Calcutta v. State of West Bengal (AIR 1993 Cal 215); Rajiu Singh v. State of Bihar AIR 1992 Pat 86.

③ M. C. Mehta v. Union of India [1992 Supp (2) SCC 85]; Madireddy Padma Rambabu v. The District Forest Officer (AIR 2002 Andhra Pradesh 256).

④ Fertilizer Corporation Kamgar Union v. Union of India AIR 1981 SC 344.

⑤ Bandhua Mukti Morcha v. Union of India AIR 1984 SC803.

⑥ Jan Chetna v. MoEF (Judgment 9 February 2012).

⑦ Ms. Betty C Alvares v. The State of Goa (Ors on 14 February 2014).

拥有的个人利益受到损害或伤害。与此同时，国家绿色法庭严禁有既得利益的人滥用司法程序。法庭会驳回这类诉讼请求，且通过高收费的方式防范滥诉。在拉纳·森古普塔诉印度联邦案中，国家绿色法庭通过对原告的真实意图或动机进行考虑，认为其属于"爱管闲事和具有不良动机"的人，因此，法庭要求原告支付高额费用以阻止无正当理由的诉讼并宣布他并非受害人。①

据此，为了"维护分散、多变的集体权利及个人权利"的原则，法庭采取了允许受害人向国家绿色法庭提起诉讼的司法方式。② 为使人们能够表达他们对环境退化的担忧和主张，国家绿色法庭提供了一个日益扩张包容而基础深厚的平台，但同时也注重考量受害人的真实意图以防止滥诉或恶意诉讼。

(三) 诉之利益

印度环境公益诉讼在面对"诉之利益"这一要件方面，采取了较为宽泛的方式，具体包括扩大公民基本权利、国际环境法原则的衍生适用和法规、政府义务等方面。

首先，以生命权为主的公民基本权利为诉之利益。英美法系国家认为，诉之利益创设权利功能的法源为救济法。救济方法总是先于民事权利产生，法院提供司法上的救济，是在衡量了诉之利益的基础上，作出诸如司法上的权利宣告、制止侵害行为、撤销或取消贸易、赔偿损失等公法上的救济方法。③ 印度最高法院通过扩大解释《印度宪法》第21条规定之"生命"的概念发展了环境保护的判例法：生命权是一项基本权利。在维仁德·高尔诉哈里亚纳邦案④中，最高法院认为宪法第21条作为基本权利的生命权，即享受生命……包括有尊严地生存的权利。⑤ 不仅如此，市

---

① Rana Sengupa v. Union of India (Judgment 22 March, 2013).
② Sahu, Geetanjoy, "Implications of the Indian Supreme Court's innovations for environmental jurisprudence", *Law, Environment and Development Journal*, Vol. 4, No. 1, 2008.
③ 肖建华、柯阳友：《论公益诉讼之诉的利益》，《河北学刊》2011年第2期。
④ Virender Gaur v. State of Haryana (1995) 2 SCC 577.
⑤ 法官认为保护环境、保持生态平衡使其远离水污染和空气污染以及保障环境卫生都是生命权的应有之义。如果没有这些环境条件，人类将无法享受生命。任何违反生命权的行为或活动都可能导致环境污染。生态环境污染、空气污染和水污染……应当被认为是违反了宪法第21条的规定。因此，一个清洁的环境是健康生命权不可分割的组成部分，如果没有一个健康的环境，人类根本无法有尊严地生活……宪法规定，国家及各市政府不仅要保障人们享有适宜的环境，还要采取适当措施促进、保护、改善人造环境和自然环境。

政当局不履行法定职责导致环境极不卫生的情形,同样属于生命权规制的范畴,[1] 以及生命权还包含公民享有未受污染的空气和干净的水的权利[2]。因此,法院的解释明确阐释了生命与健康环境之间的关系,并成功地将人权置于环境话语之中。在《国家绿色法庭法》中也对"健康环境的权利"予以承认。

其次,将国际法原则衍生适用于健康环境权实现诉之利益。污染者负担原则、风险预防原则、代际公平原则和公共信托等环境原则,已经被最高法院采纳并被认为是宪法第 21 条的重要组成部分。在提鲁帕西区知识分子论坛诉安得拉邦案[3]中,最高法院认为"所有人类都拥有享受健康环境的基本权利……确保自然资源的节约和保护,使当代人和后代人都能平等地享有它们",该判决支持派生自宪法第 21 条的公共信托原则和代际公平原则。同样,在科学研究基金会诉印度联邦案[4]中,法院主张风险预防原则是可持续发展概念的一部分,且这些原则都已成为印度法律的一部分,如 1986 年《环境(保护)法》。

最后,通过政府法定义务路径承认诉之利益。国家的责任是通过建立和采用有利于健康生存的质量标准来保护惠及全社会的公共权益。[5] 在最高法院集体住房协会通过其秘书诉全印度自治委员会案[6]中,国家绿色法庭就国家和成员邦污染控制委员会执行《噪声污染(管理和控制)条例》不力损害公众健康的问题进行审理。如上述官员不遵守条例之规定,即应视为严重违反法律,因而有理由对该官员采取行动,包括采取纪律处分。可以看到,国家绿色法庭认为政府当局有责任实施防治噪声污染的措施,这是政府当局的一项法定义务,不应在规划和行动范围内被忽视。在这个

---

[1] Delhi Jal Board v. National Campaign for Dignity and Rights of Sewerage and Allied Workers (2011) 8 SCC 574; State of Uttaranchal v. Balwant Singh Chaufal (2010) 3 SCC 402; Chhetriya Pradushan Mukti Sangharsh Samiti v. State of Uttar Pradesh AIR 1990 SC 2060; Subhash Kumar v. State of Bihar AIR 1991 SC 420; M C Mehta v. Kamal Nath (2000) 6 SCC 213.

[2] Narmada Bachao Andolan v. Union of India AIR (2000) 10 SCC 664; M C Mehta v. Union of India (2007) 1 SCC 110.

[3] Interllectuals Forum, Tirupathi v. State of Andhra Pradesh (2006) 3 SCC 549.

[4] Research Foundation for Science Technology National Resource Policy v. Union of India (2005) 10 SCC 510.

[5] See Article 21 Constitution of India.

[6] Supreme Court Group Housing Society through its Secretary v. All India Panchayat, Parishad (Judgment 18 December 2012).

意义上，法院承认了原告具有诉之利益。

因此，在印度环境公益诉讼中，国家绿色法庭基于侵害宪法基本权利、违反国家法原则和政府法定义务的情形扩展了诉讼中"诉之利益"的范围，这不仅有利于保护人民不受环境污染带来的不利影响，还能够为公众接近司法正义提起诉讼提供机会。在以英美法系为背景的印度，不仅通过环境公益诉讼保障现有法律上的诉之利益，更是通过环境公益诉讼形成新的权利，促使更广泛的利益获得保障。

二　印度环境公益诉权之保障

自1972年《人类环境宣言》和1992年《里约宣言》之后，各国纷纷采取环境保护措施，其中就包括绿色法庭或环境法院的专门建立，这些司法机构均是为确保迅速而有效地处理环境争议而设立。印度不但冲破阻力建立了国家绿色法庭，更是结合立法和司法实践，设立了许多独特的制度，以保障社会公众环境公益诉权的实现。

（一）国家绿色法庭之权限

印度环境公益诉讼的开展很大程度上得益于国家绿色法庭的设立，依据《国家绿色法庭法》第19条规定，[1] 国家绿色法庭有权制定一套遵循自然正义原则，又适合自己的诉讼程序规则，且其不受1908年《民事诉讼法典》之程序约束。可以说，印度从设立国家绿色法庭之初，便将其作为一个独立的法庭设立，且具备民事法庭的基本权能。

然而，法律并不能穷尽一切情形，国家绿色法庭便通过以下四项权限

---

[1] 《国家绿色法庭法》第19条：（1）法庭不受1908年《民事诉讼法典》所规定的程序约束，但应当遵循自然正义的原则。（2）根据本法，法庭有权制定自己的程序。（3）法庭不受1872年《印度证据法》规定的证据规则的约束。（4）为了实现本法规定的法庭功能，在审理案件时，就以下事项，授予法庭拥有1908年《民事诉讼法典》授予民事法院的相同权力。(a) 传唤、强制相关人员出席，在宣誓后对其交叉质询；(b) 要求说明证据的来源；(c) 接受宣誓证据；(d) 根据1872年《印度证据法》第123条和第124条的规定，征用公共档案、文件，复制档案或办公室文件；(e) 委托询问证人或签发文件；(f) 复审判决；(g) 驳回缺席起诉或单方裁决；(h) 撤销因缺席驳回起诉的法令或单方裁决的法令；(i) 根据本法提起的诉讼或上诉，在给各方相关当事人提供陈述申辩机会之后，可颁发暂行时法令（包括禁令和中止令）；(j) 通过法令要求某人停止实施或导致违反附件Ⅰ法律的行为；(k) 可能规定的其他情形。（5）法庭的全部程序，应视为是为了实现《印度刑法典》第196条之目的，第193条、第219条和第228条规定的实现途径的司法程序。法庭应视为是为了实现1973年《刑事诉讼法典》第16章和第195条规定之目的的一个民事法庭。

设置来审理环境案件。首先,国家绿色法庭"复审"案件的权限。法庭所复审的案件范围十分有限,且区别于上诉案件。即通常针对案卷中所发现的明显错误,案件审理遗漏了重要事实及其他充分且不可忽视的理由的情形,当原被告提出案件复审请求时,国家绿色法庭将会对案件进行复审。概括而言,国家绿色法庭通过一系列环境案件的判决,基于审判公正原则将复审案件范围限定在对客观事实的审查方面,至于当事人主观请求则不予考量。其次,国家绿色法庭完全独立自主的司法管辖权。2011—2015 年,国家绿色法庭基于主动审判权提起的诉讼有 9 件。[①] 所谓主动审判权是指法官未经一方正式提起诉讼而采取的主动行为,如在法庭基于主动审判权诉环境和森林部秘书案[②]中,国家绿色法庭基于一份关于环境利益的纸媒报道,提出禁止在蒂鲁马拉山脚建设国际板球场的计划。一般来说,国家绿色法庭发起诉讼程序源于新闻报道等各种公开信息,但同时,国家绿色法庭的这一主动审判权引发了极大争议,环境和森林部、马德拉斯高等法院认为它僭越了法定权力的范围。再次,国家绿色法庭司法审查权的扩张。在威尔弗雷德诉环境与森林部案[③]中,国家绿色法庭主张《国家绿色法庭法》第 14 条第 1 款中关于"实质性环境问题"的要求授予了其司法审查权。国家绿色法庭在处理环境案件中不得不对案件事实和法律问题进行审查,否则可能无法解决环境争议。然而,有律师认为,国家绿色法庭正在试图获得相当于高等法院的权力。国家绿色法庭不能质疑一项既定法律,它只可以审查依此作出的判决是否符合《国家绿色法庭法》第 20 条所设置的三项基本原则:可持续发展原则、预防原则和污染者负担原则。最后,国家绿色法庭制定政策或协助成员邦实施政策。2015 年 4 月 13 日,国家绿色法庭发布了扩大公众利益和改善公共卫生的进一步指令,[④] 以试图防止和控制污染,改善德里的空气质量。而指令更多的是通

---

① Gitanjali Nain Gill, *Environmental Justice in India: The National Green Tribunal*, London: Routledge, p. 177.

② Tribunal on its Own Mothion v. Secretary, MoEF.

③ Wilfred J. v. Ministry of Environment and Forest, (2015) SCC 169.

④ 这些指令包括:限制在德里国家首都区登记的车辆数量(包括使用能源或燃料的车);给予采用公共交通上下班或旅行的公众奖励;给予被禁车辆的转让人或受让人一定的福利或优惠;向因法庭命令限制而导致车辆废弃的人提供优惠利或优惠。此外,在商业活动频繁、市场或工业区较多的地点,公共交通工具应得到优先考虑;向车辆所有人,特别是对拥有不止一辆车的家庭征收更高的登记费和其他收费,包括交通堵塞费。

过判决协助相关政府制定或实施政策。例如，在对成年树木砍伐行为提起的诉讼中，国家绿色法庭考虑到环境和森林部并没有对州政府或城市组织制定政策指导方针，因而国家绿色法庭要求当局制定移植树木的指导方针。

可见，国家绿色法庭为维护环境正义和改善环境质量，秉持司法能动主义哲学，对环境公益的积极维护实际上是通过法律解释和判例充当了行政者的角色。但同时，这些权力的行使也引发了行政部门乃至高等法院的极大争议，不得不让人思考环境公益诉讼中的司法权应当立于怎样的地位才更合适。

（二）特殊保障制度

前述国家绿色法庭的权限设置为环境公益诉权的行使提供了极大支撑，而在具体程序设置方面，印度最高法院制定了适用于公益诉讼的特殊诉讼程序，为原本不能向法院寻求救济的民众提供了诉诸环境司法的途径。

其一，书信管辖制度。书信管辖制度是法院可以依据任何人或社会组织的书信等形式启动环境公益诉讼程序，如一个公民写给最高法院一封信，举报非法开采石灰石，污染了周边的环境；一名记者写信揭露国家海岸线由于没有计划的开发而受到了污染，[①] 一封信启动诉讼程序的成本非常低，从而达到阻止环境违法行为的效果。但这样方便当事人提起诉讼的模式也同样易生滥诉问题，因此，最高法院对书信管辖制度作出调整，要求信件以实名方式写给法院，而非某一位法官，并由法院决定是否予以立案，能够接收信件的法院只能是最高法院和高等法院，自国家绿色法庭设立之后，环境公益诉讼案件则主要向国家绿色法庭提起。

其二，专门委员会制度。委员会分为事实调查委员会、专家委员会、监督委员会及修复委员会。事实调查委员会是指最高法院或高等法院依据《印度宪法》第 32 条规定指定一个专门委员会了解事实和收集数据，这种"司法认定事实"的方式是法院为减轻原告在环境诉讼中的举证责任所做的程序创新方式。专家委员会由最高法院和高等法院依据《印度宪法》第 32 条和第 226 条任命杰出专家，提供独立的科学专家意见，帮助法官审理和判决案件。监督委员会是法院为监督司法命令执行设立的机

[①] 蒋小红：《通过公益诉讼推动社会变革——印度公益诉讼制度考察》，《环球法律评论》2006 年第 3 期。

制,如监督三个获得持续运营的石灰岩矿生产区域的重新造林措施。还有修复委员会旨在恢复被法院关闭而未补偿的矿主的权利,确保矿主有其他可替代性矿址。[①]

其三,"职务执行令"[②]是最高法院用来执行和监督公益诉讼指令的另一程序。在环境案件中,具有广泛基础和持续影响的临时指令则相对较多,因为最高法院发现传统的权利救济禁令无法满足公共需要,如涉及多数穷人的人权案件或需要运用调查委员会或专家委员会的复杂案件,有时候急需一个即时、全面的临时性指令。[③] 为了保证指令的实行,最高法院有针对性地回应每一种情况,通过蔑视法庭程序或其他惩罚措施对效率低下的政府机构施加压力。

其四,诉讼费减免或惩罚制度。印度环境公益诉讼为保证参与平等,在诉讼费用方面有着专门的规定。一方面,国家绿色法庭规定,如果申请人或上诉人未提出赔偿要求,则每件须支付1000卢比(10英镑)的诉讼费。若申请人或上诉人提出赔偿要求,则需支付该赔偿费的1%作为诉讼费,但最低不得少于1000卢比(10英镑)。[④] 这种低收费反映了国家绿色法庭不会因为穷人和富人而区别对待的态度。另一方面,国家绿色法庭认为在必要的情况下有权判令一方当事人承担诉讼费用,这些情形包括一方当事人败诉、虚假诉讼、无理纠缠的滥诉。[⑤] 在维贾纳·辛格诉巴拉吉·格里特·乌鲁蒂案[⑥]和阿迪物业诉州级环境影响评价委员会案[⑦]中,国家绿色法庭分别对两案的上诉人判令缴纳50000卢比(500英镑)和10000卢比(100英镑)的诉讼费用,原因是这两个案件的上诉人提起诉讼的目的都是一己私欲,而非维护公共利益。

[①] Shyam Divan Armin Rosencranz, *Environmental Law and Policy in India* (Second Edition), New York: Oxford University Press, 2002, pp. 143-145.
[②] "职务执行令"是指继续履行职务。菲律宾环境审判程序中也有类似令状(Writ of Continuing Mandamus),意为职务执行令或继续履行职务令。
[③] Shyam Divan Armin Rosencranz, *Environmental Law and Policy in India* (Second Edition), New York: Oxford University Press, 2002, p. 146.
[④] 《国家绿色法庭实践与程序规则》第12条。
[⑤] 《国家绿色法庭法》第23节。
[⑥] Vijay Singh v. Balaji Grit Udyog (Judgment 25 April 2014).
[⑦] Aadi Properties v. State Level Environment Impact Assessment Committee (Judgment 26 September 2013).

三 印度环境公益诉权的理论分析

印度作为发展中国家意识到国家政治、经济、环境所面临的问题，根据本国国情作出了环境公益诉讼的制度创新，具体来说，环境公益诉讼的内在精神是维护弱势群体，进行环境利益、风险和损害的合理分配，实现环境分配正义；环境公益诉权的行使路径是保障公众参与和协助实施环境法，实现环境程序正义；环境公益诉权的实施效果是矫正环境损害行为，从而实现环境矫正正义。

(一) 环境正义理念

"环境正义"一词源于 1982 年发生在美国北卡沃伦县的一起有毒废物倾倒事件，而阻止倾倒有毒废物行为的人们锒铛入狱。萨斯注意到："通常情况下，有毒物质的受害者都是贫穷或收入不高的工薪阶层。他们面对的环境问题和他们的收入情况密不可分，住在贫穷社区的居民更容易受到工业污染。"[①] 同一时间，美国城市中心反对剧毒物质的运动已经融入反对环境种族主义的运动中。本杰明·查韦斯创造了"环境种族主义"一词，并解释道："环境种族主义是一种体现在环境政策制定以及环境法律法规执行中的种族歧视。政府故意选择有色人种社区作为有毒废物工厂的建造地，政府官员默许具有生命威胁的有毒物质和污染物存在于有色人种社区中，而且历史上曾有将有色人种排挤出环境运动领导层的先例。"[②] 随着这些环境斗争的影响，环境正义理念在司法管辖领域得以定义，包括公平、平等、诉讼资格、发展中国家的弱势群体之权利，以及确保他们能够参与到促进环境治理和生态保护的案件决策中。[③]

而环境正义本身是一个内涵变迁的理念，其主要强调以下三点：第一，环境分配正义。环境分配正义强调环境利益和负担的分配公平，主要是公民、弱势群体、各地区之间的环境利益、环境风险和环境责任的分配负担。如在高污染、高耗能企业违法排污产生的空气污染必然会对周边居

[①] Szasz A., *EcoPopulism: Toxic Waste and the Movement for Environmental Jusitce*, Minneapolis: University of Minnesota Press, 1994, p. 151.

[②] Robert D. Bullard, *Confronting Environmental Racism: Voices from the Grassroots*, Boston: South End Press, 1993, p. 3.

[③] Holifield R., Porter M. and Walker G., *Spaces of Environmental Justice*, New York: John Wiley & Sons Inc., 2011, p. 6.

民产生影响，从而将这种环境损害分摊到他人身上，因而，环境分配正义要求必须最大限度地考量弱势群体的利益，通过差异化比较分析，将环境责任合理分配，确保代内正义与代际正义、种际正义和区际正义。第二，环境程序正义。环境程序正义基于程序正义理念，强调环境利益相关者参与环境决策过程。泰勒认为，程序正义的四个影响因素是话语权、尊严、信誉和中立性。[1] 因为当环境利益相关者能够充分参与环境决策过程，其意见获得聆听和尊重，这会使得社会公众相信环境决策过程是理性且公正的。第三，环境矫正正义。矫正正义不仅涉及对违法行为的公正惩罚以及对其所造成损害的公正处理，还牵涉对责任主体的行为进行矫正。人们逐步认识到不应局限于对环境危害和设施及特定区域中资源保护的分配问题，还需要关注典型的地方政策和实践，因为这些政策和实践能产生广泛的影响。因而，矫正的对象具体分为两种，一种是针对环境领域内存在的侵权损害问题向造成环境损害后果的主体请求予以赔偿或追溯性制裁，另一种是针对环境领域的损害行为向行政主体请求予以纠正、撤销或采取其他措施。

（二）环境公益诉权的"环境正义"面向

印度环境公益诉讼兴起的重要背景是环境立法的滞后、不协调及环境行政执法的疲软。[2] 围绕国家绿色法庭展开的环境公益诉讼制度之发展推动了环境正义的进一步实现，具体表现为通过环境公益诉讼维护社会弱势群体，保障社会公众参与和协助实施环境法，并力图矫正环境损害行为。

首先，环境公益诉讼的内在精神是维护社会弱势群体，以实现环境分配正义。环境利益虽从地理层面来看是跨越社会各阶层的公共利益，但实践中，这种环境风险和环境损害却因社会贫富差距等因素的影响由社会弱势群体主要承担。环境污染的受害者往往是以贫穷社区的居民为主，这也是环境正义运动的历史起源。1977年8月，巴格瓦蒂大法官和克里希纳·艾耶大法官联合起来发布了一个报告，强调要制定一个新的法律服务理念方案，其中公益诉讼被视为法律援助运动的战略武器，旨在让那些因

---

[1] Tatar Ii J. R., kaasa S. O., Cauffman E., "Perceptions of procedural justice among female offenders: Time does not heal all wounds", *Psychology Public Policy and Law*, Vol. 18, No. 2, 2012.

[2] Michael R. Anderson, "Inidividual Rights to Environmental Protection in India", in Boyle and Anderson (eds.), *Human Rights Approaches to Environmental Protection*, Oxford: Clarendon Press, 1996, p. 200.

贫困、文盲和资源匮乏而无法诉诸法庭的人获得正义。法院在一项判决①中阐述："《宪法》第 32 条不仅赋予法院发布决定、命令或法令以实现人权的权力，还赋予了法院保护人类基本权利的宪法性义务，正是在实现这一宪法义务的过程中，法院创新了新的方法和战略以确保基本权利的实现，尤其是在穷人和弱势群体被剥夺了基本人权且自由对他们毫无意义的情形下。"

其次，环境公益诉权的行使路径是保障公众参与和协助实施环境法，以实现环境程序正义。印度自 1975 年进入紧急状态②后，发生了大规模侵犯基本生命和自由权利的事件，最高法院在贾巴尔普尔诉舒克拉案③中彻底否决了这种情形，使得法院在 1977 年选举以后开始从"恭顺"的角色转向其对立面。在前述案件中，多数案件涉及社会弱势群体的生命权、健康环境权，法院从实质上或程序上延伸解释《印度宪法》中生命权的概念，说明环境问题已经影响到这类人的基本生存，从而通过放宽环境公益诉讼原告资格，准许热心公益的公民、机构、非政府组织等主体诉诸司法，扩大了受害人的定义。除此之外，法庭也积极参与到环境公益诉讼程序中，通过启动诉讼、发布命令、协助政府实施政策等形式实施环境法。

最后，环境公益诉权的实施效果是矫正环境损害行为，以实现环境矫正正义。在印度，政府行政软弱使得司法机关逐步朝着能动主义发展，因而，环境公益诉讼强调环境责任，尤其是政府机构的责任。在环境公益诉讼案件中，法庭通常会要求加害方对环境污染受害人和《国家绿色法庭法》附件Ⅰ规定的其他环境损害的受害人进行救济和赔偿。同时，法庭亦有权在认为合适的情况下，判令加害方赔偿生态损失，修复区域生态环境。除此之外，面对政府及其部门的行政规制失败时，法庭会要求其履行法定职责，承担其与环境相关的社会责任。

从宏观层面来看，印度环境公益诉讼是环境正义的司法表达形式。印度不囿于英美法传统和制度，所构建的环境公益诉讼指向公共利益和人类安全的社会正义，或者说人权使得印度宪法和司法制度的运作从一个继承

---

① M. C. Mehta v Union of India（1987）1 SCC 395.
② 总统在英迪拉·甘地总理的建议下依据《宪法》第 352 条宣布实施紧急状态，以应对国家内部政治危机。
③ A. D. M. Jabalpur v. Shivkant Shukla（1976）2SCC 521.

下来的普通法体系转变为一个独特的印度公法体系，这种新的理论基础迫使法律体系以许多独特的方式发挥作用。但是，印度这种对环境公益诉权的极度扩张也不可避免地会使得行政权与司法权之间的关系越发紧张，甚至出现司法替代行政的趋势。印度对环境正义目标的追求究竟限定在何种程度最为恰当，是否有必要对扩张后的环境公益诉权加以限制等问题都有待考量。

第三节 德国环境公益诉权的配置考察

大陆法系的德国在维护环境公益方面不同于美国和印度，是采取较为严谨的态度来应对各类环境问题的出现，而德国环境公益诉讼主要置于其行政诉讼框架内。因而，在分析环境公益诉权的基础上，仍要结合其所置的诉讼功能模式进行思考，即以主观公权利救济为逻辑起点的行政诉讼框架生成了维护客观法律秩序的诉讼类型，为环境公益诉讼的发展提供了一条可行之路。

一 德国环境公益诉权分析

素以条理清晰、概念明确和逻辑严密著称的德国法，一直以来并未使用"公益诉讼"的表达方式，但是这并不意味着德国没有以维护公共利益或客观法律秩序为目的的诉讼制度，具体仍然要从环境公益诉权三要件入手。

（一）环境纠纷可诉性

德国《基本法》将德国法院划分为六类：宪法法院、普通法院、行政法院、劳工法院、财政法院和社会法院。而德国的环境纠纷案件主要由普通法院和行政法院管辖。普通法院管辖的私益类环境纠纷案件，如依据《环境责任法》或《水资源管理法》之规定提起的诉讼，仅有一个例外情形是关于国家干预土地财产涉及的赔偿性公法问题归属于民事法院管辖，但多数时候，这类诉讼在环境保护领域扮演着较为次要的角色，对于环境法实施和发展的作用较为轻微。[1] 相比较而言，关涉环境公共利益纠纷之

---

[1] Louis J. Kotze and Alexander R., Paterson, *The Role of the Judiciary in Environmental Governance: Comparative Perspectives*, Alphen: Kluwer Law International, 2009, p. 138.

案件主要由行政法院管辖。

而具体可诉的环境纠纷类型随着德国立法实践探索逐步变化。最初，20世纪60年代的联邦德国面对着生态环境的急剧恶化和环境行政执法不足的问题，艾卡德·雷宾德提出将德国经济法上发展较为成熟的团体诉讼制度引入到环保领域，通过行政诉讼法律框架下的团体诉讼制度设计以保障现有环境法律得以贯彻执行。[①] 而后，联邦与联邦州依据德国《基本法》第72条规定就自然与风景保护事项均享有立法权。截至2002年，除巴伐利亚州与巴登—符腾堡州外，共有14个联邦州的自然与风景保护立法中增加了团体诉讼条款，即仅允许针对违反自然与风景保护相关法律规定的行政行为提起诉讼。2001年《在环境问题上获取环境信息、公众参与决策和诉诸司法的公约》（以下简称《奥胡斯公约》）正式生效，为推动《奥胡斯公约》中确定的公众获取环境信息和公众参与决策及诉诸司法进一步实施，联合国欧洲经济委员会制定了相应指令和规章，[②] 这直接影响到德国环境立法进程。随后，德国相继通过了《联邦自然与风景保护法》《环境法律救济法》《环境损害预防与修复法》。据此，德国行政法院对以下环境纠纷可以行使管辖权：第一，依据《联邦环境影响评价法》《采矿项目环境影响评价条例》及地方性条例等规定允许未开展环评的项目实施的行政决定；第二，违反《联邦污染控制法》等各类审批或污染防治规定的行政决定或许可；第三，行政机关未履行法定防治义务或履行不充分的行政行为；第四，关涉环境的行政决定或行政决策中出现的程序性规则适用的错误，即公众参与决策权受损之情形。

德国环境立法变迁不仅受本国政治、经济等各方面因素影响，欧盟法对德国环境法律制定与修改也息息相关。一方面，成员国对欧盟指令的转化义务要求德国环境法适应欧盟相关指令。依据《欧洲联盟条约》第10条，成员国各机构在执行共同体法时，应当忠实地履行与共同体机构进行合作及顾及共同体利益的义务。《奥胡斯公约》及其指令的生效促使德国

---

① 章楚加：《德国环境团体诉讼制度之立法嬗变及动因探析》，《德国研究》2017年第4期。

② 《公众获得环境信息2003/4/EC指令》《公众参与起草与环境相关的计划于项目的2003/35/EG指令》《实施奥胡斯公约关于获取环境信息和公众参与决策以及诉诸司法的第1367/2006号规章》。

环境立法将公众参与权利转化为国内法,扩大了诉讼对象范围,可见,欧盟环境立法理念通过成员国转为了更为具体的法律规定,具有可操作性。另一方面,欧洲法院的判决也对德国法院受案范围产生了直接影响。如2013年的阿特里普案,原告主张在莱茵河上修建水坝的计划决定,未能实施环境影响评估,德国联邦行政法院向欧洲法院请求释义。① 欧洲法院判决认为,除行政法院所述情形之外,公众或环境团体可针对与公众参与相关的程序性错误提起诉讼,举证责任由被告承担,行政法院须对程序性错误的严重程度及是否涉及公众参与事项进行考察,保持其与欧盟指令相一致。②

(二) 原告适格

与英美法系国家的环境公益诉讼原告相比,德国所采取的原告适格要件范围十分狭窄,根本原因在于受德国行政诉讼功能模式的影响。依据德国《基本法》第19条第4款规定,③ 德国行政诉讼功能模式围绕着个人主观公法权利的有效保护而展开,且德国《行政法院法》第42条第2款进一步规定,"除法律另有规定外,仅当原告主张行政行为或拒绝申请行为或不作为侵害其权利时,方能提起诉讼",但实务界却一致将"权利"诠释为包含法律上所保护之利益、法律地位在内的广义见解,④ 基本上排除了公共利益、反射利益等。之后,在德国司法实践中衍生出一套保护规范理论,作为主观公权利存在与否之判断标准。所谓保护规范理论是指,"人民是否因公法规定而享有权利,应由相关法律规定的旨趣予以探求之"⑤。基于此,德国法上的环境公益诉讼分为两类:一类是团体诉讼,另一类是公益代表人诉讼。

团体诉讼可分为三类:一是团体受害人诉讼,即社会团体基于维护自身权益遭受公权力侵害而起诉,与个人起诉并无区别;二是利己团体诉

---

① 德国联邦行政法院认为依据《环境法律救济法》第4条第1款规定的适用范围仅限未执行强制性环境影响评价或环评事前审查执行存在严重程序性错误的情形,且错误产生的不利影响与被诉行政决定间须存在持续性的因果关系,本案不符合规定。

② EuGH, Urt. v. 7. 11. 2013-Rs. C-72/12.

③ 德国《基本法》第19条第4款:"任何人的权利因公权力遭受侵害,享有获得法律救济的途径。"

④ 李惠宗:《主观公权利、法律上利益与反射利益之区别》,载台湾行政法学汇编《行政法争议问题研究》(上册),五南图书出版社2000年版,第144—145页。

⑤ 李建良:《功法上权利的概念、理念与运用》,《月旦法学教室》2011年第1期。

讼，即社会团体为维护其成员的某种权益而提起的诉讼；三是利他团体诉讼，即社会团体基于维护第三人权益或社会公益提起的诉讼。其中只有利他团体诉讼属于维护公益之目的。随着德国联邦和联邦州对社会团体的立法确认，利他团体诉讼也逐步在环境保护领域开展，只是对于社会团体原告适格规则采取较为严格的限定。最初，2006年《环境法律救济法》要求环境团体必须在个人权利受损的情形下才能提起诉讼，这就导致德国的环境团体不得不通过购买某一行政计划决定所涉及的区域范围内土地的方式，作为财产权有遭受公权力侵犯之虞的第三个人保护之诉的权利人提起行政诉讼。[①] 直到 2013 年《环境法律救济法》的修订才删除了"个人权利受损"的证明要求，即经依法受到认可的环境团体具备原告资格，具体认可标准为：（1）根据社会团体章程，其主要宗旨是保护环境，且该宗旨是非暂时的；（2）在申请认可时，从事前项所指环境保护活动至少三年；（3）具备完成任务的基本能力；前述活动的形式和范围、成员以及团体的影响力都应当纳入考量；（4）符合德国《税法典》第52条之规定中定义的公益目的；（5）任何公民均有机会加入环境团体，若团体中至少3/4会员为法人，则可免除本项前述要求，以便大部分法人可满足此要求。在认可程序上，活动领域超过一个州的外国团体，其认可由联邦环保部来进行，以保护自然和风景为主要目标的国内团体，或在一个州的辖区内活动的国内团体，其认可由该州的专门机关来进行。

另一类公益代表人诉讼是依据德国《行政法院法》第 35 条和第 36 条之规定设立的，即联邦行政法院、高等行政法院及地方行政法院中各设 1 名检察官作为公益代表人，以维护公益之目的，可以参与法院的任何诉讼，除纪律惩罚审判庭及军事审判庭的案件之外。公益代表人之职责包含四个方面：（1）协助法院适用法律，确定与具体化法律、提供学术情报、协助斟酌法律精神、辅助法官、弥补法院经验不足、担保法院办案时不疏忽；（2）在诉讼程序中代表大众，即代表沉默的多数人，维护法律秩序，保护社会公众的法律利益；（3）减轻法院负担，协助法院迅速审理案件，避免因思虑不周而浪费程序；（4）对机关提供各项法律情报与咨询意

[①] 章楚加：《德国环境团体诉讼权能演变之解析》，《南京大学学报》（哲学·人文社科·社会科学）2018 年第 4 期。

见。① 这两类不同主体提起的诉讼类型共同构成了环境公益诉讼制度,通过对德国原告适格规则的考察,可以说,德国联邦行政法院审理案件带有"主观公权利保护"之浓厚色彩,同时,也受到欧洲法院之判决的推动,德国环境公益诉讼开始从主观诉讼模式转向客观诉讼模式。

(三)诉之利益

德国将诉之利益称为"权利保护必要"或"权利保护利益",而德国环境公益诉讼中的"诉之利益"依据诉讼类型之不同而不同。

德国环境公益诉讼多以撤销之诉和义务之诉为主。关于撤销之诉。依据《行政法院法》第113条第1款规定,为了撤销行政决定或要求当局作出被拒绝或被遗漏的决定,客观上非法是不充分的,原告必须因他个人权利受到侵犯。可见,在这类诉讼中,德国立法至今一直将被诉行政行为或决定具有违法性视为行政诉讼的重要前提。② 而审查是否具有违法性意味着审查其实质是否违法,其主要目标是保护个体实质权利和确保被诉行政决定的实质正确性。如果违法行为明显未影响该决定,则该决定不被撤销。③ 其中程序性错误所占比重较小,因为程序性错误有可能在诉讼过程中获得行政机关的纠正,④ 实际上,程序性错误只能适用于自由裁量决定和规划决定,也可适用于广泛法定条款之决定。在德国环境公益诉讼中,尤其是团体诉讼不再要求权利侵害成为必要条件,仅基于行政行为违法即可提起撤销之诉。关于义务之诉,依据《行政法院法》第113条第5款,义务之诉具备理由的前提是:被告适格,拒绝或停止作出行政行为系违法行为,原告的权利因此受到侵害,而且案件裁判时机已经成熟。⑤ 与撤销之诉不同的是,义务之诉须满足案件达到"裁判时机成熟"条件。所谓"裁判时机成熟"是指对于一个即将终结的关于诉讼请求的法院判定而言,所有事实和法律上的前提皆已具备。换言之,只有行政机关才有权创造成熟的裁判时机。德国《自然与风景保护法》第29条第1款和《环境影响评价法》第9条第2款确定了环境团体介入环境行政决定过程的程序

---

① 黄学贤、王太高:《行政公益诉讼研究》,中国政法大学出版社2008年版,第167页。
② 《行政法院法》第113条第1款和第5款。
③ 《行政诉讼法》第46条。
④ 《行政诉讼法》第45条第2款。
⑤ [德]弗里德赫尔穆·胡芬:《行政诉讼法》(第5版),莫光华译,法律出版社2003年版,第438页。

性权利。同时，《环境法律救济法》要求环境团体以保护环境为由提起的行政行为合法性审查，必须证明其曾积极参与环境行政决策过程。否则，环境团体则不得依此提起诉讼。除此之外，德国环境公益诉讼中还存在停止作为之诉和预防性停止作为之诉。前者是针对违法行为所产生的具体后果提起的诉讼，如公用设施引起的污染物，公用车辆产生的噪声，后者是针对有潜在危险的行政规范提起的诉讼。一般这两类诉讼是类推适用的《民法典》第1004条规定提起的，所保护的是法律上的利益，客观上要求行政行为违法。

值得注意的是，欧盟环境立法对德国环境公益诉讼的发展起到了极大的推动作用，不容忽视。依据《奥胡斯公约》第9条和《欧盟环评指令》第10条规定，国内法应确保具有"充分利益"或"权利受损"的公众能够诉诸司法，针对公众参与的任何决定、作为或不作为在实质上和程序上的提出合法性质疑。而关于"充分利益"或"权利受损"之认定在一定程度上为德国法院在衡量"诉之利益"时给予了指引，有待进一步细化。

二　德国环境公益诉权的理论分析

对德国环境公益诉权的要件分析显示，主观诉讼框架下逐步生成了客观诉讼的类型。尽管这两种诉讼属于完全不同目的的诉讼类型，但是德国在欧盟立法、法院判决等因素的影响下开始将两种诉讼类型不断结合起来，而环境公益诉讼恰好就是客观诉讼的具体体现之一。

（一）主观诉讼与客观诉讼区别

依据德国《基本法》第19条第4款，任何人的权利被公权力侵犯，均可提起诉讼。如无其他管辖法院，可向普通法院提起诉讼，但仅凭该条并不能构成提起诉讼的条件，因为它属于主观权利体系的基本条款。而德国权利保护体系主要建立在保护规范理论之上，即前述个人主观权利应由具体法律规定赋予或法律所规定的行政机关义务推导出来。这便是所谓的主观诉讼，即以保护公民个人权利和利益为目的的诉讼，而客观诉讼是指以维护客观法律秩序和行政活动的适法性为目的的诉讼。据此，对于主观诉讼和客观诉讼的区分总结如下：

第一，两类诉讼目的不同。诉讼目的直接决定了诉讼程序，而主观诉讼与客观诉讼便是基于诉讼目的之不同作出的划分。德国行政诉讼模式系典型的主观公权利保护模式，即德国要求在该国请求行政法院提供权利保护前，须个人的主观公权利受到侵害。① 随着权利保护理念的不断深化，德国对主观公权利呈现出扩大化的解释倾向，如将原告主张的"权利"扩展为包含法律上保护的利益、法律地位的解释。② 而在客观法秩序维持模式下，客观诉讼旨在监督行政机关依法行使职权、维持客观法律秩序之稳定，对于个人权利保护之效果仅为客观诉讼的附随效果。

第二，诉讼对象不同。主观诉讼的诉讼对象通常只存在于权利主体之间，因具体利害关系产生的纠纷或争议，且诉讼两造当事人明确具体。法院作为中立主体，对于主观诉讼的双方当事人之纠纷进行裁判，从而维护个人权利。但客观诉讼属于对事不对人的诉讼类型，不存在权利义务相对立的当事人，诉讼事项一般为宪法或法律专门规定的行为或事项，多数国家通常采用法律特别规定的方式予以确定。

第三，原告资格不同。主观诉讼的原告一般以"法律上的利益"作为判断标准，诉讼当事人与诉讼对象之间具有直接的法律关系，由此，德国形成了法律上利益和事实上利益的典型学说。前者一般作为主观诉讼的判断标准，后者通常被视为反射性利益，原则上并不纳入权利保护范畴。而客观诉讼不要求具备直接利害关系，因为行政行为往往侵害的是公共利益和客观法律秩序，不存在直接利益侵害情形，如法国的越权之诉便是典型的客观诉讼。

第四，判决效力不同。主观诉讼与客观诉讼之间所涉及利益范围不同，因而判决效力范围也不同。具体来说，主观诉讼的判决效力因当事人对争议诉讼标的享有一定的处分权，且争议往往仅存在于当事人之间，因而效力仅限于诉讼当事人。客观诉讼旨在维护公共利益，一般当事人对于诉讼标的仅具有一定利益关系，享有优先的处分权能，判决效力则覆盖面更为广泛。

（二）德国客观诉讼理论

通过对德国环境公益诉权要件的具体分析可知，德国环境公益诉讼在行政诉讼框架下开始逐步发生转变。在保护规范理论的影响之下，德国环

---

① Wolfgang Kahl M. A.：《德国与欧盟行政法上主观公法上权利之现况、演变及其展望》，林明锵译，《台大法学论丛》2011年第2期。

② 李惠宗：《主观公权利、法律上利益与反射利益之区别》，载台湾行政法学汇编《行政法争议问题研究》（上册），台中：五南图书出版社2000年版，第144—145页。

境公益诉讼之主体一直受到种种限制，客观法律秩序仅作为德国行政诉讼的附带效果，核心始终围绕着个人主观公权利展开，即行政行为违法性与违法行政行为中存在个人权利是诉讼启动的必要条件。

但随着欧盟立法、司法判决的影响，基于主观权利体系的诉讼制度在应对公共利益方面时显现出一定的局限性。为了弥补该理论体系之不足，德国开始逐步突破主观诉讼的理论框架，补充性而非替代性地通过客观诉讼完善了主观诉讼体系。首先，专门立法规定可诉环境纠纷范围。德国在当前经济已经发达的情形下开始审视环境问题，意识到环境公益维护之必要，故通过专门环境法律对于具体可能危及环境公益的情形进行专门罗列。其次，扩大原告诉讼主体。主观诉讼长期居于德国诉讼体系中的主要位置，2013 年《环境法律救济法》删除了限制环保团体诉讼资格之要求，即不再以明确存在个人主观权利为基础，同时，通过《行政法院法》设置检察官，以维护公益为目的。最后，诉之利益的扩大化解释。德国环境公益诉讼制度通过剔除"个人权利"要素之审查，将环境公益损害行为纳入司法审查范围之列，旨在强调诉讼目的之公益性，当事人提起诉讼之基础"在于事实上的利害关系，既可以是实体法上的利益，也可以是道德上的利益；既可以是个人利益，又可以是集体利益"[①]。可以说，德国环境公益诉讼的性质呈现出客观诉讼与主观诉讼并存的局面。尽管这并非德国立法与司法刻意追求之结果，但立法规定与司法实践的变化使得德国维护环境公益的司法途径产生了实质性变化。

由此来看，德国行政诉讼功能模式内在的结构实现了主观公权利救济与客观法秩序的完美结合，这主要源于德国基本法的民主原则，要求在公众与负有国家使命的机关和公职人员之间存在一个连续的合法性链条。[②] 因而，纳入以维护客观法秩序为目的的诉讼制度，成为德国行政诉讼的主要特色，也形成了德国环境公益诉权的基本框架。就诉讼目的而言，德国环境公益诉讼呈现出客观诉讼之特征，旨在维护客观法律规范所构建起来的法律秩序，针对违法行政行为或决定等提起诉讼便是维护环境公益的主要途径。同时，这样的客观诉讼构造反过来会促使法院在审理案

---

① 吴宇:《德国环境团体诉讼的嬗变及对我国的启示》，《现代法学》2017 年第 2 期。
② 邓刚宏:《德国行政诉讼功能模式的历史演变及其借鉴》，《湖南科技大学学报》（社会科学版）2017 年第 3 期。

件时采取客观诉讼标准，时刻以公共利益为核心，而非基于个人权利侵害之考量。

本章小结

　　各国环境公益诉权的配置一方面遵循着立法规律和内在逻辑，具有一定的共性特征，另一方面受到国家历史背景、政治环境、经济发展等因素之影响，呈现出不同的特征。本章考察的美国、印度和德国的环境公益诉讼之诉权要件，从立法和实践角度为前述分析的环境公益诉权配置提供了佐证。无论是美国强调的"公法诉讼"理论还是印度的"环境正义"目标，抑或是德国"客观法律秩序"之维持，各国通过对传统诉讼制度的不断修正，试图让不同主体通过环境公益诉权的行使参与保护环境过程，其目标都在于构建一个能够维护环境公益的诉讼制度，从而加强对行为违法性之监督。其中，基于三个国家的考察，应当注意以下几点影响因素：第一，判例法之影响。英美法系国家中判例法对于环境公益诉讼的影响十分明显，尤其是美国，可以说，美国是通过司法判例倒逼了环境公益诉讼制度的逐步形成。第二，司法功能定位。印度环境司法的实践发展使得其十分突出。可以说，印度国家绿色法庭建立后，其不仅承担了定纷止争的功能，更是拓展到制定法律、政策以及主动提起诉讼之范畴。但这种极度扩张的司法功能必有其政治、历史等多种原因，我国能否借鉴值得思考。第三，诉权构造。通过对诉权构造的分析，与美国和印度不同的德国较为保守地发展公益诉讼制度同样值得思考，其客观诉讼理论能够为我国构建环境公益诉权提供一定借鉴和参考。

第六章 我国环境公益诉权的展开

我国已初步确立环境公益诉权并形成环境公益诉讼制度，只是环境公益诉权的确立、形成与发展有其独特的背景和框架，本章旨在探讨我国环境公益诉权的具体展开路径。修改后的《民事诉讼法》和《行政诉讼法》均反映出在当前环境问题突出的时代下，环境公益诉讼制度的建立和推动刻不容缓，尤其是地方纷纷通过立法予以确立，加之我国司法专门化的发展已十年有余，司法实践经验丰富，这些都为我国环境公益诉讼制度的进一步完善作了良好的铺垫。

在环境公益诉权的构建方面，结合前述环境公益诉权的理论分析，提出我国环境公益诉权的发展方向，由此对我国环境公益诉权的配置存在的不足之处予以调适。具体来说，我国环境行政公益诉权的调适是重中之重，可从环境纠纷可诉性、原告适格规则以及诉之利益判断入手，而环境民事公益诉权的调适应当从三个方面予以限缩，并应充分利用我国已有私益诉讼制度，避免司法资源的浪费。不仅如此，从诉讼开展阶段，还应当把握对环境公益诉权实现的程序保障，使得环境公益诉讼真正发挥其内在应有之义，实现维护环境公益之目的。

第一节 我国环境公益诉权的发展方向

在环境公益诉讼中，关于环境公益诉讼制度的主体、范围及程序等始终存在着争议性观点，尤其是近几年检察机关逐步成为环境公益诉讼的主要力量，使得环境公益诉讼逐步"国家化"。实际上，相关理论分歧与环境公益诉权理论紧密相连，有必要在构建我国环境公益诉权之前明晰环境公益诉权的发展方向。具体而言，我国环境公益诉讼制度置于民事诉讼法和行政诉讼法的框架下而确立，对环境公益诉权的理论研究会受到以实体权利为基础的诉权理论之束缚，因而，有必要从宏观层面确立我国环境公益诉权的发展方向，即强化环境公益诉权的正当性，推进环境公益诉权的实质化及增加环境公益诉权的协同性。

一 环境公益诉权的正当化

环境公益诉权的建构，首先应符合诉讼制度的基本要求。2017年《民事诉讼法》和《行政诉讼法》的修改使得我国环境公益诉权正式确立，立法赋予检察机关、社会组织通过司法程序保护环境公共利益的权责，实则是法定诉讼担当。但是，作为形式当事人的诉讼主体与直接利害关系人不同，要判断环境公益诉权的正当性，应重点关注其不可委托性、处分权限制及诉讼类型的确定等。

（一）环境公益诉权不可委托

依据诉讼法理，诉讼实施权是指与被主张的系争权利以及法律关系相关，能以自己名义实施诉讼的权能。[1] 在有直接利害关系人的情形下，民事诉讼和行政诉讼均能为其利益纠纷提供解决之道，但利益并非总是属于特定主体所享有。

随着环境纠纷的出现，企业的经济活动或行政主体行为常常会导致多数人利益受到损害，且伴有损害主体扩散，损失额或损害程度较小的特点，通常诉讼主体会考虑诉讼费用、时间等因素，加上主体法律知识有限，期待个体权利者提起诉讼以救济权利或解决纠纷较为困难，对公共利益的损害扩散很难有效予以制止。因此，在直接利害关系人无法提起诉讼或提起诉讼较为困难的情况下，为了阻止不法行为的继续实施，立法机关只能考虑另行赋予相应主体以独立的诉讼实施权。环境公益诉权系通过法律的明确规定赋予特定主体以整体诉讼实施权，在某种意义上代表着全体受害人的利益，具有通过"一对一"诉讼模式以解决纠纷的特点。从法经济学的角度来讲，"用国家公力救济取代私力救济更能带来规模经济效益"[2]，环境公益诉权的赋予更加符合效率原则。我国已经通过立法明确赋予法定机关和社会组织环境公益诉权，具体指向检察机关和环保社会组织。以检察机关的环境公益诉权为例，我国将检察机关定位于"公益诉

---

[1] 占善刚、诗瑶：《论检察机关的诉讼实施权和角色定位——基于民事公益诉讼本质的思考》，《学习与实践》2020年第7期。

[2] 冯玉军：《法经济学范式的知识基础研究》，《中国人民大学学报》2005年第4期。

讼起诉人"身份,以区别其公诉人或法律监督者身份,在实践中检察机关更是在起诉条件和举证责任方面承担了比普通原告更多的义务,同时也享有区别于普通原告的特殊权利。例如,"检察机关行使环境公益诉权是履行法定职责的行为","检察机关依照法律规定提起诉讼","被告以反诉方式提出诉讼请求的,人民法院不予受理"等规定明确表示检察机关的环境公益诉权应当依法实施,无法定理由不得擅自中止或终止诉讼。其中,根本原因在于环境公益诉权所指向的利益并非归属于诉权实施者,不论其胜诉或败诉,判决结果所辐射的利益范畴始终归于不特定多数主体。

可见,环境公益诉权是一种实质性的诉讼实施权,不可委托。但实践中,有检察机关试图将这一诉权委托给公益律师进行代理,如《遵义市公益诉讼律师服务团工作暂行办法》《青海省生态环境律师服务团工作暂行办法》等允许律师服务团成员以为公益诉讼提供法律服务的方式接受检察机关、公益组织的委托,就公益诉讼政策法规实施中的具体问题提供法律意见。显然与环境公益诉权的本质属性相违背,从本质上来说,该规范性文件混淆了公益代理和公益诉讼的概念,违背了环境公益诉权赋予法定诉讼主体的诉讼权利和义务。

(二)环境公益诉权的处分限制

在私益诉讼中,当事人有权启动和选择诉讼程序和制度,对涉及自己的利益纠纷进行处分。环境公益诉权是诉权在环境法领域中的具体体现,同时也是公益诉权的一种具体表现形式,区别于传统诉讼中的诉权。因此,环境公益诉权的正当化发展势必要正确适用处分原则。

处分权属于私权利,可以划分为实体权利和程序权利,前者包括调解、和解、变更诉讼请求等,后者包括回避、保全等。而环境公益诉讼并不能完全适用常规诉讼程序,而是要依据诉讼程序特点和需求形成特殊的制度安排。具体而言,立法赋予特定主体环境公益诉权,法定主体仅作为环境公益的代表人,若是任由其自由处分和安排公共利益,显然不符合环境公益诉讼的开展目的。目前,我国环境公益诉权的处分通过司法解释进行了一系列的限制,包括法院为保护社会公益向其释明变更或者增加诉讼请求,法院允许诉讼请求全部实现而撤回起诉的情形等。通过一系列限制措施以压缩法定诉讼主体的环境公益诉权行使空间,避免诉权任意行使产生的机会主义损害环境公益。

在此基础上,环境公益诉权处分内容还涉及两个方面:一是诉讼的提起。作为一种既涉及程序规则创新又创造实体权益,并触动立法、行政、司法之关系的重要制度,公益诉讼须由国家层面正式立法才有充分合法性,故其首要特征是严格"法定"、依法实施。[①] 这意味着环境公益诉权的行使不可滥用,也不可放弃。但实践中,环境公益诉讼程序的启动有着极大的选择性,检察机关或社会组织提起诉讼的裁量空间较大,很多环境违法行为或不作为都未能得到及时的处理,尤其是刑事附带民事公益诉讼类型的出现更是压缩了环境公益诉讼启动的范围,致使部分损害环境利益的行为被遗漏。二是诉讼的和解。2015 年《最高人民法院关于审理环境民事公益诉讼案件适用法律若干问题的解释》已明确规定环境民事公益诉讼当事人可以达成和解。但检察环境行政公益诉讼是否能够采取和解方式仍然存在疑问。事实上,早先美国、德国、印度等国虽然分别采取不同理念的环境公益诉讼制度,但它们本质上都致力于一种为维护环境公益而协商合作的精神。在环境行政公益诉讼中,"对检察机关请求确认行政行为违法或无效,请求撤销违法行政行为,以及要求行政机关履行职责的诉讼请求,是不存在和解空间的"[②]。但检察机关并非不能通过和解以选择环境救济方案,而是可以在对行政机关的行为是否违法或无效进行定性之后,围绕环境修复开展的救济措施进行协商,协商过程必须严格忠实于维护环境公共利益,并由法院确认和判断和解是否合法,对公共利益有无减损等。

(三)环境公益诉权的诉讼类型确定

环境公益诉权正当化的方式具有确定性,即环境公益仅能通过法定诉讼方式加以维护,而不能由任何主体对法律之外的范围类型提起诉讼。也正因为如此,各国结合实际因素都对司法介入公共事务的范围加以限定。在美国,虽然迄今至少有 21 部环境法规定了公民诉讼条款,但公民诉讼的实施仅能针对法律所规定的领域提起。例如,美国《濒危物种法》规定了公民诉讼条款,但《候鸟保护法》《哺乳动物法》等法未加以确立,这意味着无法对非濒危物种的伤害行为提起诉讼。[③] 不仅如此,实践中还会存在着一些行为是介于法律规定与规范空白之间的诉讼争议,例如,

---

① 巩固:《环境民事公益诉讼性质定位省思》,《法学研究》2019 年第 3 期。
② 张式军、赵妮:《环境行政公益诉讼中的和解制度探究》,《中州学刊》2019 年第 8 期。
③ 巩固:《美国环境公民诉讼之起诉限制及其启示》,《法商研究》2017 年第 5 期。

《清洁水法》明确公民可以针对水污染情形提起公民诉讼，但《联邦杀虫剂、杀真菌剂和灭鼠剂法》并未规定，实践中对因喷洒杀虫剂所致的水污染能否提起公民诉讼产生了很多争议，多数法院认为该法并未将其纳入公民诉讼范围而不予受理。[①]

因而，环境公益诉权的诉讼类型应当确定，并尽可能加以类型化。尽管立法已经明确在环境领域开展环境公益诉讼，限定在环境污染和生态破坏的范畴，但环境作为生活生产的基本要素，很难与其他生活生产明确区分，这也就致使何种情况下恢复生态环境或恢复生态服务功能等都缺乏明确标准。按照诉权及其展开逻辑，环境公益诉讼的类型应当根据诉权所确定的范围展开，即环境公益诉权指向环境公益，而环境问题的表现基本上可以落脚为环境、资源和生态三个层面。"环境"是指影响人类生存和发展的各种天然和经人工改造的自然因素总体。环境公共利益体现为符合环境质量标准的环境要素对人类生存和发展所提供的环境支持功能，主要表现为环境容量支持。[②]"资源"是指在一定技术经济条件下，对人类有用的一切物质和能量。[③]这部分公共利益主要是通过采取合理利用方式以维护资源的可持续性和安全性。"生态"是强调生物群落之间、生物与环境之间，在一定时间、空间范围内通过不断的物质循环、能量流动与信息传递所形成的相互联系的统一整体。[④]生态类公共利益不同于环境和资源，它主要是通过自然要素发生作用产生有助于人类发展的整体性利益，表现为一种生态服务功能的非物质性利益，而生态类公益诉讼案件可以视为一种行为横跨环境与生态或资源与生态两个领域。

尽管环境公益诉讼主体启动应当以现行法依据为请求权基础，但在环境立法尚不完善的情形下，这三种利益类型可以作为环境公益诉权所指向的诉讼类型加以列举，只要所诉行为未涉及其中一种利益，就不属于环境公益诉讼的范围，法定主体不得随意行使环境公益诉权。

[①] Karl S. Coplan, "Citizen Litigants Citizen Regulators: Four Cases Where Citizen Suits Drove Development of Clean Water Law", *Colorado Natural Resources, Energy & Environmental Law Review*, Vol. 25, No. 1, 2014.

[②] 秦天宝、黄成：《类型化视野下环境公益诉讼案件范围之纵深拓展》，《中国应用法学》2020年第4期。

[③] 《中国自然保护纲要》编写委员会编：《中国自然保护纲要》，中国环境科学出版社1987年版，第9页。

[④] 刘天齐：《环境保护通论》，中国环境科学出版社1997年版，第24页。

二　环境公益诉权的实质化

环境公益诉权的有效形式不仅需要通过法定形式判断，还应通过实体来判断，这就需要以环境公共利益为诉权构造基点，明确环境公益诉权的行使空间，通过实质化的环境公益诉权帮助司法机关准确识别环境公益，提升司法化解纠纷的能力。

（一）以环境公共利益为诉权构造基点

传统诉讼法主要以形式性程序规范为主，这是因为不同诉讼都有对应的实体法规范，通过实体法框定诉讼对应的法律关系、诉之利益及原告主体等要素。环境公益诉讼涉及不同类型的法律关系，通常所依据的实体法都分散于环保法律规范中，原告主体并不具备直接利害关系。因此，环境公益诉权的实质化发展应当以环境公益法律争议作为诉权构造的基点。

美国[①]、法国[②]、俄罗斯[③]等国都采用立法方式对环境进行了解释和阐释，明确环境要素范围。而这部分以环境为载体的公共利益属特殊的一类，其主要具有以下特征：首先，环境公益的主体抽象性。环境是人类社会赖以生存和发展的物质基础，是人类财富的源泉。就空间维度来看，环境公益的影响范围并非单纯牵涉某一个人或是某一地区，所有的环境物质和能量都在相当大范围内进行流转，如温室效应、沙尘暴等问题；就时间维度来看，环境公益不仅是当代人所需的利益，更是后代人发展的基础。其次，环境公益的内容双重性。基于生态环境的不可分性，环境公益既能提供经济型利益，也能提供生态型利益。前者主要指自然环境因提供某些具有经济型价值的物品而产生的利益，如矿产资源、森林资源等，这部分利益因法律许可的方式能够获得，并可以在不同主体之间进行交易。后者

---

① 《国家环境政策法》第二章第1条：国家主要的自然、人为或改变过的环境的地位和情形，包括但不限于空气、水（包括海洋、河口、淡水）和陆地环境（森林、干地、湿地、山脉、城市、郊区和农村环境）。

② 法国《环境宪章》宣布：环境是人类共同的财富。1998年颁布的《环境法典》规定：在一个国家领土范围内的空间、物产资源、自然环境、景点、风景区、空气质量以及多种多样的并且保持相间平衡的所有动植物种群均属于全国人民的共同财富；水体为全民族的共同财产。遵循自然资源平衡管理的原则保护、开发和发展可用水资源符合全民族的共同利益。人人均有权遵照法律、法规及以往制定的法律、法规的规定使用水。

③ 《联邦环境保护法》第一章第1条：环境——自然环境要素、自然客体和自然人文客体以及人文客体的总和。参见《俄罗斯联邦环境保护法和土地法典》，马骧聪译，中国法制出版社2003年版，第1页。

是指自然环境提供的不具有直接经济性价值的生态物品所具有的利益。这部分利益具有非排他性，即在利用一项资源以提供生态服务时，无法排斥他人以同样的方式获取相同服务，如清洁的空气、水等。而这两类利益均附于同一个环境客体上。最后，环境公益的易受侵害性。尽管环境公益独立于人身利益和财产利益而存在，但"环境公共利益从最终的角度来说，仍然属于人之利益，它是环境内在价值转化为与人类的生存与发展密切相关的利益"[①]。基于主体的抽象性与内容的双重性，环境公益更易受到侵害。依据奥尔森提出的集体行动逻辑理论，任何集体成员在采取集体行动时都是一个理性的经济人，会把个人利益放在最重要的位置。在面对具有非排他性的公共物品时往往会持观望态度，期待别人采取行动，进而形成了"搭便车"效应。[②] 倘若生态环境的经济利益与生态利益相冲突时，基于所有权或其他用益物权的权利人势必会促使个体利益的最大化，从而造成环境污染和生态破坏现象。据此，环境公益是指公众基于自然环境或对自然环境享有的利益，属于社会公共利益之一种。[③]

基于环境公共利益而确立的诉权，可以在结合环境公共利益的理解基础上将其转化为受案范围的问题。因为受案范围实质上直接决定了哪些环境争议能够进入环境公益诉权实施作用的范围。环境领域属于社会管制领域，国家通常会在该领域设置一系列限制和要求，从而构成多元主体共治的局面，其中，不特定多数人的公共利益部分就较难得到保障，这就需要重点考虑基于环境公益确立的环境公益诉权的行使空间究竟有多大。

(二) 环境公益诉权的行使空间

环境公益诉权的行使空间实则为环境公共利益，但我国现有法律规范中，多数将国家利益和社会公共利益并列使用，如《政府采购法》第1条、《教育法》第8条等，就连最新修订的《行政诉讼法》也提及公益诉讼的目的旨在保护"国家利益或社会公共利益"，可见，我国在立法层面并没有对两者进行明确的区分，而这容易造成实践中"公共利益"被转换为国家利益，有必要对两者予以区分。

---

① 朱谦：《环境公共利益的法律属性》，《学习与探索》2016年第2期。
② [美] 曼瑟尔·奥尔森：《集体行动的逻辑》，陈郁等译，上海三联书店1995年版，第192页。
③ 王树义：《论生态文明建设与环境司法改革》，《中国法学》2014年第3期。

所谓国家利益是指："一是指国际政治范畴中的国家利益，指的是一个民族国家的利益，与之相对的概念是集团利益、国际利益或世界利益；二是指国内政治意义上的国家利益，指的是政府利益或政府代表的全国性利益。"[①] 第一种国家利益在环境领域的体现，主要涉及跨国界的污染环境和破坏行为，如康菲海洋溢油事件。这类国家利益与公共利益的区别在于：前者的利益享有主体是国家，表明了利益的国家政治性和主权性，后者的利益享有者是社会成员，表明了利益的公共性和共享性。第二种国家利益，也是我们通常意义上的国家利益。马克思主义理论中，国家是私人利益与公共利益相矛盾的必然产物。理论上，国家基于社会共同体之意愿产生，理应代表"全社会"的公共利益，但"出现私有制和阶级后，个人利益在向共同利益转化时，实际上转化为阶级利益"[②]，国家利益实质上更多体现的是阶级利益，只是为了顺利履行阶级统治的职能，同时需履行一定的社会公共职能。因此，这类国家利益在一定程度上具有社会公共利益的性质，但这类国家利益无法完全等同于公共利益。理论上，国家利益是一国人民所共同享有的利益，不依其他条件的变化而变化，如地位、财富等，能够由国家所提供给每个人平等获得利益，但实际上这种差别仍然是存在的，不同阶级、阶层、集团、个人所占的利益份额是不同的，这就意味着国家利益无法完全等同于社会公共利益。具体到环境领域来看，生态环境损害赔偿诉讼便是最好的体现，诉权来源于自然资源国家所有权，既具有公权性特征，又具有私权属性，它所保护的环境利益与环境公益有着重叠之处，却又不完全等同于环境公益。

那么，问题在于国家利益是否应当纳入环境公益诉权的行使空间？依据前述对国家利益与公共利益的区分，环境公益诉权的行使仍然限定在环境公共利益范畴，尽管两者可能存在着利益重叠之处，但从诉权行使的性质来看，其仍然属于保护国家利益的主观诉讼范畴。域外国家的经验表明，这部分利益通常由肩负监管职责的"受托人"或"主管机关"作为原告提起相应诉讼更具正当性。[③] 环境公共利益的维护逻辑是当社会公共利益遭受侵害时，由行政机关通过职责履行加以解决，当其违法履行或不

---

① 阎学通：《中国国家利益分析》，天津人民出版社1997年版，第4页。
② 《马克思恩格斯全集》第3卷，人民出版社1960年版，第273页。
③ 巩固：《环境民事公益诉讼性质定位省思》，《法学研究》2019年第3期。

作为而损害社会公共利益时，应由法定主体行使环境公益诉权进行干预，同时，这并未排除环境公益诉权对环境公益的行使空间，若是涉及环境公益问题但行政机关无权监管或法律空白时仍然可以通过环境公益诉权以维护环境公益和客观法律秩序。

三 环境公益诉权的协同化

环境公益诉权以维护环境公共利益为目的而设立，因而，其区别于传统诉权的实体属性，无法将诉权与实体权利相连接。因而，转向环境公益诉权的独立价值实现十分必要，通过程序协同的方式以保障环境公益诉权的行使成为一种必要的路径。

(一) 环境公益诉权的非实体性

环境公益诉权的本质属性仍然要回到对诉权本质的理解。诉权的概念可以追溯到罗马法上的诉的概念，当时的实体法和诉讼法尚为一体，请求权和诉权不分。著名法学家萨维尼在构建诉讼法体系时，首先提出了私法诉权说，认为诉权是依据私法上的个别权利产生的权利，即属于个别权利的发展过程或变形。[1] 易言之，诉权具有与债相似的实体法本性，其作为潜在的能力内含于实体权利之中。之后，温德沙伊德从实体法和诉讼法区分的角度出发，认为罗马法中的诉权是权利的本原，而在现代法中，请求权是权利的依据，"诉权其实是独立于诉讼的客体权利之逻辑结果"[2]。而约瑟夫·翁格认为，诉权并不是与实体权利不同的、独立存在的权能，也不是后者的外部附属品或补充物，而是与权利两位一体的东西，是处于备战状态中的权利。[3] 在私法诉权说的语境下，诉权或是实体权利的发展阶段，或是民事权利的独立组成部分，抑或是民事权利的一种自然属性。然而，依照私法诉权说，诉权指向的义务主体是对方当事人，那么就不能向国家提出请求。若诉权为向国家司法机关提出请求的权利，则其公法性质

---

[1] 江伟等：《民事诉权研究》，法律出版社2002年版，第7页。
[2] [德] 米夏埃尔·马廷内克：《伯恩哈德·温德沙伊德（1817—1892）——一位伟大的德国法学家的生平与作品》，田士永译，载郑永流主编《法哲学与法社会学论丛》（六），中国政法大学出版社2003年版，第458页。
[3] [苏联] М. А. 顾尔维奇：《诉权》，康宝田、沈其昌译，中国人民大学出版社1958年版，第152页。

突出。① 因而，公法诉权说逐步取代私法诉权说，包括：其一，诉权是当事人对国家的公法上的请求权；其二，法院和当事人之间的关系是公法关系；其三，建立在公法诉权说基础上的诉讼法属公法范畴。② 且公法诉权说经历了"抽象的公法诉权说"到"具体的公法诉权说"的发展过程，具体来说包含抽象诉权说、具体诉权说、本案判决请求权说、司法行为请求权说。其中，抽象诉权说认为，"仅就人民基于公法上之关系得请求法院进行诉讼，以判决加以保护为抽象之说明，作为诉权之内容"③。具体诉权说对抽象诉权说进行了一定程度的修正，认为诉权是诉讼原告向法院请求作出特定内容的判决的权利。该学说强调将原告的具体权利主张作为诉权内容部分，但由于未明确被告是否同样享有诉权之问题，所以具体诉权说被权利保护请求说吸纳。④ 本案判决请求权说旨在克服抽象诉权说和具体诉权说的缺陷，提出诉权是当事人要求法院就诉讼请求是否正当作出判决的权利，相当于"从权利保护请求权说的权利保护要件中除掉实体要件之外的诉讼要件"⑤。司法行为请求权说强调诉权是诉讼程序启动后实施诉讼的权能，是任何人请求国家司法机关审理和裁判的权利。该说以诉讼法目的论中的司法秩序维持说为基础，认为原告在请求司法保护时所享有的权利仅仅是公法派生的"第三人利益"，即当事人是受益人而非权利人，诉权不是个人的权利。⑥ 我国学界受苏联法学影响，逐步发展出二元诉权说。顾尔维奇最初提出诉权包含三个面向：一是程序意义上的诉权（起诉权）；二是实质意义上的诉权，即民事实体权利；三是积极认定诉讼资格意义上的诉权。⑦ 后因考虑到原告诉讼主体资格属于诉权要件范畴，故苏联的二元诉权说则剔除了第三个面向的诉权。

可以说，诉权已然成为连接实体法和程序法的重要概念，在学理上也

---

① 孙森焱：《论诉权学说及其应用》，载杨建华主编《民事诉讼法论文选辑》（下），五南图书出版公司1982年版，第494页。
② 叶榅平：《传统使命的现代转型：诉权保障理念、制度与程序》，法律出版社2016年版，第7页。
③ 陈荣宗、林庆苗：《民事诉讼法》（上册）（第8版），三民书局股份有限公司2013年版，第81页。
④ 刘荣军：《程序保障的理论视角》，法律出版社1999年版，第253页。
⑤ [日] 兼子一等：《民事诉讼法》（新版），白绿铉译，法律出版社1996年版，第4页。
⑥ 潘剑锋：《民事诉讼原理》，北京大学出版社2001年版，第56页。
⑦ [苏联] M. A. 顾尔维奇：《诉权》，康宝田、沈其昌译，中国人民大学出版社1958年版，第47、153、188页。

被赋予程序与实体上的复杂意义。但显然,环境公益诉权突破了传统诉权的理论框架,从原告资格到诉之利益,再到诉讼范围都作出了极大的扩张,这是因为作为环境公益诉权权源的环境权无法与财产权、人身权一样进行界定划分,致使人们无法直接通过传统诉权途径救济环境公益,也正因为如此,环境公益诉权无法将诉权与实体权利直接联系起来,最终只能转向以法定形式确定诉讼主体资格的解决方案。

(二) 环境公益诉权的程序协同

环境公益诉权作为环境领域的特殊诉权,已经在司法实践中得以开展和完善,但从环境公益诉权的非实体性来看,强调环境公益诉权的独立价值尤为重要。事实上,我国环境公益诉讼结合环境法与诉讼法的基本原则和制度特点作出了系统化的考虑,但多类型的诉讼程序会出现重叠和冲突等复杂性机能操作。例如,通过环境民事公益诉讼规制行政行为等情形,[①] 促使环境公益诉权的协同化发展至关重要,由此,引申出环境公益诉权的程序协同问题。

程序协同意味着需要对环境民事公益诉讼与环境行政公益诉讼进行合并处理,即通过诉的合并原理。所谓诉的合并,是指法院将几个独立的诉合并在一个案件中进行审理和裁判的制度,主要分为诉的主观合并、诉的客观合并及诉的混合合并。[②] 诉的主观合并是指多个当事人基于同一诉讼标的提出诉讼请求,由法院一并审理和裁判的情形。诉的客观合并是指一方当事人提出数个独立的诉讼请求而法院合并审理的情形。诉的混合合并是指法院将多个诉讼主体间提出的数个独立的诉予以合并审理的情形。有学者就指出,环境司法审判可以采取附带诉讼的方式,运用诉的合并原理整体性解决环境纠纷。[③] 传统附带诉讼较为常见的有刑事附带民事诉讼,其通常是基于刑事犯罪所连续发生的民事赔偿问题,后者以前者审理为前提。但环境公益诉讼中即便存在附带诉讼情形,前项诉讼判决也不会影响到后项诉讼责任的承担,实质上是并列诉讼。诉的合并就是将同一环境侵

---

① 例如,2016年5月18日,中国绿发会以义顺巷居民居所有权人周某、淮安市清河区城建局、清河区文广局、清河区政府破坏生态为由向法院提起环境民事公益诉讼。2016年5月25日,法院受理此案并在10月29日开庭审理,2017年9月14日,该案最终达成和解协议。
② 张永泉:《民事之诉合并研究》,北京大学出版社2009年版,第9—12页。
③ 黄秀蓉、钭晓东:《论环境司法的"三审合一"模式》,《法制与社会发展》2016年第4期。

害行为引发的若干纠纷放置在同一诉讼程序中进行合并审理。即便不是合并审理的纠纷，也能够通过前项判决的既判力对后诉产生一定效力，从而提高环境司法的效率，保障环境公益诉权的有效实施。若是将诉的合并原理运用到环境公益诉讼中，应当注意以下几个问题：一是强制合并裁量权。普通民事诉讼中诉的合并是遵从当事人意愿，以原告申请为主，同时，也会赋予法院在必要情形下以诉的强制合并裁量权，由法院决定合并审理事项。二是合并之诉的管辖。实践中，因环境问题的跨区域性而出现了同一行为引发刑事、民事等多类型诉讼，却由不同地区的法院分开审理，无疑是对司法资源的浪费。这就需要法院对环境案件存在牵连关系的诉讼请求进行合并管辖，并逐步突破法定管辖和级别管辖的设置。三是合并之诉的裁判。若是将诉进行合并审理，那么在案件裁判形式和既判力问题上需要加以统一，如环境刑事附带民事公益诉讼的裁判文书应当单独作出还是分别作出，再如前项判决生效后所认定的事实对后续诉讼的确定力如何判断。这里需要综合考虑诉讼程序、证明标准等规则，从而选择确保环境公益得以维护的诉讼方式。

第二节 我国环境公益诉权的发展与构成

我国环境公益诉讼制度在国际和国内的多因素影响下应运而生，环境公益损害问题已经引起社会的广泛关注，推动着我国在立法层面将环境公益诉权确立下来，司法实践也在不断试点过程中得以丰富和完善。可以说，我国环境公益诉权已经初步建立，从环境公益诉权的构成要素来看，主要包括主体、权利义务和受案范围等部分。为夯实我国环境公益诉权的基础，有必要从这几个维度入手进一步分析，这些要素不仅共同构成了环境公益诉权的基本内涵，还反映了其在实践层面的根本特征。

一 我国环境公益诉权的生成背景

环境公益诉讼制度作为一项制度引入我国并通过法律赋予特定主体以诉权有其固有的制度背景，这一背景主要包括四个方面：

其一，风险社会对国家抵御风险提出的挑战。近代国家自产生之初基于一系列战争的经验教训，国家在保护人民生命、财产安全上的重要作用凸显出来，因而产生了国家为维护公共安全和公共秩序、排除妨害内部安全秩序之危险的责任，即"危险防御义务"。① 随着环境问题的出现，国家的危险防御义务不局限于传统上的危险妨害，还包括对生态环境损害产生的对公众人身、财产权益的威胁，这对国家公权力提出了相应的要求。贝克基于全球化趋势的增强，提出风险社会理论，② 其中环境风险尤为典型，环境风险意味着人类的经济活动对环境会产生一定的负面影响，与传统的危险相比，环境风险无法根据经验法则或科学证据准确判断，而国家传统的危险防御义务显然已无法涵盖到由现代科技产生的各类风险，这直接对国家提出了新的挑战。

其二，司法管辖区的民主化。公益诉讼与政治民主化进程之间有着直接的联系，以我国台湾地区为例，20世纪80年代，我国台湾地区的公益组织开始蓬勃发展。司法权，尤其是宪法法院废除违宪法令的权力终于得到认可，并开始对权利保护以及法律和政策产生实质性影响。因而，一些公益组织开始试图通过宪法诉讼来影响法律和政策的变化，在这一时期，律师利用宪法诉讼和激烈的立法游说是一个主要的表现③。之后，公益组织便将注意力转移到一些基层法院，用以解决具体的问题等，比较典型的组织有台湾环境保护联盟、家庭主妇联盟与基金会、台湾性别/性权利学会。可以说，公益诉讼的发展是一个国家政治民主化推进的特殊方式。

其三，法律规范的跨国迁移。全球化也是环境公益诉讼背后的推动力，因为其带来了法律实践的跨国迁移。随着各个国家间的跨国法律交流，环境公益诉讼制度在全球得以迅速拓展。在1992年，我国便成立了第一个法律援助中心，专门用以保护弱势群体的权利。同时，还有一些全球性慈善组织专门资助公益组织活动，从而促进这种跨国法律交流。这些都对我国环境公益诉讼的发展起到了推波助澜的作用。

其四，对法院在其管辖范围内塑造公共法律制度的作用的认可。法院

---

① 陈海嵩：《环境风险预防的国家任务及其司法控制》，《暨南学报》（哲学社会科学版）2018年第3期。

② 贝克提出的风险所具有的四个特点：(1) 风险造成的灾难性后果可能会产生无法弥补的全球性破坏；(2) 风险的严重程度超出了事前预警和事后处理的能力；(3) 由于风险发生的时空界限发生了变化，甚至无法确定，所以风险计算无法操作；(4) 灾难性事件产生的结果多样，使得风险计算使用的计算程序、常规标准等无法把握。参见杨雪冬《风险社会理论评述》，《国家行政学院学报》2005年第1期。

③ Po Jen Yap, Holning Lau, *Public Interest Litigation in Asia*, London: Routledge, 2010, p. 136.

在引领公益诉讼制度的发展方面发挥了极大的作用。以印度最为典型，印度通过最高法院支持公益诉讼，在一定程度上是对印度政府未能纠正印度社会弊端的回应。可以说，法院不仅仅是定纷止争的角色，更是逐步参与到公共事务的管理中，这使得法院职能开始出现转变，尤其是在涉及公共利益问题上。

二　我国环境公益诉权的构成要素

环境公益诉权是环境公益诉讼制度首要确立的问题，我国立法对其作出了一系列的规定与探索。环境公益诉权的构成要素包括诉权的主体、客体、内容和实现方式等，但当前亟须厘清的要素是主体、权利义务和受案范围，这些要素不仅共同构成了环境公益诉权的基本内涵，还反映了其在实践层面的根本特征。

(一) 环境公益诉权的主体

从理论层面而言，传统诉讼权能理论源于西方资产阶级革命中形成的裁判观念，即"维护私人权利的纠纷解决机能和标准确立机能"[1]，这直接导致对诉讼主体资格产生的限制：一方面，其遵循"法律权利标准"；另一方面，遵循"直接利害关系原则"。[2] 面对环境公益损害情形，传统诉讼权能理论和程序设计表现出极大的不适应性，因而，有必要建立能够突破传统诉讼权能理论的环境公益诉讼制度，摆脱传统诉权理论将诉权与实体权利机械挂钩的束缚，因为环境损害所涉及的利益并非仅是私人利益，还包括社会公共利益。我国环境公益诉讼最早提出是2005年《国务院关于落实科学发展观加强环境保护的决定》，其中提出"发挥社会团体的作用，鼓励检举和揭发各种环境违法行为，推动环境公益诉讼"。之后，各地区纷纷立法开展环境公益诉讼实践探索，如贵阳、无锡、昆明、上饶、嘉兴等，均制定了环境公益诉讼案件的探索性政策文件，而这些文件多集中于地方环境问题，如贵阳市积极探索检察机关、行政机关等相关职能部门提起涉及"两湖一库"及环城林带环境保护、管理、侵权、损害赔偿等情形的诉讼。[3] 可以说，在环境公益诉讼制度探索方面，形成了

---

[1] 王树义主编：《环境法系列专题研究》（第二辑），科学出版社2006年版，第63页。
[2] 张锋、陈晓阳：《论我国环境公益诉讼制度的构建》，《山东社会科学》2012年第8期。
[3] 《关于贵阳市中级人民法院环境保护审判庭、清镇市人民法院环境保护法庭案件受理范围的规定》。

行政机关、环保组织及检察机关作为原告的结构模式。为了回应社会对环境公益的维护诉求，全国人民代表大会法律委员会在关于《民事诉讼法修正案（草案）》修改情况的汇报中作出了回应，认为我国有必要确立环境公益诉讼制度，并希望能够进一步明确提起公益诉讼的主体资格，考虑到我国环境保护领域已有《海洋环境保护法》的规定，故确立了"法定机关和有关组织可针对社会公益损害行为提起诉讼"之条款。2012年《民事诉讼法》修订正式赋予符合条件的社会组织以环境公益诉权，在此基础上，2014年《环境保护法》①进一步细化了环境民事公益诉讼。同年，基于检察机关在我国的性质和定位，全国人民代表大会常务委员会决定授权最高人民检察院在部分地区开展公益诉讼试点工作。2015年，最高人民检察院制定了《人民检察院提起公益诉讼试点工作实施办法》和《检察机关提起公益诉讼改革试点方案》，确立检察机关在环境民事公益诉讼和环境行政公益诉讼中的法律地位和职责权限。最高人民法院印发了《人民法院审理人民检察院提起公益诉讼案件试点工作实施办法》，对检察机关提起公益诉讼案件的程序、范围作出详细规定。

2017年4月，最高人民法院结合具体法律规定和审判实践发布了《关于审理环境公益诉讼案件的工作规范（试行）》，确立了社会组织提起环境民事公益诉讼和检察机关提起环境公益诉讼的具体规则。2017年6月27日，《行政诉讼法》②和《民事诉讼法》③修订增加了检察机关提起环境民事公益诉讼和环境行政公益诉讼之规定，从立法层面正式确立了我国环境公益诉讼制度构造，结束了我国长期以来立法分散且约束力较低的

---

① 《环境保护法》第58条：对污染环境、破坏生态，损害社会公共利益的行为，符合下列条件的社会组织可以向人民法院提起诉讼：（一）依法在设区的市级以上人民政府民政部门登记；（二）专门从事环境保护公益活动连续五年以上且无违法记录。符合前款规定的社会组织向人民法院提起诉讼，人民法院应当依法受理。提起诉讼的社会组织不得通过诉讼牟取经济利益。

② 《行政诉讼法》第25条第4款：人民检察院在履行职责中发现生态环境和资源保护、食品药品安全、国有财产保护、国有土地使用权出让等领域负有监督管理职责的行政机关违法行使职权或者不作为，致使国家利益或者社会公共利益受到侵害的，应当向行政机关提出检察建议，督促其依法履行职责。行政机关不依法履行职责的，人民检察院依法向人民法院提起诉讼。

③ 《民事诉讼法》第55条第1款：对污染环境、侵害众多消费者合法权益等损害社会公共利益的行为，法律规定的机关和有关组织可以向人民法院提起诉讼。第2款：人民检察院在履行职责中发现破坏生态环境和资源保护、食品药品安全领域侵害众多消费者合法权益等损害社会公共利益的行为，在没有前款规定的机关和组织或者前款规定的机关和组织不提起诉讼的情况下，可以向人民法院提起诉讼。前款规定的机关或者组织提起诉讼的，人民检察院可以支持起诉。

局面。基于此，各地方性条例中①也作出了积极回应，确立县级以上人民政府及其职能部门协助当事人提起诉讼的义务。

(二) 环境公益诉权的权利义务

环境公益诉权由法律授予，与其他诉权有着明显不同。至于环境公益诉权的内容，即诉讼主体的诉讼权利与诉讼义务究竟为何尚无明确界定。结合法律规范和司法实践来看，不同诉讼主体在起诉条件和举证责任方面享有的权利和承担的义务各不相同。

首先，就法定社会组织而言，其区别于普通诉讼中的原告身份。依据《民事诉讼法》《关于审理环境民事公益诉讼案件适用法律若干问题的解释》等，符合法定条件的社会组织优先享有环境公益诉权，只有在不存在社会组织提起诉讼的情形，检察机关才能提起诉讼。社会组织的诉权主要表现为：一是社会组织有权请求被告提供环境信息，若是被告拒不提供则推定为其主张成立，甚至在必要时法院应当主动调查收集证据。不仅如此，社会组织可以申请专家证人出庭提供专家意见，作为案件事实认定的根据。二是对于社会组织作为原告可以与被告达成调解或和解协议，且由法院进行公告和认定，调解或和解协议内容不得损害社会公共利益。三是被告以反诉方式提出的诉讼请求，法院不予受理。四是被告不履行已生效判决、裁定的，法院应移送执行，而非原告主动申请。就义务方面，社会组织提起诉讼与普通诉讼原告最大的区别在于社会组织不得通过诉讼活动牟取经济利益，即诉讼仅能为维护环境公共利益而展开。

其次，检察机关因其职能而享有环境行政公益诉讼的诉权，这类环境公益诉权的行使具备特殊性，具体表现在：一是检察建议具有法定效力。依据《行政诉讼法》《关于检察公益诉讼案件适用法律若干问题的解释》

---

① 例如，《贵州省大气污染防治条例》第30条、《贵州省水污染防治条例》第24条、《山东省环境保护条例》第66条、《山东省大气污染防治条例》第24条、《云南省大气污染防治条例》第17条、《青海省大气污染防治条例》第24条、《甘肃省麦积山风景名胜区条例》第25条、《河北省环境保护公众参与条例》第5条、《河北省水污染防治条例》第65条、《河北省大气污染防治条例》第75条、《吉林省黑土地保护条例》第49条、《辽宁省环境保护条例》第62条、《辽宁省大气污染防治条例》第26条、《陕西省秦岭生态环境保护条例》第10条、《陕西省大气污染防治条例》第79条、《湖北省土壤污染防治条例》第55条、《湖北省水污染防治条例》第67条、《福建省多元化解纠纷条例》第31条、《广东省环境保护条例》第18条、《上海市环境保护条例》第64条、《新疆维吾尔自治区环境保护条例》第12条等。

等，检察机关所针对行政机关发出的建议具有法定效力，否则行政机关将被诉至法院。二是检察机关不同于普通原告，而是作为公益诉讼起诉人身份提起诉讼，对于符合条件的诉讼，法院"应当"登记立案，而非"可以立案"。三是上一级人民检察院享有参与二审、撤回上诉的权利。根据规定，享有上诉权的检察机关仍然是提起诉讼的检察机关；上一级检察机关虽没有上诉权，但有撤回上诉的权力。而在义务方面，检察机关因其法律监督者身份承担了比普通原告更多的义务：一是检察机关提起诉讼是履行法定职责，即诉讼线索通常是"在履行职责中发现"，且"应当及时向行政机关发出检察建议"，这就意味着检察机关不得同其他诉讼主体一样随意放弃环境公益诉权，甚至在诉讼中向行政机关换取某种赔偿或补偿性利益。[①] 二是承担较严格的证明责任。尽管司法解释并未明确检察机关在环境公益诉讼的证明责任，但司法实践中，检察机关基于自身职能承担了较多的举证责任，通常对环境公益损害的证明提供了较为充分的证据，明显高于普通诉讼原告的证明程度。

(三) 受案范围的拓展

环境公益诉讼是仅针对排除私益后的环境公益而提起的诉讼，其受案范围围绕着"环境公益"展开，属于法院诉讼要件审查顺序中靠前的要素。我国立法却始终对这部分内容摇摆不定，在诉讼受案范围这部分出现过几次变化。

结合实然规定来看，最初《最高人民法院关于审理环境民事公益诉讼案件适用法律若干问题的解释》将诉讼范围限定在"已经损害社会公共利益或者具有损害社会公共利益重大风险"范围，但《民事诉讼法》修订时并未采用这一表达，而是仅列举了"损害社会公共利益"这一描述，内容均是围绕着"公益"展开，只是对其进行了限缩，排除了"重大风险"情形。司法实践中，多数是已经损害环境公益的具体情形，包括大气污染、水污染、土壤污染等情形，还有生态破坏等案件的出现，例如，法院判令地方政府和村委会移栽古枣树死亡所致生态环境受到损害而赔偿服务功能损失费的案件[②]。甚至近几年也出现了少量的预防具有损害

[①] 蒋成旭：《行政诉权处分的司法审查——以行政审判中的息诉承诺为例》，《法学家》2019年第5期。

[②] 参见河南省高级人民法院（2018）豫民终344号。

环境公益重大风险的诉讼,例如,2015年中石油云南炼油案、2017年绿孔雀栖息地保护案、2018年回龙山水电站建设案、2019年安徽八公山风景名胜区生态破坏案、2020年刚刚判决的五小叶槭案等。

同时,《行政诉讼法》中的公益诉讼条款还允许以维护"国家利益"作为起诉事项,采用了"国家利益与社会公共利益"的条款表达。尽管纯粹政治学意义上的国家和政府不存在自身利益,但在现实生活中国家和政府不可能存在完全的超然性,因而,也就出现了国家利益这一区分。司法实践中,围绕着国家利益开展的环境公益诉讼多是涉及国有土地使用权出让这类案件,如潜江市人民检察院诉潜江市国土资源局不履行法定职责案,[①] 因被告在作出征缴土地闲置费决定后,既未在法定期间内催告行政相对人履行义务,也未向法院申请强制执行,致使土地闲置费征缴不到位而造成国家利益受损。有学者曾统计,在所统计的275份判决书中,法院对利益的描述分为三种,即国家利益、社会公共利益及国家和社会公共利益。相比较之下,大部分案件并未明确区分国家利益和社会公共利益,而是直接采用"国家和社会公共利益"这一范围进行利益认定。[②]

第三节 我国环境公益诉权的调适

当前,我国采取的"民事+行政"的诉讼框架体系,两者并列运行。然而,现有立法和司法实践表明,我国环境公益诉权的安排是采取边试点边立法的建构轨迹,这导致我国环境公益诉权的构建并非以整体性协调运作的逻辑进行,极易产生各种冲突或阻碍,影响着我国环境公益的多维度平衡与保护。

一 环境民事公益诉权之调适

行政机关是公益维护的首要责任主体,而环境民事公益诉讼的提起不应越过负有监管职责的行政机关,甚至因脱离"法定"而缺乏诉权行使

[①] 参见湖北省潜江市人民法院(2017)鄂9005行初1号。
[②] 秦鹏、何建祥:《检察环境行政公益诉讼受案范围的实证分析》,《浙江工商大学学报》2018年第4期。

必要性。由此，应当对我国环境民事公益诉权加以限缩，厘清环境民事公益诉权行使的空间范畴。

（一）环境民事公益诉权脱离"法定"

尽管我国法律规范最先确立环境民事公益诉权，但其因法定化不足而具有私法诉讼特征，这种以私法规则处理公益问题的错位造成了司法难题，又使得诉权行使与行政执法产生重叠和冲突。

其一，环境公益的判断脱离"法定"。在对环境公益的判断方面，结合司法解释来看，检察机关仅能针对损害社会公共利益的行为提起诉讼，而社会组织还能针对重大环境风险的情形提起诉讼。不仅如此，立法对环境公益如何受损及如何救济并未规定，致使司法实践中对环境公益的判断成为原告和法官的一种选择，这就使得环境民事公益诉讼的启动呈现一种较为不稳定的局面。针对受到污染但政府已经采取措施并使得风险得到控制的土地提起环境公益诉讼，[①] 在土地已经得到处置和修复后是否仍然存在着环境公益受损的情形呢？针对正在开发中的水电建设项目可能存在重大环境风险的情形提起环境公益诉讼，[②] 其中损害社会公共利益的情形并不直接等同于建设项目不产生任何影响，即便会产生不可逆转的风险，这也应属于行政权优先规制的风险范畴。

其二，环境公益诉权主体间的关系不清。法定社会组织和检察机关因立法均享有环境民事公益诉权，但两者之间并没有很好地衔接。其中立法赋予检察机关以环境民事公益诉讼的支持起诉权，但检察机关自身的职责权限使得其提起环境刑事诉讼时通常会附带性提起环境民事公益诉讼，由此逐步成为环境民事公益诉讼的主要推动力，检察机关的支持起诉功能相对弱化，而原本占据主导地位的法定社会组织沦为次要主体。这种现象可被称为"支持起诉替代化"或"环境民事公益诉讼公法化"。[③] 除此之外，基于环境公益诉权的权源，环境公益必然涉及不特定多数人的环境利益，而作为直接利害关系人的公民和常规公益代表行政机关都并未被赋予环境公益诉权。一方面，代表人诉讼、团体诉讼乃至集团诉讼这类自益型诉讼同样能在维护环境公益方面发挥重大作用，那么，在通过这类诉讼维

---

① 参见江苏省高级人民法院（2017）苏民终232号。
② 参见云南省高级人民法院（2020）云民终824号。
③ 秦天宝：《论环境民事公益诉讼中的支持起诉》，《行政法学研究》2020年第6期。

护环境公益的情形下，环境民事公益诉讼的作用又有多大？另一方面，2017年《生态环境损害赔偿制度改革方案》赋予行政机关以生态环境损害赔偿权，那么，在面对同一环境损害事件时，究竟哪类主体提起的诉讼更能代表和维护公益呢？

其三，诉讼提起的必要性不充分。结合环境民事公益诉讼的规范内容，其与行政执法程序存在着重叠之处。譬如，"德州大气案"[①] 中，在被告已被监管部门"责令全部停产整治、停止超标排放废气污染物"的情况下，法院仍受理案件并判令停止侵害，可能引发一系列问题。从法理上来说，经过行政执法阶段后，法院就同一事项作出类似处理实无必要，判令修复原状和赔偿损失与具有生态损害填补功能的行政执法重叠。[②] 这样的情形无疑是将本属于立法机关或行政机关的公共决策问题纳入司法权范畴，两者之间出现错位，导致本可通过行政救济手段予以解决的环境问题转入诉讼程序，缺乏环境公益诉权行使之必要性。

（二）公法视角下环境民事公益诉权的限缩

公法诉讼是"某些公共项目实施过程中招致不满与冤屈，要捍卫宪法或制定法中体现的某些法则或公共政策，从而通过司法促进社会变革的诉讼"[③]。当前，我国环境民事公益诉权是在侵权诉讼框架下成形与发展而来，也融合了行政执法的特征，但要实现环境公益诉权的正当化、实质化和协同化发展，应当以公法机制作为功能定位，只是现行环境民事公益诉讼与公法机制之间仍然存着距离。

环境公益诉讼应当是保障环境守法的补充性手段，并区别于其他机制的责任内容和实际功能，这就需要对我国环境民事公益诉权予以限缩。首先，行政机关作为执法主体应先充分履行监管职责，尤其是维护社会公共利益，环境民事公益诉权的行使应当让执法优先，只有在执法机关未能采取措施时方能启动，避免两者独立行使导致的责任重叠。那么，环境公益诉权的行使必然要受到行政执法的程序限制，即应要求法院在收到起诉资料后先通知行政机关并留出其处理期限，行政机关逾期未处理的情形再由法院受理。其次，只有当行政机关缺位时，环境民事公益诉讼才有提起的

---

① 参见山东省德州市中级人民法院（2015）德中环公民初字第1号。
② 罗丽：《我国环境公益诉讼制度的建构问题与解决对策》，《中国法学》2017年第3期。
③ 侯佳儒：《环境公益诉讼的美国蓝本与中国借鉴》，《交大法学》2015年第4期。

空间，而至于诉讼空间，应当结合已有诉讼程序加以探讨。国外诉讼立法和司法实践表明"因同一环境侵害引起的公私益交织型损害，由法院进行合并审理一并解决的做法，已经是法律政策上的大势所趋"①。这意味着环境公益损害的部分情形可以通过私益诉讼加以解决，如私益诉讼中的支持起诉、代表人诉讼、团体诉讼乃至集团诉讼等民事诉讼能够维护社会公共利益，因而这部分利益维护应当从环境民事公益诉权的行使空间中剥离。除此之外，我国生态环境损害赔偿诉讼能够填补我国自然资源国家所有的利益缺失，环境民事公益诉权的行使空间应当再次限缩。生态环境损害赔偿诉讼属于生态损害填补诉讼，是在行政执法手段之外由行政机关针对环境损害情形所创立的一种具有损害填补功能的手段，行政机关行使诉权具备一定正当性和优先性。如此，在自然资源无法定监管机关或监管机关不明时，可以通过环境民事公益诉讼进行维护相关公共利益。最后，对环境风险的规制同样不应属于环境民事公益诉权行使范畴。随着"夜警国家"向"福利国家"发展，再到"风险社会"的模式转变，行政机关的职能从"以推动和促进经济增长为主转为兼顾社会风险的控制、社会稳定的维护、非经济性社会公共利益以及弱势群体权益的保护"②。当环境风险行政规制困难时，公法上的司法审查能够在规范行政权行使方面发挥作用，即允许相应主体依据预防环境法律制度，对风险规制行为提起带有预防作用的诉讼。

基于此，环境民事公益诉权的行使空间应当限缩至环境公共利益之无主的或非私人所有的环境要素、自然资源、生态系统的损害。这部分应允许社会组织提起诉讼，相比较之下，检察机关作为国家的法律监督机关应当在现行法无明文规定行政机关行使职权的领域提起环境民事公益诉讼。

二　环境行政公益诉权之调适

环境行政公益诉权的立法设计，仍未能摆脱诉讼主观化之特征，由此，环境行政公益诉权的客观化方向应当是确立多元化主体诉讼模式，限

---

① 张旭东：《环境民事公私益诉讼并行审理的困境与出路》，《中国法学》2018年第5期。
② 王明远：《论我国环境公益诉讼的发展方向：基于行政权与司法权关系理论的分析》，《中国法学》2016年第1期。

缩诉权行使空间范围以及明确所诉行为的判断标准和审查程度。

（一）环境行政公益诉权的主观化趋势

我国对环境行政公益诉讼的制度设计主要是赋予检察机关以"公益诉讼起诉人"身份行使环境行政公益诉权。通过司法实践观察，检察机关已然成为环境公益诉讼的主要力量，但根据环境公益诉权的发展要求，我国环境行政公益诉权的设置与维护环境公益之间仍存在距离。

首先，基于客观诉讼性质的诉权主体设置单一。我国特定的宪制结构和法制体系决定了我国公益诉讼只能以客观诉讼为主要发展方向。[1] 这决定了我国环境公益诉权建构时必然要受所诉公共利益的内容和性质影响，同样也需要始终围绕着恢复客观法律秩序的诉讼目的而展开。要实现诉权的客观化，很大程度上依赖于不同权利主体之间监督权限的平衡。[2] 我国通过立法确立检察机关作为唯一起诉主体，而检察机关作为国家法律监督机关的公益代表人身份起诉具备正当性基础，但其实践运行的不足也是存在的，如检察机关的起诉一方面来源于履职发现，另一方面来源于公民、法人等社会团体的举报等，相比较公民的积极性来说，检察机关更显被动。检察机关作为国家机关不可避免地具备一定行政性，有学者指出：检察机关在环境资源和环境利益的司法救济当中，应该起到监督和领导作用，而非主要的行动者。[3]

其次，国家利益的主观性特征。依据《行政诉讼法》规定，国家利益与社会公共利益共同构成我国行政公益诉讼的受案范围，其中，环境领域中国家利益主要体现为自然资源国家所有的部分，由国家机关代为维护"国家利益"并不存在任何理论障碍，但这实质上反映出国家对自身利益的维护，应属主观诉讼的范畴。这部分基于自然资源国家所有权产生的国家利益显然不属于社会公共利益范畴，环境公益诉权的行使不应囊括国家利益。结合环境公益诉权的实质化要求，环境行政公益诉权的设置应当始终以"环境公共利益"为基点。

最后，对违法行为的判断标准不明确。诉前程序作为环境行政公益

---

[1] 刘艺：《构建行政公益诉讼的客观诉讼机制》，《法学研究》2018年第3期。
[2] 曾哲、梭娅：《环境行政公益诉讼原告主体多元化路径探究——基于诉讼客观化视角》，《学习与实践》2018年第10期。
[3] 李挚萍：《环境法的新发展——管制与民主互动》，人民法院出版社2006年版，第389页。

诉讼的重要组成部分，是诉讼程序的必经前置程序，尽管其可以独立作为一项程序而启动，但这并不意味着它不受诉权的约束。诉前程序和诉讼程序的适用范围主要是"负有监督管理职责的行政机关违法行使职权或不作为"，而实践中检察机关提起诉讼主要集中于行政机关不作为案件①，受案范围中针对"行政机关违法行为"的规定基本沦为具文。这就涉及如何将行政机关违法行使职权的行为具体化，从而明确诉讼提起的条件，避免检察机关"选择性起诉"而致使损害环境公益的情形持续存在。

（二）环境行政公益诉权的客观化路径

传统诉权理论的"私益保护性"已深深嵌入行政诉讼各项机制和诉讼理论中，致使我国环境行政公益诉权客观性不足。基于环境行政公益诉讼作为客观诉讼的定位，通常以行政机关为被告，倘若涉及国家利益之维护问题，就可能会出现行政机关损害国家利益的逻辑矛盾，因而，在环境行政公益诉权的行使中应当以环境公益为目的。

基于环境公益为诉讼目的的诉权行使，作为"社会"之代表的社会公众理应享有。社会组织或公民提起的环境行政公益诉讼"旨在赋予代表环境公益的社会组织或公民借助司法公器督促政府或行政机关履行国家环境保护义务和实现环境公共治理"②。源于环境权的环境公益诉讼具有自然性、基础性、平等性、控权性，社会组织或公民提起环境行政公益诉讼恰好是环境权得到认可与实现的最佳表现，同时，法院公正保障环境公益诉权之实现是我国司法改革迈向司法公正、司法独立的又一大表现。只是我国市民社会的不发达决定了我国无法像他国那样完全授权由公民来提起环境行政公益诉讼，当前，我国环境行政公益诉讼制度刚刚设立，因而，可以分阶段逐步放开原告诉讼资格，基于社会组织自身的迅速发展和长期的经验积累，优先授权环保社会组织提起行政公益诉讼更为妥当，待诉讼发展到成熟阶段，再放宽至"公民个人"。

在对可诉行政行为的判断标准方面，环境行政公益诉讼的启动必须以实质环境公益侵害为前提，且这种损害无特定主体，具体开展的路径可通

---

① 张锋：《检察环境公益诉讼之诉前程序研究》，《政治与法律》2018年第11期。
② 梁春艳：《社会主体提起的环境行政公益诉讼研究》，博士学位论文，武汉大学，2017年，第83页。

过肯定和否定列举的方式对其加以明确。结合环境问题的特殊性，可参考我国《环境保护法》第 68 条规定①对可诉行政行为予以列举，同时，应当明确排除非行政行为和特殊行政行为，前者非行政行为主要是指国防、外交等国家行为、权力机关依照法律实施的行为，后者特殊行政行为主要指行政机关内部行为、法律规定的行政机关最终裁决的行政行为、国家机关之间的内部管理行为等，继而通过否定式列举方式对肯定的行政行为进行修正、补充。除了行政机关违法行使职权和不作为两类行为以外，在行政行为可诉性问题上，还需考虑行政行为审查深度的问题，即对抽象行政行为的审查。当前我国行政诉讼仅允许针对具体行政行为提起诉讼，然而实践中环保部门的政策、决定、命令等都会极大影响环境公益，德国环境保护法律中专门规定了针对特定的环境决定、命令，甚至是对公众参与环境决策权的审查，恰好为我国提供了一种谨慎可行的思路，我国可在专门环境法律规范中规定对环境领域的规章以下的部分抽象行政行为的审查。有学者认为 2014 年《行政诉讼法》将"具体行政行为"改为"行政行为"，已实际允许有条件地对规章以下的规范性文件进行司法审查，②这从现实中消除了处于具体行政行为与抽象行政行为之间的模糊地带，为产生重大环境影响的抽象行政行为进行司法审查提供了可能性。

不仅如此，客观诉讼理论要求环境行政公益诉权的行使以"义务"要素而非"权利"要素为主导，这意味着诉权主体应当承担比普通诉权主体更多的义务，包括履行诉前程序、承担举证责任等方面。

---

① 《环境保护法》第 68 条：地方各级人民政府、县级以上人民政府环境保护主管部门和其他负有环境保护监督管理职责的部门有下列行为之一的，对直接负责的主管人员和其他直接责任人员给予记过、记大过或者降级处分；造成严重后果的，给予撤职或者开除处分，其主要负责人应当引咎辞职：（一）不符合行政许可条件准予行政许可的；（二）对环境违法行为进行包庇的；（三）依法应当作出责令停业、关闭的决定而未作出的；（四）对超标排放污染物、采用逃避监管的方式排放污染物、造成环境事故以及不落实生态保护措施造成生态破坏等行为，发现或者接到举报未及时查处的；（五）违反本法规定，查封、扣押企业事业单位和其他生产经营者的设施、设备的；（六）篡改、伪造或者指使篡改、伪造监测数据的；（七）应当依法公开环境信息而未公开的；（八）将征收的排污费截留、挤占或者挪作他用的；（九）法律法规规定的其他违法行为。

② 王春业：《行政诉讼受案范围引入负面清单模式的思考》，《重庆大学学报》（社会科学版）2016 年第 3 期。

第四节　我国环境公益诉权之保障

基于诉权理论的环境公益诉权构建与调适，下一步便在于如何将环境公益诉权落到实处。而环境公益诉权依据立案程序和审判程序两个阶段来划分，可以分为起诉权和获得裁判权。起诉权之保障在于立案程序之设置，结合环境问题之特殊性考虑，应选择"环境公益"的立案审查方式，而获得裁判权之保障则在于审判组织和审判程序两个方面，即审判组织需要保障法官职权的扩张与规制，审判程序方面则在于诉讼费用的优化设计、举证责任的合理分配及诉讼程序合并行使。

一　起诉权保障

尽管不同国家、不同时期对环境公益的理解并不相同，但对司法实践而言，司法权作为一种判断权，有必要以特定的方式对所提起的案件进行"公益性"判断。在此基础上，为了保障环境公益诉权的有效行使，有必要确立"环境公益"司法审查方式，并通过案件类型的区分以识别环境公益诉权行使之必要性。

（一）明确"起诉条件"的审查标准

法院对环境案件的起诉条件之审查主要参照《民事诉讼法》《行政诉讼法》等法律规定，但究竟是采取登记即立案的方式还是形式审查方式并没有明确标准。前述所提及印度的书信管辖制度就是典型的登记立案型，这类审查方式意味着法官并不参与诉讼启动，当法院接收到起诉状文书后即完成，至于诉的"起诉要件、诉讼要件、本案要件"都在诉讼系属后由法官合并评价。[①] 印度之所以采取这类审查方式是因为印度国家环境问题十分严峻，在全世界排名前30被列为世界上受污染最严重的城市名单中，印度就有16个城市上榜，其中空气质量超标、水质污染等已经严重影响到当地人们的日常生活，环境保护任务迫在眉睫。因此，印度设立国家绿色法庭，通过采取这类较为绝对化的审查标准以缓解经济发展和环境保护之间的紧张关系，事实上也确实产生了一定的推动作用。但同时也相当于把诉讼启动直接等同于原告提交文书的行为，极易导致法院对一

[①] 段文波：《起诉程序的理论基础与制度前景》，《中外法学》2015年第4期。

切诉讼丧失"过滤"机制，略显极端。相比较之下，更为理想的方式是法院对起诉条件的审查以形式要件为标准。所谓形式要件审查，既没有将所有要件放在立案后再审查，也没有将起诉要件单独放在立案前审查，而是在审查起诉要件时夹杂了对诉讼要件、本案要件的部分内容之审查。

可以将"起诉条件"限定为起诉文书中包含必要的记载事项。首先，有明确的当事人。环境公益诉权的原告主体通常采取法律授权，即提起诉讼的主体并非直接利害关系人，而是旨在维护环境的相关主体。例如，社会组织提起诉讼的资格认定应当从登记部门层级、从事环保公益活动年限、诚信状况等方面进行审查。被告应指向明确具体的主体，对其不做适格性审查。其次，有公益维护请求。以环境行政公益诉讼为例，只要检察机关提出明确维护环境公益的诉讼请求，如请求撤销或变更被诉行政行为的诉讼请求，旨在预防或防止环境公益损害情形发生而非保护个人私益或其他利益则视为明确具体。再次，有违反环境公益的事实和理由。行为违法等事实和理由一般均有明确的法律规定支撑，如以公共利益为目的的企业项目环评中，公众的知情权、参与权等权利得不到保障，则违反了《环境影响评价法》之规定，又或者在行政机关未依法履职时，有违《行政诉讼法》等规定。在审查事实和理由方面，法院不要求审查实质是否违法，只要形式上符合案件成立的基本条件即可。最后，原告已充分履行诉前程序的说明。被告在经过诉前程序后拒不纠正其违法行为或仍然不作为，此时视为原告已履行诉前程序，可直接提起诉讼。据此，通过明确"起诉条件"的审查标准，能够杜绝我国环境公益诉讼中随意立案或拒绝立案的现象，确保环境公益诉权行使得到规范运行。

(二) 区分环境资源案件类型

除了起诉条件的模糊性所带来的起诉难问题，环境公益诉讼案件类型化缺失同样致使起诉难。尽管最高人民法院要求不得以当事人诉请无相应案由为由裁定不予受理或驳回起诉，但实践中法院仍然将案由当作受案范围，致使新型环境案件因无对应案由而被拒之门外，即便接收后也不知该放置哪个法庭进行审理。即便是专门成立的环境资源审判庭，常常因案件类型的类型化不足而致使案件难以得到正确处理。有部分法庭在设立之初因案件总量过少，而将农村集体土地行政案件纳入，与最高人民法院最新规定的"土地征收类案件，不纳入环境资源案件统计范围"相矛盾。也有法院①在审理涉危险废物处置协议过程中,以诉请履行合同款项义务不属于环境资源案件为由驳回当事人起诉,但按照最高人民法院关于印发《环境资源案件类型与统计规范(试行)》的通知第6.2.1条要求,属于生态环境治理与服务中的第三方处置情形,应当由管辖环境资源案件法院受理。还有基于相邻关系产生民事纠纷管辖范围长期牵扯不清,包括通风纠纷、相邻采光、日照纠纷、相邻污染侵害纠纷等,是否属于集中管辖的范围存在较大争议。而此类案件是否界定为环境污染责任纠纷,在构成要件、举证责任分配等方面对案件当事人诉讼策略与法官判断产生的影响很大。

结合前述环境公益诉权的正当化要求,环境案件的类型化实有必要,不论是环境类还是资源类,抑或是生态类环境案件的受理,都应当关注到环境要素本身,关注到主体行为实施对生态环境或自然资源所产生的物理性或化学性影响,从而通过环境要素进一步威胁到人类生存和发展的情形。近些年,最高人民法院所发布的环境资源审判白皮书将环境资源案件分为环境污染防治案件、生态保护案件、资源开发利用案件、气候变化案件及生态环境治理与服务案件。② 但显然,气候变化属于原因行为,而环境、资源与生态属于原因行为作用之对象,生态环境治理与服务同样作用于环境、资源与生态。因而,应当将案件类型划分为环境、资源与生态三种大类。其中,环境类案件比较容易判断,通常是污染源进入环境介质中所产生的物理性污染、化学性污染或生物性污染,资源类案件则是人们在开发利用过程中对自然资源的过度开采或破坏,关注"哪些自然资源权益受到了侵害,受到了何种程度的侵害"③,表现为自然资源的生态改变、质量降低、数量减少所导致的不利影响。生态类环境案件属于环境污染和资源破坏均存在的复合型,主要关注生物多样性的保护问题,包含遗传多样性、物种多样性、生态系统多样性及景观多样性等,而这类案件的诉求应当是针对多种环境要素协调运行的动态系统的稳定性而采取恢复措施。

---

① 参见江苏省盱眙县人民法院(2020)苏0830民初2317号。
② 参见最高人民法院《中国环境资源审判白皮书(2019)》,2020年4月。
③ 张璐:《自然资源损害的法学内涵解读——以损害与权利的逻辑关联为视角》,《华东理工大学学报》(社会科学版)2012年第4期。

二 获得公正裁判权保障

美国法学家德沃金曾言:"法治的建立不是靠政府,而是靠独立自治的有权作出终极司法审查的法院。法院是法律帝国的首都。"① 要确保环境公益诉权的有效实施,不仅要保障起诉权实现,还要保障获得公正裁判权,具体从法官职权、诉讼费用、举证责任及诉讼程序等方面入手。

(一) 法官职权的扩张与规制

获得公正裁判权是环境公益诉权的应有之义,这意味着在整个诉讼程序中法院应当公正对待原被告双方,即便是不涉及私人利益的诉讼程序,更要注意到社会公共利益与个体私人利益之间的把握,避免以社会公益之名侵蚀私人利益。

环境公益诉讼的利益特殊性对法官职权提出了较大的挑战,促使其不得不在职权行使方面做出一定的扩张。结合已有法律规定及司法解释,法官职权类型包括依职权调查证据、释明权、事实认定权、程序控制权、撤诉裁量权等。这些职权的确立是出于对环境公益的维护,要求法官挣脱私益诉讼的规则束缚,通过法官职权行使以参与到环境公益维护中。例如,释明权虽然是民事诉讼法上的一项制度,旨在让法官通过释明权行使以控制诉讼风险,而环境公益诉讼因其所诉利益广泛,更需要法官释明权的支持。2017年4月1日《最高人民法院关于审理环境公益诉讼案件的工作规范(试行)》中关于明确规定的"释明"的地方就有15处,主要适用于证据补充、诉讼请求变更、追加被告、补正材料、后果释明等情形。在环境公益诉讼中,释明权的行使不仅是为维护社会公共利益,还能弥补当事人"学习机制"②弱化和强调自我责任带来的弊端。环境公益诉讼中的法官职权有着极大的突破,赋予了其扩大化的司法职权和自由裁量空间,但同时还需要以精细化和长远性的角度规范法官职权行使。规范法官职权行使意味着法官在处理环境公益诉讼案件时要坚持依法独立行使审判权,既不能怠于行使,也不能过度行使。以释明权为例,要实现释明权的功能性扩张与公益目的性扩张的平衡,需要结合裁判过程的不同阶段和要素限

---

① [美] 德沃金:《法律帝国》,李常青译,中国大百科全书出版社1996年版,第361—362页。

② 学习机制是指利害关系人通常会为了自己的利益而主动学习规则。参见张卫平《民事诉讼"释明"概念的展开》,《中外法学》2006年第2期。

定释明对象,包括请求事项、事实主张、证明对象、法律适用等。[1] 同时,还要注意释明权行使限度,应当考虑环境公益诉讼发展状况、当事人诉讼能力和诉讼结构等因素,随着诉讼程序的开展逐步调整释明权行使范围,如最初规定对提交材料不符合立案登记规则的释明是环境公益诉讼初期考虑检察机关对业务不熟和提高诉讼效率而要求的释明,但随着环境公益诉讼制度的逐步成熟,这类释明可以取消。

总之,法官在推动程序运行过程中不仅要始终坚持审判独立原则,避免涉及环境公益事项受到多方利益相关者的直接干扰,还要通过不同职权的行使以促进和协助当事人开展诉讼,且法官职权行使应当始终围绕环境公益维护之目的而展开,不得非法剥夺当事人的合法权利,从而确保诉讼朝着程序平等保障、追求实质正义的方向实现功能性扩张。

(二) 诉讼费用的优化设计

"任何一种法律价值倘要被主体直接享验,必须在实证层面能给主体带来行动的方便和物质的实惠……否则法律价值就变成无价值。"[2] 为了保障诉权的行使,法律必须采取措施以降低成本,否则权利终究只能是"纸上的权利",环境公益诉权行使的成本体现为诉讼成本。所谓诉讼成本是指诉讼主体在实施环境公益诉讼行为的过程中所消耗的人力和物力的总和,即特定的主体为进行诉讼所作的投入。而诉讼成本的高低直接影响当事人获得司法救济权利的行使,一般与诉权实现成本有关的制度即诉讼费用制度。诉讼费用制度是诉讼程序的关键问题之一,其中主要对法院是否应当收取案件受理费展开讨论。考虑到环境公益诉讼的"公益属性投射和影响整个环境公益诉讼制度的架构,作为这一制度重要组成部分的费用制度的构建也应尊崇公益理念,满足和体现公益救济的特殊要求"[3]。因而如何分配环境公益诉讼中的高昂成本,以避免诉讼成本过高产生的阻碍,是我国环境公益诉讼构建诉讼费用制度时应重点考量的。具体从以下三个方面展开:

首先,合理分配国家和当事人之间的诉讼费用负担。要启动诉讼程

---

[1] 吴良志:《环境公益诉讼中释明权的扩张与规制》,《大连理工大学学报》(社会科学版) 2020 年第 6 期。
[2] 谢晖:《法学范畴的矛盾辨思》,山东人民出版社 1999 年版,第 126 页。
[3] 张颖:《环境公益诉讼费用规则的思考》,《法学》2013 年第 7 期。

序，第一步便是缴纳案件诉讼费用，目前我国关于案件受理费、申请费、证人相关费用等实行案件预交制度，预交制度对于防止滥诉有一定积极作用，因而为保障诉讼主体的环境公益诉权，可通过实行费用缓交、减交、免交的方式进行补充，有效保障经济实力不足的原告仍能代表环境公益提起诉讼。除此之外，我国目前在部分单行法，如《水污染防治法》对法律服务机构和律师援助有所规定，但多是倡导鼓励为主，尚未形成明确的制度规范，从国外环境公益诉讼制度来看，法律援助制度实有必要，通过引入环境领域专家、学者或律师，提供相关知识和专业技能，为环境公益诉讼提供专业的咨询意见，减轻原告费用负担，从而帮助环境公益诉讼的顺利开展。

其次，合理分配原被告之间的诉讼费用。这里主要是强调非国家机关的主体提起诉讼的情形。当原告胜诉时，环境公益诉讼发达的国家均会倾向于选择败诉方负担的分配方式，这是因为环境公益诉讼的根本目的在于维护全体社会成员之利益，原告并非直接受益人，不论是从追求社会公平角度还是其他方面来看，被告承担原告所支出的诉讼费用更为合理。换言之，高额的违法成本能够让被告更为重视环境问题。除此之外，印度还建立了胜诉奖励和惩罚机制，这对鼓励原告提起诉讼和防止恶意诉讼卓有成效。在我国，检察机关通过权力行使会关注到环境公益受损情形并采取行动，但社会组织在没有国家权力支撑的情形下，可以通过胜诉奖励的方式提升其维护环境公益的积极性和主动性，反之，若社会组织恶意提起诉讼，法院可以考虑对这类"恶意起诉"情形作出一定的惩罚。若是原告败诉后，相应的诉讼成本应当从维护公益的角度采取诉讼成本分流的方式进行，由国家和全社会共同承担，国家和地方政府可以提供适当的财政支持，同时设立诉讼保险以分散诉讼风险。

最后，诉讼费用资金保障。由于环境公益诉讼所涉环境问题，专业复杂、影响广泛、耗时较长，我国有必要设立全国性环境公益诉讼资金保障制度，也只有设立资金保障制度，前述诉讼费用的负担、缓减免等措施才能得以实施。主要从三个方面着手：一是财政支付。财政支付不论对于检察机关还是社会组织都将是最强有力的保障，增加国家财政对于环境公益诉讼的支持，实现财政单独核算、集中支付、专款专用。二是环境公益诉讼基金会。当前我国试行生态环境损害赔偿制度可提供一种思路，即在现行生态环境损害赔偿金制度中纳入对环境公益诉讼的支持。目前多个地区省、市政府都已在试行生态环境损害赔偿资金管理办法,① 环境公益诉讼的资金保障可借该渠道予以实现,将资金来源和使用范围都扩大至环境公益诉讼范畴,采取由政府部门对资金进行收支管理,实行年度审计监督与社会组织共同监督的方式。三是诉讼费用保险制度。目前,德国、美国等已实施法律费用保险、诉讼保险等法律费用分散办法。诉讼保险是由参加诉讼保险的所有投保人来分化某一具体的投保人的诉讼风险,并且保险公司可通过保险费再投资、再经营的方式将某一具体的诉讼保险投保人的诉讼风险转移到广泛的再投资参与人身上。

(三) 举证责任的合理分配

1. 环境行政公益诉讼的举证责任分配

传统行政法理论认为,在"民告官"的行政诉讼中,被告行政机关相比较原告公民而言,在证据收集能力等方面有着极大优势,因而,不同于民事诉讼中"谁主张谁举证"的责任分配方式,行政诉讼采取举证责任倒置的方式。但是,在环境行政公益诉讼中,诉讼主体、诉讼对象等的公益性特征决定了举证责任分配需进行修正。

环境行政公益诉讼中作为被告的行政机关这一主体并未发生变化,而由其对作出行政行为具备充分的事实根据和法律依据进行说明具备正当条件,行政机关应就行政行为合法性及其作出的依据进行证明。若是行政机关在举证方面拒绝配合,则可采用举证妨碍等法则推定被告存在过错或因果关系。② 但这并不意味着作为原告主体的举证责任的减轻,尤其是当前我国只允许检察机关起诉的背景下,应适度加重检察机关的举证责任,由检察机关对经过诉前程序、起诉符合法定条件、行政机关不作为等事实进行举证。环境行政公益诉权行使主要分为检察建议和诉讼程序两个部分,这就需要对不同阶段的诉权行使的证明责任加以细化和完善。就检察建议而言,这部分不存在结果意义上的举证责任,法定主体承担的只是行为意义上的举证责任,并尽可能提供充分的证据加以证明。当诉讼程序启动时,就要对法定主体的主观举证责任和客观举证责任进行分析考量。就主

---

① 例如,《绍兴市生态环境损害赔偿金管理暂行办法》(2015)、《山东省生态环境损害赔偿资金管理办法》(2017)、《湖南省生态环境损害赔偿资金管理办法(试行)》(2017)、《厦门市生态环境损害赔偿资金管理办法(试行)》(2017)。

② 最高人民检察院民事行政检察厅编:《检察机关提起公益诉讼实践与探索》,中国检察出版社 2017 年版,第 89 页。

观举证责任，检察机关应当提供"被告违法行使职权或不作为致使公益受侵害的证明材料"以及"检察机关已经履行诉前程序行政机关仍不依法行职责或纠正违法行为的证明材料"①，这类证明材料主要涉及诉讼请求成立要件涉及的实体正义，因而法院在审查时应当是形式性审查，符合起诉要件即可。而客观举证责任方面，当检察机关主张行政机关不作为而提起诉讼，实际上是对行政机关的职权形成要件之存在进行证明，应当由其承担客观证明责任。若是行政行为已作出，就意味着行政机关负有相应职权义务，应由其承担客观证明责任，若是行政机关提出存在职权妨碍、消灭、排除要件而不作为的，同样由行政机关对这部分要件承担客观证明责任。倘若是检察机关提出存在职权妨碍、消灭、排除要件而行政机关未予以认定的，应由检察机关承担客观证明责任。例如，检察机关主张被告违法行使职权是因其职权已被依法免除或取消，行政机关是在职权免除或取消后越权作出的行为，则检察机关应对职权消灭要件事实承担真伪不明时的客观证明责任。②

因此，环境行政公益诉讼中举证责任分配与行政诉讼一样采取举证责任倒置规制，但同时也有其自身的特殊性，在作为类与不作为类的诉讼程序中，主观证明责任的内容有所区别，客观证明责任的承担随着主观证明责任的内容变化出现主体间的转移。即便环境行政公益诉权在未来被赋予社会组织或其他主体，其主观证明责任与客观证明责任同样依照诉讼请求类型而不断调整。

2. 环境民事公益诉讼的举证责任分配

由于环境民事公益诉讼针对的都是污染者直接造成的环境损害即公共利益的损害，因此，不存在"环境侵权案件"的特殊性，③加之，诉讼程序中原被告双方地位的改变，适用环境侵权证明责任倒置不再具备可行性。

通说认为，环境民事公益诉讼的构成要件有三个：一是侵权行为要

---

① 参见《关于检察公益诉讼案件适用法律若干问题的解释》第22条。
② 刘本荣：《行政公益诉讼的要件分析——以要件事实理论为视角》，《北方法学》2020年第4期。
③ 陈伟：《环境侵权因果关系类型化视角下的举证责任》，《法学研究》2017年第5期。

件，二是损害结果要件，三是因果关系要件。① 那么，实践中原告主体通常会就这三项要件尽到初步的举证责任，从而使诉讼程序得以启动。其中，原告在履行了初步的主观证明责任之后，究竟应当如何分配客观证明责任成为亟待解决的问题。在汕头市金平区升平杏花屠宰场、陈创新环境污染责任纠纷案②中，法院依据侵权责任法规定，确认被告污染环境造成损害，应当由污染者承担侵权责任，且适用无过错责任原则和举证责任倒置原则。可见，实践中环境民事公益诉讼的裁判思路仍然受到环境侵权诉讼的思路影响，当事实处于真伪不明的状态时，因果关系都被视为存在，且由被告承担败诉风险。结合环境保护与个体权利的双重目标考量，局限于无过错责任原则和举证责任倒置规则的思路，无形之中将生态环境损害的客观证明责任转换给被告承担，由其承担举证不能的后果实在缺乏说服力。有必要结合案件类型具体考虑，综合分析案件情况和证明难度，进行主观证明责任转换、实质性相似事实认定和证明妨碍规则适用等手段以缓解生态环境损害证明困难。例如，原告仅需要证明实质损害，而在无法举证具体数据时，举证责任转移至被告，由被告对原告采取类比方式所举证的证据进行反驳，若其无正当理由予以举证时，则适用原告关于类比同类同等企业认定的主张。倘若主观证明责任再次转移到原告，原告无法进一步举证就应当由其承担举证不能的不利后果，而非一味采取举证责任倒置或因果关系推定的方式，使得证明责任成为专属于被告的责任负担，否则一旦相关事实陷入真伪不明，法官会认定生态环境损害事实成立，其风险就会向原告滥诉方向倾斜，不符合社会总体价值目标。值得注意的是，以刑事判决为事实认定依据的案件占数较多，但并非所有生态环境损害事实都能够通过刑事判决得以认定，因为实际案例中存在着损害不大的情形，例如，在非法捕捞水产品案③中，被告非法捕捞行为造成成鱼损失1公斤，幼鱼减少200尾。其背后的逻辑是不论行为对环境的影响程度，一概认定为生态环境损害会对人的行为自由产生过重负担，且损害评估及索赔亦会带来高昂的费用。④ 可见，法官并不能完全依据刑事判决来要求被告

---

① 傅贤国：《环境民事公益诉讼证明责任分配研究》，《甘肃政法学院学报》2015年第3期。
② 参见广东省高级人民法院（2018）粤民终2224号民事判决书。
③ 参见湖南省桃江县人民法院（2018）湘0922刑初244号刑事附带民事判决书。
④ 刘静：《生态环境损害赔偿诉讼中的损害认定及量化》，《法学评论》2020年第4期。

承担客观证明责任。因此,在环境民事公益诉讼中,社会公众所享有的环境利益应当得到保护和救济,同时,证明责任的分配在对诉讼主体举证困难进行缓解的基础上不应矫枉过正,确保诉讼过程中矫正功能与分配功能得以平衡实现。

(四)诉讼程序的简化适用

在环境公益诉讼中,诉的合并情形涉及环境行政与环境民事公益诉讼的程序协调、环境刑事与环境民事公益诉讼的程序协调。司法实践中,这两种诉讼程序的协调也不断涌现,成为环境公益诉权行使的新方式。同时,生态环境损害赔偿诉讼因与环境民事公益诉讼具有目的一致性而同样存在着诉讼程序的衔接问题。

其一,环境行政公益诉讼与环境民事公益诉讼的程序协调。从受案范围来看,环境行政公益诉讼是针对环境行政主管部门的违法行为或不作为致使环境公益损害的情形提起,环境民事公益诉讼是针对直接造成污染环境、破坏生态,损害社会公共利益的行为提起,且可以通过司法对环境损害加以救济。这两类诉讼所涉事实看似不具有同一性,无法合并审理,但事实上民行交叉案件并非不存在。英美法系国家中,印度在行政执法疲软的情形下引入了环境民事公益诉讼,且具有一定的附随性,即通常需要在对行政机关提起诉讼时,才允许将污染者作为附带环境民事公益诉讼的被告一并提起。[①] 而美国更是因为不存在公私法划分,环境行政公益诉讼与环境民事公益诉讼共同承载于公民诉讼程序,因而,美国公民诉讼同样具备环境行政附带环境民事公益诉讼的制度功能。这是因为环境公益损害很可能是私主体和公权力行为叠加产生的后果,往往私主体的环境侵害行为是由于行政机关违法行为或不作为所产生的,表现为"多因一果"的责任构成,这就使得环境行政责任和环境民事责任同时存在于同一环境公益侵害中。可见,环境行政公益诉权与环境民事公益诉权可以合并行使。

其二,环境刑事诉讼与环境民事公益诉讼的程序协调。有学者质疑环境刑事诉讼与环境民事公益诉讼的合并处理很可能致使刑事责任与民事责任出现功能重叠情形,导致"过罪化"[②] 问题出现。随着刑法理论的发

---

① 张旭东:《环境民事公益诉讼特别程序研究》,法律出版社 2018 年版,第 103—104 页。
② [美] 道格拉斯·胡萨克:《过罪化及刑法的限制》,姜敏译,中国法制出版社 2015 年版,第 374 页。

展，民事责任的承担逐步转化为刑事责任量刑的一项考虑因素而被采纳，即刑事责任着眼于社会秩序维护，民事责任着眼于社会关系的恢复。而环境刑事附带环境民事公益诉讼恰好在刑附民的框架下逐步发展起来，考虑到环境资源类犯罪大多会侵犯环境公益，检察机关通常会结合已掌握的犯罪线索或证据提起附带民事公益诉讼，不仅能够提升司法效率，还能够保证刑事诉讼无法救济的环境公益由附带民事公益诉讼加以填补。其中，恢复性司法理论能够作为两类诉讼程序协调的理论支撑。所谓恢复性司法是指对犯罪行为作出的系统性反应，着重于治疗罪行给被害人和社会所带来的或引发的伤害。[①] 在环境公益侵害中，环境侵害需要通过修复性手段进行填补，而环境民事公益诉讼的修复责任与刑罚的恢复性理念不谋而合，通过环境刑事附带民事公益诉讼不仅可以承载对侵害环境法益的惩罚功能，还能实现环境修复的目标。

其三，环境公益诉讼与生态环境损害赔偿诉讼的诉权行使。生态环境损害赔偿诉讼乃我国独有制度，在与环境公益诉讼的诉权行使问题上，有学者提出应当采取合并审理的方式，以充分调动社会力量积极参与监督、从事环境保护的共治氛围。[②] 回到生态环境损害赔偿诉讼的原义看，其是政府基于自然资源国家所有权提起赔偿诉讼以救济自然资源的生态损害。[③] 该诉讼设计符合传统民事诉讼的"实体权—请求权—诉权"的诉讼构造，而环境公益诉讼虽是以环境权为权利基础而取得正当性，但其诉权主体仍是通过法定诉讼担当获得的诉讼权利。尽管我国《最高人民法院关于审理生态环境损害赔偿案件的若干规定（试行）》采取的制度安排是环境公益诉讼理应让位于生态环境损害赔偿诉讼，但生态环境损害赔偿诉讼与环境公益诉讼存在原因行为、适用范围、诉讼目的、事实认定、责任划分等方面的同一性、隶属性或交叉性特征，两者合并不仅能够避免裁判的冲突和责任承担的重复，还能一次性查明损害事实，节约司法资源，提高诉讼效率。

---

① [美] 丹尼尔·W. 凡奈思：《全球视野下的恢复性司法》，王莉译，《南京大学学报》（哲学·人文科学·社会科学版）2005年第4期。

② 彭中遥：《生态环境损害赔偿诉讼的性质认定与制度完善》，《内蒙古社会科学》（汉文版）2019年第1期。

③ 王树义、李华琪：《论我国生态环境损害赔偿诉讼》，《学习与实践》2018年第11期。

本章小结

本章试图结合前述对环境公益诉讼制度的分析定位，从环境公益诉权的理论和要件入手，对当前我国环境公益诉讼制度加以调适。具体来说，环境公益诉讼制度作为政府环境治理失灵的补充手段，是当前维护环境公益的一项有效制度设计。基于国际和国内的政治、经济等各方面因素的影响，我国环境公益诉讼制度应运而生，并从法律层面得以确立环境民事公益诉讼和环境行政公益诉讼。

当前制度已积累丰富的司法实践经验，但同时也暴露出我国环境公益诉讼制度的问题，表明制度安排并未实现效益最大化之结果。我国环境公益诉讼的发展应当以环境行政公益诉讼为主，通过对行政权的司法监督以加强环境保护和救济力度，若以环境民事公益诉讼为主，则不免会产生"治标不治本"的结果。因而，我国环境公益诉讼制度分别从环境行政公益诉权和环境民事公益诉权的调适入手，前者以环境纠纷可诉性、原告资格认定以及诉之利益判断加以分析和完善，后者以对三要件进行限缩为主，强调充分利用已有私益诉讼制度，避免司法资源浪费。环境公益诉权完善固然重要，其诉权保障机制同样关键。若是缺乏适当的诉讼立案途径，或是缺乏对相关诉讼主体的经济实力、证明能力的保障，再或者诉讼效率的低下都可能会导致环境公益诉讼达不到预期目标，最终可能也只是停留在纸面上的一项新型诉讼制度。

结　语

环境公益诉权之提出，是环境权理念不断发展与深化的必然趋势，也是传统诉权伴随时代发展而横向拓展的结果。具体而言，这得益于环境保护进程的社会化发展趋势。现代意义的环境公益诉权在环境公益诉讼制度的运作中得以实现与发展，其运行机理在于，环境公益诉讼作为一种实践导向机制，已成为各国进行社会变革的重要驱动力，呼吁人们拓展救济方式，转而向国家主张救济私人利益之外的公共利益。

确立环境公益诉权并进行独立研究，有着客观必要性。首先，作为环境公益诉讼制度的核心问题，环境公益诉权的研究至关重要。环境公益诉权与环境公益诉讼的目的、诉讼请求、诉讼类型、诉讼范围等息息相关，决定了环境公益诉讼制度的未来走向。其次，环境公益诉权区别于传统诉权概念。环境公益诉权不仅具备诉权的一般特征，同时还具备一定的特殊性，即诉讼主体的非直接利害关系、诉权行使的公益维护效果等。这意味着环境公益诉权理应单独作为一项命题进行研究。最后，环境权概念的提出不是终结和归宿，而最终起到决定作用并能实现这一权利，需要运用程序法对环境公益诉权予以认可，借由环境公益诉讼对公民的环境权益进行保护。确立环境公益诉权对于实现公民环境权、监督行政权，实质性修复环境、维护环境公共利益，具有重要意义。

环境问题的日益严重和不断扩散，使得环境的公共性特征"昭然若揭"。基于环境公共性原理，国家是环境公益维护的首要责任人，而政府是国家环境保护义务的主要承担者。只是政府失灵同市场失灵一样不可避免，需要依靠其他救济措施加以弥补，当前传统诉讼无法涵盖环境公共利益范畴，故环境公益诉讼制度作为弥补政府环境治理失灵的一项有效途径，有着极大的理论和实践意义，而环境公益诉权作为环境公益诉讼制度的核心应当重点关注。

2017年6月27日，我国《民事诉讼法》和《行政诉讼法》修订正式确立了环境公益诉权,2018年3月2日,最高人民法院、最高人民检察院公布的《关于检察公益诉讼案件适用法律若干问题的解释》首次提出"公益诉权"的概念,但并未对这一概念的基本内涵进行明确界定。这主要是受我国传统诉权理论研究影响,使得环境公益诉权这一概念并未得到足够重视。本书对环境公益诉权的理论及实践展开研究,系统阐述环境公益诉权的起源、概念、权源及配置等内容,从而厘清我国环境公益诉讼制度构建的逻辑关系。只有厘清环境公益诉权的理论基础问题,才能确定基于环境权展开的环境公益诉权之配置问题,进而构建和完善环境公益诉权及其保障机制。

现有的各类诉权理论均无法为环境公益诉讼制度提供充足的理论支撑,归根结底,环境公益诉权仍要回归到诉权理论去探讨。一方面,诉权作为一项基本人权应当从法律层面得到认可;另一方面,环境权与人权的关系充分说明环境权在新时代背景下对传统诉权提出了新的要求,即环境公益诉权的构建。由此可知,环境权系环境公益诉权之权源。基于环境权展开的环境公益诉讼,在配置方面,应寻求相应的权利配置观,即正义价值目标。在正义价值目标指引下,环境公益诉权配置应当遵循分权制衡原则、比例原则、程序保障原则,明确环境公益诉权配置的维度与限制。

成熟的环境公益诉讼制度经验不容忽视,通过对典型国家的环境公益诉权配置的分析,深入了解其诉权配置的理论基础实有必要。美国环境公益诉权的配置充分体现了环境公益诉讼的"公法诉讼"特性,这种公法诉讼理论围绕着立法权、行政权与司法权的关系而展开,是前两者无法有效处理环境公益损害情形的一种有效途径,也为社会公众提供了一种合理化的法律表达方式。印度在国家各种发展矛盾激烈的情形下寻求维护环境正义之路,因而司法带有较为突出的能动主义思想,在这种思想下的环境公益诉权有着许多突破性配置,值得思考和探讨。作为大陆法系国家之一的德国选择在行政诉讼框架下构建公益诉讼制度,定位于客观诉讼类型,环境公益诉权配置所蕴含的客观诉讼理论能够有效维护环境公益。尽管各国制度不尽相同,但背后所旨在追求的目标具有趋同性,因而,结合我国环境公益诉讼二元划分背景,本书提出当前环境公益诉权的发展应当朝着正当化、实质化、协同化方向前进。结合我国环境公益诉权的生成背景与构成要素来看,我国环境公益诉权应当对具体要素进一步作出调整。一方面,对环境民事公益诉权加以限缩;另一方面,对环境行政公益诉权予以重构。当然，环境公益诉权的实现离不开相应机制的保障，本书提出一系列相应机制的构建，以保障我国环境公益诉权的行使。

我国环境公益诉权理论研究并不多，本书的研究更大意义上在于，《环境法典》编撰在即，通过厘清环境公益诉权的实现路径，避免环境公益诉讼制度的构建偏离应然轨道十分重要。同时，研究还存在一定待完善之处：首先，检察公益诉讼制度应成为重点，但本书重点关注在环境公益诉权本身，而非检察机关的环境公益诉权这一问题，因而这部分的专门分析篇幅较少，毕竟与我国立法和司法实践相结合的理论分析才能促进该项制度的发展，这有待于后续进一步的理论深度挖掘。其次，国外环境公益诉权配置的考察实有必要，有助于我国在构建环境公益诉讼制度时吸取经验和教训，但囿于语言问题，本书对德国环境公益诉权的分析多源于英文或译著等二手材料，研究深度还有待提高。最后，通过对环境公益诉权的理论分析，试图对我国环境公益诉权加以调适，但就我国构建环境公益诉讼的客观条件而言，如我国法律监督制度自身所存在的问题，使得环境公益诉权的理论与实践还存在一定的距离。总的来说，环境公益诉权的理论研究体现的是一种价值追求和方向指引，而所谓的理论有待于司法实践的检验且不断修正，从而在此基础上构建起具有中国特色的环境公益诉讼制度，将该制度的作用真正发挥出来，致力于我国环境法治建设。

主要参考文献

一 中文著作

白彦:《民事公益诉讼理论问题研究》,北京大学出版社2016年版。
别涛:《环境公益诉讼》,法律出版社2007年版。
蔡守秋:《环境资源法学教程》,武汉大学出版社2000年版。
蔡守秋主编:《环境资源法学教程》,武汉大学出版社2000年版。
蔡志方:《行政救济法新论》,元照出版有限公司2001年版。
曹达全:《行政诉讼制度功能研究:行政诉讼制度在宪政和行政法治中的功能定位》,中国社会科学出版社2010年版。
陈光中、江伟主编:《诉讼法论丛》(第一卷),法律出版社1998年版。
陈亮:《环境公益诉讼研究》,法律出版社2015年版。
陈亮:《美国环境公益诉讼原告适格规则研究》,中国检察出版社2010年版。
陈荣宗、林庆苗:《民事诉讼法》(上册),三民书局2013年版。
陈小平、潘善斌、潘志成:《环境民事公益诉讼的理论与实践探索》,法律出版社2016年版。
陈晓明:《修复性司法的理论与实践》,法律出版社2006年版。
陈真亮:《环境保护的国家义务研究》,法律出版社2015年版。
程燎原、王人博:《权利及其救济》,山东人民出版社1998年版。
邓一峰:《环境诉讼制度研究》,中国法制出版社2008年版。
费安玲、[意]桑德罗·斯奇巴尼:《罗马法、中国法与民法法典化:从罗马法到中国法:权利与救济》,中国政法大学出版社2016年版。
冯汝:《环境法私人实施研究》,中国社会科学出版社2017年版。
傅剑清:《论环境公益损害救济——从"公地悲剧"到"公地救

济"》，中国社会科学出版社2017年版。

高建主编：《西方政治思想史》（第三卷），天津人民出版社2005年版。

顾培东：《社会冲突与诉讼机制》，法律出版社2016年版。

郭道晖：《社会权力与人民社会》，凤凰出版社传媒集团译林出版社2009年版。

何勤华：《西方法学史》，中国政法大学出版社1996年版。

贺海仁：《公益诉讼的新发展》，中国社会科学出版社2008年版。

胡德胜主编：《环境与资源保护法学》，郑州大学出版社2010年版。

胡中华：《环境保护普遍义务论》，法律出版社2014年版。

黄金荣：《司法保障人权的限度——经济和社会权利可诉性问题研究》，社会科学文献出版社2009年版。

黄学贤、王太高：《行政公益诉讼研究》，中国政法大学出版社2008年版。

黄忠顺：《公益性诉讼实施权配置论》，社会科学文献出版社2018年版。

季卫东：《法律程序的意义——对中国法制建设的另一种思考》，中国法制出版社2004年版。

菅从进：《权利制约权力论》，山东人民出版社2008年版。

江伟、邵明、陈刚：《民事诉权研究》，法律出版社2005年版。

金瑞林主编：《环境与资源保护法学》，北京大学出版社2006年版。

李惠宗：《主观公权利、法律上利益与反射利益之区别》，载台湾行政法学会编《行政法争议问题研究》（上册），五南图书出版社2000年版。

李楯：《环境公益诉讼观察报告（2015年卷）》，法律出版社2016年版。

梁君瑜：《行政诉权研究》，中国社会科学出版社2019年版。

林莉红主编：《中国公益法论丛》（第1卷），武汉大学出版社2012年版。

刘敏：《裁判请求权研究——民事诉讼的宪法理念》，中国人民大学出版社2005年版。

刘荣军：《程序保障的理论视角》，法律出版社1999年版。

刘作翔：《多向度的法理学研究》，北京大学出版社 2006 年版。

楼利明：《法律对公共利益判断的控制：一种原则与规则并重的程序控制方法》，浙江工商大学出版社 2010 年版。

吕太郎：《民事诉讼之基本理论》，中国政法大学出版社 2003 年版。

吕忠梅等：《超越与保守——可持续发展视野下的环境法创新》，法律出版社 2003 年版。

潘剑锋：《民事诉讼原理》，北京大学出版社 2001 年版。

邱聪智：《公害法原理》，辅仁大学法学丛书编辑委员会 1984 年版。

任瑞兴：《在价值与技术之间：一种诉权的法理学分析》，法律出版社 2010 年版。

沈宗灵：《法理学教程》，高等教育出版社 1994 年版。

孙洪坤：《检察机关参与环境公益诉讼的程序研究》，法律出版社 2013 年版。

孙佑海：《环境司法理论与实务研究》，人民法院出版社 2014 年版。

谭兵、李浩：《民事诉讼法学》，法律出版社 2009 年版。

唐士其：《西方政治思想史》，北京大学出版社 2002 年版。

王连昌：《行政法学》，中国政法大学出版社 1994 年版。

王名扬：《法国行政法》，北京大学出版社 2016 年版。

王名扬：《美国行政法》（下），北京大学出版社 2016 年版。

王蓉：《环境法总论——社会法与公法共治》，法律出版社 2010 年版。

翁岳生：《行政诉讼法逐条释义》，五南图书出版社 2002 年版。

吴卫星：《环境权理论的新展开》，北京大学出版社 2018 年版。

吴英姿：《作为人权的诉权理论》，法律出版社 2017 年版。

吴勇：《专门环境诉讼：环境纠纷解决的法律新机制》，法律出版社 2009 年版。

夏勇：《人权概念起源》，中国政法大学出版社 1992 年版。

相庆梅：《从逻辑到经验：民事诉权的一种分析框架》，法律出版社 2008 年版。

肖君拥：《人民主权论》，山东人民出版社 2005 年版。

谢晖：《法学范畴的矛盾辨思》，山东人民出版社 1999 年版。

谢伟：《环境公益诉权研究》，中国政法大学出版社 2016 年版。

徐涤宇、[意] 桑德罗·斯奇巴尼主编：《罗马法与共同法》，法律出版社 2012 年版。

徐国栋：《罗马公法要论》，北京大学出版社 2014 年版。

徐显明：《人权法原理》，中国政法大学出版社 2008 年版。

徐祥民、胡中华、梅宏等：《环境公益诉讼研究——以制度建设为中心》，中国法制出版社 2009 年版。

叶俊荣：《环境政策与法律》，元照出版有限公司 2002 年版。

叶榅平：《传统使命的现代转型：诉权保障理念、制度与程序》，法律出版社 2016 年版。

俞可平：《政府创新的理论与实践》，浙江人民出版社 2005 年版。

张辉：《美国环境法研究》，中国民主法制出版社 2015 年版。

张雷：《政府环境责任问题研究》，知识产权出版社 2012 年版。

张文显：《法哲学范畴研究》（修订版），中国政法大学出版社 2001 年版。

张旭东：《环境民事公益诉讼特别程序研究》，法律出版社 2018 年版。

周枏：《罗马法原论》（上），商务出版社 2014 年版。

左卫民：《诉讼权研究》，法律出版社 2003 年版。

二　中文译著

[德] 费希特：《自然法权基础》，谢地坤、程志民译，商务印书馆 2004 年版。

[德] 弗里德赫尔穆·胡芬：《行政诉讼法》（第 5 版），莫光华译，法律出版社 2003 年版。

[法] 卢梭：《社会契约论》，何兆武译，商务印书馆 2016 年版。

[美] 安德森：《公共政策》，唐亮译，华夏出版社 1990 年版。

[美] 博登海默：《法理学——法律哲学与法律方法》，邓正来译，中国政法大学出版社 1999 年版。

[美] 丹尼尔·H. 科尔：《污染与财产权——环境保护的所有权制度比较研究》，严厚福、王社坤译，北京大学出版社 2009 年版。

[美] 道格拉斯·胡萨克：《过罪化及刑法的限制》，姜敏译，中国法制出版社 2015 年版。

［美］迈克尔·桑德尔：《自由主义与正义的局限》，万俊人等译，译林出版社 2011 年版。

［美］曼昆：《经济学基础》（第 5 版），梁小民、梁砾译，北京大学出版社 2010 年版。

［美］曼瑟尔·奥尔森：《集体行动的逻辑》，陈郁等译，上海三联书店 1995 年版。

［美］汤姆·蒂坦伯格、林恩·刘易斯：《环境与自然资源经济学》（第 8 版），王晓霞等译，中国人民大学出版社 2011 年版。

［美］约翰·罗尔斯：《正义论》，何怀宏等译，中国社会科学出版社 1988 年版。

［美］约瑟夫·L. 萨克斯：《保卫环境：公民诉讼战略》，王小钢译，中国政法大学出版社 2011 年版。

［日］高桥宏志：《民事诉讼法制度与理论的深层分析》，林剑锋译，法律出版社 2003 年版。

［日］宫本宪一：《环境经济学》，朴玉译，生活·读书·新知三联书店 2004 年版。

［日］兼子一等：《民事诉讼法》（新版），白绿铉译，法律出版社 1996 年版。

［日］原田尚彦：《环境法》，于敏译，法律出版社 1999 年版。

［苏联］M. A. 顾尔维奇：《诉权》，康宝田、沈其昌译，中国人民大学出版社 1958 年版。

［英］吉檀迦利·纳因·吉尔：《印度环境司法：国家绿色法庭》，李华琪等译，中国社会科学出版社 2019 年 5 月版。

［英］帕特萨·波尼、埃伦·波义尔：《国际法与环境》，那力等译，高等教育出版社 2007 年版。

三 外文著作

Boyle Alan and Michael Anderson, *Human Rights Approaches to Environmental Protection*, Oxford: Clarendon Press, 1996.

Daniel A.Farber, Ann E.Carlosn, *Cases and Materials on Environmental law* (Ninth Edition), New York: West Academic, 2014.

David Richard Boyd, *The Environmental Rights Revolution: Constitutions,*

Human Rights, and the Environment, London: The University of British Columbia Press, 2010.

Gitanjali Nain Gill, *Environmental Justice in India: The National Green Tribunal*, London: Routledge, 2017.

Herry J., Steiner, *Philip Alston. International Human Rights in Context: Law, Politics, Morals*, New York: Oxford University Press, 2007.

Inga Winker, *The Human Right to Water: Significance, Legal Status and Implications for Water Allocation*, London: Hart Publishing, 2014.

Iseult Honohan, *Civic Republicanism*, London: Routledge, 2002.

Jona Razzaque, *Public Interest Environmental Litigation in India, Pakistan and Bangladesh*, Alphen: Kluwer Law International, 2004.

Louis J. Kotze and Alexander R., Paterson, *The Role of the Judiciary in Environmental Governance: Comparative Perspectives*, Alphen: Kluwer Law International, 2009.

Mintz et al., *Environmental Enforcement: Cases and Materials*, Durham: Carolina Academic Press, 2007.

Nancy K. Kubasek, Gary S. Silverman, *Environmental Law* (Fourth Edition), New Jersey: Pearson Education, Inc., 2002.

Philipp Heck, *The Jurisprudence of Interests*, New York: Harvard University Press, 1948.

Po Jen Yap, Holning Lau, *Public Interest Litigation in Asia*, London: Routledge, 2010.

四 外文论文

Atapattu, S., "The Right to a Healthy Life or the Right to Die Polluted? The Emergence of a Human Right to a Healthy Environment Under International Law", *Tulane Environmental Law Journal*, Vol.16, No.1, 2002.

Brunch C., Coker W., VanArsdale C., "Constitutional Environmental Law: Giving Force to Fundamental Principles in Africa", *Columbia Journal of Environmental Law*, Vol.26, No.1, 2001.

Cass R. Sunstein, "Beyond the Republican Revival", *Yale Law Journal*, Vol.97, No.8, 1988.

Chris Tollefson, " Costs in Public Interest Litigation Revisited ", *Advocates'Quarterly*, Vol.39, No.2, 2011.

David N. Cassuto, "The Law of Words: Standing, Environment, and Other Contested Terms", *Harvard Environmental Law Review*, Vol. 28, No. 1, 2004.

David Nicholson, "Environmental Litigation in Indonesia", *Asia Pacific Journal of Environmental Law*, Vol.6, No.1, 2001.

Edward Brunet, "Debunking Wholesale Private Enforcement of Environmental Rights", *Harvard Journal of Law & Public Policy*, Vol. 15, No. 2, 1992.

Gary S.Becker, George J.Stigler, "Law Enforcement, Malfeasance, and Compensation of Enforcers", *Journal of Legal Studies*, Vol.3, No.1, 1974.

Gitanjali Nain Gill, "Environmental Protection and Developmental Interests: A Case Study of the River Yamuna and the Commonwealth Games, Delhi, 2010", *International Journal of Law in the Built Environment*, Vol.6, No.1/2, 2014.

Goldston James A., "Public Interest Litigation in Central and Eastern Europe: Roots, Prospects, and Challenges", *Human Rights Quarterly*, Vol.28, No.2, 2006.

Hari Bansh Tripathi, "Public Interest Litigation in Comparative Perspective", *NJA Law Journal*, Vol.1, 2007.

James R. May, " Now More Than Ever: Environmental Citizen Suit Trends", *Environmental Law Reporter News & Analysis*, Vol.33, No.9, 2003.

Kenton M.Bednarz, "Should the Public Trust Doctrine Interplay with the Bottling of Michigan Groundwater? Now is the Appropriate Time for the Michigan Supreme Court to Decide", *Wayne Law Review*, Vol. 53, No. 2, 2007.

Ludwig Kramer, "Public Interest Litigation in Environmental Matters Before European Courts", *Journal of Environmental Law*, Vol.8, No.1, 1996.

McClymonds, J.T., "The Human Right to a Healthy Environment: An International Legal Perspective", *New York Law School Law Review*, Vol.37, No.4, 1992.

Michael G.Faure, A.V.Raja, "Effectiveness of Environmental Public Interest Litigation in India: Determining the Key Variables", *Fordham Environmental law Review*, Vol.21, No.2, 2010.

Michael S.Greve, "The Private Enforcement of Environmental Law", *Tulane Law Review*, Vol.65, No.2, 1990.

Mulhern, Peter J., "In defense of the political question doctrine", *University of Pennsylvania Law Review*, Vol.137, No.1, 1988.

Oloka-Onyango Joe, "Human Rights and Public Interest Litigation in East Africa: A Bird's Eye View", *George Washington International Law Review*, Vol 47, No.4, 2015.

Peiris, G.L., "Public Interest Litigation in the Indian Subcontinent: Current Dimensions", *International and Comparative Law Quarterly*, Vol.40, No.1, 1991.

Schall C., "Public Interest Litigation Concerning Environmental Matters Before Human Rights Courts: A Promising Future Concept", *Journal of Environmental Law*, Vol.20, No.3, 2008.

Tatar Ii J.R., kaasa S.O., Cauffman E., "Perceptions of Procedural Justice Among Female Offenders: Time Does not Heal All Wounds", *Psychology Public Policy and Law*, Vol.18, No.2, 2012.

五 中文论文

［法］玛丽·克劳德·斯莫茨：《治理在国际关系中的正确运用》，肖孝毛译，《国际社会科学杂志》（中文版）1999年第1期。

［美］丹尼尔·W.凡奈思：《全球视野下的恢复性司法》，王莉译，《南京大学学报》（哲学·人文科学·社会科学版）2005年第4期。

［英］格里·斯托克：《作为理论的治理：五个论点》，华夏冈译，《国际社会科学杂志》（中文版）1999年第1期。

Wolfgang Kahl M.A.：《德国与欧盟行政法上主观公法上权利之现况、演变及其展望》，林明锵译，《台大法学论丛》2011年第2期。

包万平、郝小娟：《环境公益诉讼问题浅析》，《兰州学刊》2015年第9期。

蔡虹：《检察机关的公益诉权及其行使》，《山东社会科学》2019年第 7 期。

蔡守秋：《从环境权到国家环境保护义务和环境公益诉讼》，《现代法学》2013 年第 6 期。

蔡守秋：《环境公益是环境公益诉讼发展的核心》，《环境法评论》2018 年第 1 期。

蔡守秋：《环境权初探》，《中国社会科学》1982 年第 3 期。

蔡守秋：《论环境公益诉讼的几个问题》，《昆明理工大学学报》（社会科学版）2009 年第 9 期。

蔡学恩：《专门环境诉讼的内涵界定与机制构想》，《法学评论》2015 年第 3 期。

陈虹：《环境公益诉讼功能研究》，《法商研究》2009 年第 1 期。

陈泉生：《环境侵害概念初探》，《科技与法律》1994 年第 3 期。

戴长林：《人民法院独立审判原则及其制度保障——从提高司法公信力角度的分析》，《中国党政干部论坛》2014 年第 3 期。

邓刚宏：《德国行政诉讼功能模式的历史演变及其借鉴》，《湖南科技大学学报》（社会科学版）2017 年第 3 期。

丁国民、高炳巡：《论我国环境公益诉讼的归位与诉讼模式的选择》，《中国社会科学院研究生院学报》2016 年第 6 期。

段文波：《起诉程序的理论基础与制度前景》，《中外法学》2015 年第 4 期。

冯汝：《生态环境损害赔偿制度与环境公益诉讼制度的关系》，《大连理工大学学报》（社会科学版）2021 年第 5 期。

高鸿钧：《美国法全球化：典型例证与法理反思》，《中国法学》2011 年第 1 期。

高家伟：《检察行政公益诉讼的理论基础》，《国家检察官学院学报》2017 年第 2 期。

龚学德：《行政机关不宜作为环境公益诉讼之原告论》，《求索》2013 年第 1 期。

巩固：《大同小异抑或貌合神离？中美环境公益诉讼比较研究》，《比较法研究》2017 年第 2 期。

巩固：《环境民事公益诉讼性质定位省思》，《法学研究》2019 年第 3 期。

巩固:《私权还是公益? 环境法学核心范畴探析》,《浙江工商大学学报》2009年第6期。

顾培东:《诉权辨析》,《西北政法学院学报》1983年第1期。

郭相宏、姜洪斌:《环保组织提起公益诉讼的法理分析》,《中共山西省委党校学报》2016年第3期。

郭雪慧:《社会组织提起环境民事公益诉讼研究——以激励机制为视角》,《浙江大学学报》(人文社会科学版)2019年第3期。

韩波:《论民事检察公益诉权的本质》,《国家检察官学院学报》2020年第2期。

韩志红:《公益诉讼制度:公民参加国家事务管理的新途径——从重庆綦江"彩虹桥"倒塌案说开去》,《中国律师》1999年第11期。

胡鸿高:《论公共利益的法律界定——从要素解释的路径》,《中国法学》2008年第4期。

胡锦光、王锴:《公共利益概念的界定》,《法学论坛》2005年第1期。

胡志中:《论我国环境公益诉讼制度之建构》,《洛阳理工学院学报》(社会科学版)2013年第3期。

黄辉明:《利益法学的源流及其意义》,《云南社会科学》2007年第6期。

黄学贤:《行政公益诉讼回顾与展望——基于"一决定三解释"及试点期间相关案例和〈行政诉讼法〉修正案的分析》,《苏州大学学报》(哲学社会科学版)2018年第2期。

黄艳葵:《环保行政机关环境公益诉讼原告资格的再审视》,《广西社会科学》2017年第6期。

黄忠顺:《环境公益诉讼制度扩张解释论》,《中国人民大学学报》2016年第2期。

黄忠顺:《论诉的利益理论在公益诉讼制度中的运用——兼评〈关于检察公益诉讼案件适用法律若干问题的解释〉第19、21、24条》,《浙江工商大学学报》2018年第4期。

江国华、张彬:《检察机关民事公益诉权:关于公权介入私法自治范畴的探微》,《广东行政学院学报》2017年第1期。

江国华、张彬:《检察机关提起民事公益诉讼的四个法理问题》,《哈尔滨工业大学学报》（社会科学版）2017 年第 3 期。

江国华：《通过审判的社会治理——法院性质再审视》，《中州学刊》2012 年第 1 期。

蒋成旭：《行政诉权处分的司法审查——以行政审判中的息诉承诺为例》，《法学家》2019 年第 5 期。

蒋小红：《通过公益诉讼推动社会变革——印度公益诉讼制度考察》，《环球法律评论》2006 年第 3 期。

李爱年、张小丽、张小宝：《检察机关提起环境民事公益诉讼之诉讼请求研究》，《湖南大学学报》（社会科学版）2021 年第 5 期。

李步云：《论人权的三种存在形态》，《法学研究》1991 年第 4 期。

李广辉、孙永军：《公益诉讼法理与传统民事诉讼法理的冲突及衡平》，《南阳师范学院学报》（社会科学版）2003 年第 5 期。

李建良：《功法上权利的概念、理念与运用》，《月旦法学教室》2011 年第 1 期。

李明辉：《公益诉讼的法哲学解读》，《甘肃政法学院学报》2014 年第 6 期。

李雅萍：《德国法上关于基本权利之限制》，《宪政时代》第 22 卷第 1 期。

李艳芳：《环境侵害的民事救济》，《中国人民大学学报》1994 年第 6 期。

李义松、苏胜利：《环境公益诉讼的环保逻辑与法律逻辑》，《青海社会科学》2011 年第 1 期。

李挚萍：《生态环境修复责任法律性质辨析》，《中国地质大学学报》（社会科学版）2018 年第 2 期。

梁鸿飞：《中国行政公益诉讼的法理检视》，《重庆大学学报》（社会科学版）2017 年第 6 期。

林莉红、马立群：《作为客观诉讼的行政公益诉讼》，《行政法学研究》2011 年第 4 期。

林莉红：《论检察机关提起民事公益诉讼的制度空间》，《行政法学研究》2018 年第 6 期。

刘本荣：《行政公益诉讼的要件分析——以要件事实理论为视角》，《北方法学》2020 年第 4 期。

刘超:《环境行政公益诉讼受案范围之实践考察与体系展开》,《政法论丛》2017 年第 4 期。

刘丹:《公共利益的法律解读与界定》,《行政法学研究》2005 年第 2 期。

刘海鸥、罗珊:《中美环境公益诉讼立法比较研究》,《湘潭大学学报》(哲学社会科学版) 2017 年第 3 期。

刘汉天、刘俊:《公民环境公益诉讼主体资格的法理基础及路径选择》,《江海学刊》2018 年第 3 期。

刘建新:《论检察环境公益诉讼的职能定位及程序优化》,《中国地质大学学报》(社会科学版) 2021 年第 4 期。

刘静:《生态环境损害赔偿诉讼中的损害认定及量化》,《法学评论》2020 年第 4 期。

刘连泰:《"公共利益"的解释困境及其突围》,《文史哲》2006 年第 2 期。

刘清生:《论环境公益诉讼的非传统性》,《法律科学》(西北政法大学学报) 2019 年第 1 期。

刘卫先:《对我国环境公益诉讼可诉范围的立法构想》,《黑龙江省政法管理干部学院学报》2009 年第 2 期。

刘卫先:《环境公益诉讼制度独立性的基础及其目的》,《四川行政学院学报》2009 年第 3 期。

刘晓:《环境公益诉讼的法理分析》,《中北大学学报》(社会科学版) 2006 年第 3 期。

刘艺:《构建行政公益诉讼的客观诉讼机制》,《法学研究》2018 年第 3 期。

刘艺:《检察公益诉讼的诉权迷思与理论重构》,《当代法学》2020 年第 1 期。

吕忠梅:《环境公益诉讼辨析》,《法商研究》2008 年第 6 期。

吕忠梅:《新时代中国环境资源司法面临的新机遇新挑战》,《环境保护》2018 年第 1 期。

马立群:《论行政诉权的构成要件与审查规则——行政诉权保障的路径及发展趋势》,《南京大学法律评论》2013 年春季卷。

马腾:《我国环境公益诉讼制度完善研究——对常州毒地案一审判决

的法理思考》,《中国政法大学学报》2017年第4期。

梅宏、王璐:《检察机关提起环境公益诉讼的法理历史及其法律保障建议》,《中国环境法治》2012年第1期。

宁利昂:《提起公益诉讼的主体——本土可行性分析》,《政治与法律》2012年第4期。

潘怀平:《专业化、民主化与社会化——环境诉权实施主体的多元建构》,《环境保护》2012年第Z1期。

彭中遥:《生态环境损害赔偿诉讼的性质认定与制度完善》,《内蒙古社会科学》(汉文版)2019年第1期。

秦鹏、何建祥:《检察环境行政公益诉讼受案范围的实证分析》,《浙江工商大学学报》2018年第4期。

秦天宝:《论环境民事公益诉讼中的支持起诉》,《行政法学研究》2020年第6期。

石春雷:《职权主义非讼法理在民事公益诉讼中的适用》,《中南大学学报》(社会科学版)2017年第2期。

宋朝武:《论公益诉讼的十大基本问题》,《中国政法大学学报》2010年第1期。

孙笑侠:《论法律与社会利益——对市场经济中公平问题的另一种思考》,《中国法学》1995年第4期。

孙元明:《论公益诉讼制度的法理基础和制度构建》,《学术界》2012年第9期。

王春业:《行政诉讼受案范围引入负面清单模式的思考》,《重庆大学学报》(社会科学版)2016年第3期。

王红岩、严建军:《广义诉权初探》,《政法论坛》1994年第5期。

王明远:《论我国环境公益诉讼的发展方向:基于行政权与司法权关系理论的分析》,《中国法学》2016年第1期。

王树义、李华琪:《论我国生态环境损害赔偿诉讼》,《学习与实践》2018年第11期。

王树义:《论生态文明建设与环境司法改革》,《中国法学》2014年第3期。

王太高:《公共利益范畴研究》,《南京社会科学》2005年第7期。

王小钢:《论环境公益诉讼的利益和权利基础》,《浙江大学学报》

（人文社会科学版）2011 年第 3 期。

王小钢：《以环境公共利益为保护目标的环境权利理论——从"环境损害"到"对环境本身的损害"》，《法制与社会发展》2011 年第 2 期。

王秀卫：《我国环境民事公益诉讼举证责任分配的反思与重构》，《法学评论》2019 年第 2 期。

王秀哲：《检察机关的公诉权与公益诉讼权》，《法学论坛》2008 年第 5 期。

王旭光：《论当前环境资源审判工作的若干基本关系》，《法律适用》2014 年第 11 期。

王云飞、丰霏：《权利本位范式下的民诉权再评议》，《大连海事大学学报》（社会科学版）2004 年第 2 期。

吴良志：《环境公益诉讼中释明权的扩张与规制》，《大连理工大学学报》（社会科学版）2020 年第 6 期。

吴卫星：《环境公益诉讼原告资格比较研究与借鉴：以美国、印度和欧盟为例》，《江苏行政学院学报》2011 年第 3 期。

吴卫星：《印度环境公益诉讼制度及其启示》，《华东政法大学学报》2010 年第 5 期。

吴宇：《德国环境团体诉讼的嬗变及对我国的启示》，《现代法学》2017 年第 2 期。

肖峰：《论我国行政机关环境公益诉权配置的困境与优化》，《中国行政管理》2021 年第 3 期。

肖建国、黄忠顺：《环境公益诉讼基本问题研究》，《法律适用》2014 年第 4 期。

肖建国：《利益交错中的环境公益诉讼原理》，《中国人民大学学报》2016 年第 2 期。

肖建华、柯阳友：《论公益诉讼之诉的利益》，《河北学刊》2011 年第 2 期。

徐祥民、邓一峰：《环境侵权与环境侵害——兼论环境法的使命》，《法学论坛》2006 年第 3 期。

徐祥民、凌欣、陈阳：《环境公益诉讼的理论基础探究》，《中国人口·资源与环境》2010 年第 1 期。

徐祥民、张红杰：《生态文明时代的法理》，《南京大学法律评论》

2010 年第 1 期。

徐英荣：《抽象行政行为可诉性的法理分析》，《江西社会科学》2000 年第 11 期。

严仁群：《回到抽象的诉权说》，《法学研究》2011 年第 1 期。

颜运秋、余彦：《公益诉讼司法解释的建议及理由——对我国〈民事诉讼法〉第 55 条的理解》，《法学杂志》2013 年第 7 期。

颜运秋：《公益诉讼法门渐开，理论实务仍须努力——"公益诉讼实施"研讨会纪要》，《法治研究》2012 年第 11 期。

杨朝霞：《论环保机关提起环境民事公益诉讼的正当性——以环境权理论为基础的证立》，《法学论坛》2011 年第 2 期。

杨朝霞：《论环境公益诉讼的权利基础和起诉顺位——兼谈自然资源物权和环境权的理论要点》，《法学论坛》2013 年第 3 期。

杨解君、李俊宏：《公益诉讼试点的若干重大实践问题探讨》，《行政法学研究》2016 年第 4 期。

杨严炎：《论民事诉讼中的协同主义》，《中国法学》2020 年第 5 期。

杨严炎：《我国环境诉讼的模式选择与制度重构》，《当代法学》2015 年第 5 期。

叶勇飞：《论环境民事公益诉讼》，《中国法学》2004 年第 5 期。

[意] 约勒·法略莉：《古罗马的环境保护》，李飞译，《厦门大学学报》（哲学社会科学版）2012 年第 4 期。

占善刚、王译：《检察机关提起民事公益诉讼的角色困境及其合理解脱——以 2018 年〈检察公益诉讼解释〉为中心的分析》，《学习与探索》2018 年第 10 期。

占善刚、杨宇铮：《检察机关提起环境公益诉讼之困境及解脱》，《玉林师范学院学报》（哲学社会科学）2018 年第 6 期。

张翠梅：《环境公益诉讼制度构建的法理分析》，《河北法学》2011 年第 4 期。

张辉：《论环境民事公益诉讼的责任承担方式》，《法学论坛》2014 年第 6 期。

张明华：《环境公益诉讼制度刍议》，《法学论坛》2002 年第 6 期。

张卫平：《诉的利益：内涵、功用与制度设计》，《法学评论》2017 年第 4 期。

张翔:《环境宪法的新发展及其规范阐释》,《法学家》2018年第3期。

张颖:《环境公益诉讼费用规则的思考》,《法学》2013年第7期。

张瑜:《环境公益诉讼适格原告扩张之法理研究》,《山西高等学校社会科学学报》2018年第5期。

章楚加:《德国环境团体诉讼权能演变之解析》,《南京大学学报》(哲学·人文社科·社会科学)2018年第4期。

章楚加:《德国环境团体诉讼制度之立法嬗变及动因探析》,《德国研究》2017年第4期。

周永坤:《诉权法理研究论纲》,《中国法学》2004年第5期。

朱谦:《公众环境公益诉权属性研究》,《法治论丛》(上海政法学院学报)2009年第2期。

朱谦:《环境公共利益的法律属性》,《学习与探索》2016年第2期。

后　　记

　　现代社会环境问题的多样性和复合性导致我国环境司法救济从"对人的损害"转向"对环境的损害"。面对环境问题，由不同主体提起的环境公益诉讼提供了多样化的环境公益维护途径，尽管公益诉讼制度从2012年便得以确立，但其间却经历了数次修改，引发了学界的热议和深思。作为武汉大学首届环境法（司法文明）的博士生，我开始关注到环境领域的公益诉讼制度，并在恩师王树义教授的指点之下选择环境公益诉讼制度作为博士学位论文研究对象，本书在博士学位论文基础上进行了较大篇幅的改动，进一步将研究集中到环境公益诉权理论和实践问题上，对此作出更多探讨。

　　结合我国环境公益诉讼制度的发展路径看，环境公益诉权与诉讼目的、范围、类型等理论问题密切相关，对其内容展开研究有助于厘清我国环境公益诉讼的制度逻辑，而非"碎片化修订"的构建模式。诚然，许多法学大家对环境公益诉权多有理论探讨，并积累了不少优秀成果，而我国环境公益诉讼制度从理论到实践仍处于探索阶段，本书尝试在已有研究基础上对环境公益诉权进行较为深入的剖析和探讨。基于过去一年在环境资源法庭挂职锻炼的经历，我对环境公益诉权的行使有了更多深刻的理解和思考，环境公益诉权作为以环境公共利益为基点的一项新型诉权，区别于传统诉权，本书便从环境的公共性特征切入梳理环境公益诉权的起源和界定，并明确环境公益诉权权源和配置的理论问题，尽可能在环境公益诉讼制度的共性基础上去探寻适合我国的环境公益诉权，让置于民事诉讼法和行政诉讼法框架下环境公益诉权之行使能够具备一定的正当性、实质性及协同性。不得不承认，在研究过程中，逐步感受到自身能力的匮乏，始终觉得未能将环境公益诉权描述得更加精彩，在理论论证上有待进一步的挖掘和深入。我将本书视为我学术生涯的阶段性成果，未来不排除我会对部分观点进行调整和修改，但本书真实地记录了我对环境公益诉权的阶段性研究结论，也证明了我为环境公益诉权的中国方案贡献了一分力量。

本书从撰写到形成，获得了许多人的指点和帮助。首先，要感谢我的恩师——国家 2011 计划司法文明协同创新中心联席主任王树义教授。如果说，二十多年来最幸运的事情是什么，我会毫不犹豫地回答：师从我导王树义教授。我原本并没有崇高的学术信仰，是在恩师的指引下才踏上了学术之路，并感受到学术的魅力，而学术之路异常艰辛，天资并不聪颖的我得益于恩师的耐心讲解和悉心指导，才一路"过五关斩六将"，同时，学术之外的生活受恩师坚毅笃信、大气澎湃的气质所感染而变得越发明朗，也让我树立起立人做事的原则，更加坚定地做自己。这里，我要对王老师说：谢谢您，感谢您对学生一直以来的包容和耐心，不论学术、工作或是生活，您都是学生以后学习和努力的方向。特别谢谢您对本书的推荐和大力支持。感谢师母温敏老师，感动于您与王老师之间伉俪情深，成长于您对我春风化雨般的关心与指导，学生定将继续踏实、努力地去创造美好的未来。

感谢在博士学论文答辩时给予我指点的林莉红教授、江国华教授、占善刚教授，校外专家杜宴林教授和杨凯教授，各位老师均对公益诉讼有独到的见解，其建议与指导让我顿感启发。感谢环境法所的杜群老师、柯坚老师、李启家老师、罗吉老师、李广兵老师、吴宇老师、刘静老师、胡斌老师，各位老师或在课堂上传业授道，或在我学习生涯中给予专业指导，或是在工作中给予我帮助，让我对环境法愈加热爱，也坚定了我继续读博，研习环境法的决心。感谢中国社会科学出版社为本书提供的出版契机，以及梁剑琴编辑对本书的辛苦付出与专业精神。需要感谢的人太多，还有无私的父母亲人，亦师亦友的同窗伙伴，珞珈山上的师兄弟姐们。感谢你们的帮助和支持，让我在艰难的学术之路上有了前行的勇气和希望。

本书稿虽已完成，但学术之路实则刚刚启程。环境公益诉权的理论研究让我意识到生态环境危机仅靠某一主体或某一权力运行不足以达到预防和救济，乃至治理的效果。未来我们还需要继续思考和探索如何充分发挥各项环境公益的维护途径，将其整合起来形成合力以满足生态环境整体性的需求。

李华琪
河海大学江宁校区
2021 年 11 月 11 日